宋鱼水 冯刚 张玲玲 著

JUDICIAL STANDARDS
FOR THE INFRINGEMENT DETERMINATION
OF LITERARY AND ARTISTIC WORKS

文艺作品侵权判定的司法标准

琼瑶诉于正案的审理思路

图书在版编目（CIP）数据

文艺作品侵权判定的司法标准：琼瑶诉于正案的审理思路/宋鱼水，冯刚，张玲玲著. —北京：北京大学出版社，2018.5
ISBN 978-7-301-29284-6

Ⅰ. ①文⋯　Ⅱ. ①宋⋯　②冯⋯　③张⋯　Ⅲ. ①著作权—侵权行为—案例—中国　Ⅳ. ①D923.415

中国版本图书馆 CIP 数据核字（2018）第 032235 号

书　　名	文艺作品侵权判定的司法标准：琼瑶诉于正案的审理思路 Wenyi Zuopin Qinquan Panding de Sifa Biaozhun: Qiong Yao Su Yu Zheng An de Shenli Silu
著作责任者	宋鱼水　冯　刚　张玲玲　著
责任编辑	陈晓洁　焦春玲
标准书号	ISBN 978-7-301-29284-6
出版发行	北京大学出版社
地　　址	北京市海淀区成府路 205 号　100871
网　　址	http://www.pup.cn　http://www.yandayuanzhao.com
电子信箱	yandayuanzhao@163.com
新浪微博	@北京大学出版社　@北大出版社燕大元照法律图书
电　　话	邮购部 62752015　发行部 62750672　编辑部 62117788
印 刷 者	三河市北燕印装有限公司
经 销 者	新华书店
	880 毫米×1230 毫米　32 开本　9.25 印张　213 千字 2018 年 5 月第 1 版　2018 年 5 月第 1 次印刷
定　　价	39.00 元

未经许可，不得以任何方式复制或抄袭本书之部分或全部内容。
版权所有，侵权必究
举报电话：010-62752024　电子信箱：fd@pup.pku.edu.cn
图书如有印装质量问题，请与出版部联系，电话：010-62756370

目 录

序一　法槌敲定：原创作品神圣不可侵权/王兴东	001
序二　建构中国知识产权法教义学/李琛	011
序三　鲜花代替不了思考/宋鱼水	019

第一章　"琼瑶诉于正案"案情回顾及焦点问题梳理　001
　　一、案件一审原、被告各方的诉辩主张　003
　　二、该案涉及的作品　005
　　三、案件一审阶段的争议焦点问题　007

第二章　原告主张被改编和摄制的内容能否受著作权法保护　013
　　一、著作权法保护的客体　015
　　二、叙事性文字作品　017
　　三、叙事性文字作品中受著作权保护的表达　019

第三章　侵害改编权判定的司法标准　037
　　一、侵权行为　039
　　二、归责原则　041
　　三、侵害改编权行为的判断　044

第四章　侵害改编权的司法判定方法探讨　079
　　一、"接触+实质性相似"判断思路的检讨与适用　081
　　二、实质性相似的判断　084

第五章　摄制权侵权判定的司法标准　089
　　一、摄制权侵权判定的考量因素　091
　　二、侵害摄制权的行为主体　094

第六章　侵害改编权的侵权责任认定　097
　　一、赔礼道歉，消除影响　099
　　二、赔偿损失的确定　102
　　三、停止播放的依据　106

第七章　相关审理程序问题　109
　　一、审理范围　111
　　二、一案与数案的关系——剧本与电视剧的关系　122
　　三、管辖权　127
　　四、相关程序问题　137

第八章　剧本《梅花烙》著作权的归属　155
　　一、琼瑶女士提交的剧本《梅花烙》文本是否确系电视剧
　　　　《梅花烙》的拍摄剧本　157
　　二、剧本《梅花烙》的著作权归属　158

第九章　小说《梅花烙》与剧本《梅花烙》的关系　163

第十章　执行阶段的相关问题　171
　　一、赔偿金的执行　173
　　二、赔礼道歉　176

附件　181
　　附件1　琼瑶诉于正等侵害著作权纠纷一审民事判决书　183
　　附件2　中国法学会法律文书学研究会民事裁判文书一等奖第一名评语　245

索引　249

编后记　255

序一

法槌敲定：原创作品神圣不可侵权

王兴东

王兴东，1951年生，满族，中国人民政治协商会议第九届、第十届、第十一届、第十二届全国委员会委员，中国电影家协会副主席，中国电影文学学会会长，中国作家协会影视委员会委员，国家一级编剧，北京电影学院客座教授，享受国务院特殊津贴。其编剧的电影有《建国大业》《辛亥革命》《飞来的仙鹤》《陆军见习官》《鸽子迷的奇遇》《狼犬历险记》《留村察看》《孔繁森》《法官妈妈》《良心》《没有爸爸的村庄》《共和国之旗》《生死牛玉儒》《黄克功案件》等31部，其中《蒋筑英》获得1992年电影华表奖最佳编剧奖和第13届中国电影金鸡奖最佳编剧奖；《离开雷锋的日子》获得1996年电影华表奖优秀编剧奖和第17届中国电影金鸡奖最佳编剧奖；《我只流三次泪》获得第3届中国电影童牛奖优秀编剧奖；《天国逆子》获得第7届东京国际电影节大奖；电视剧《纪委书记》《离别广岛的日子》分别获得第12届、第14届全国电视剧飞天奖。

千万不要遭遇到这三位法官,抄袭剽窃者们!

看这本书就知道,无论抄袭者手段多么高明,也无法躲避法眼的识别和法律的审判。由宋鱼水、冯刚、张玲玲三位法官审理的"琼瑶诉于正案"已经敲下庄严的法槌,这一槌震动了整个中国影视界,这一槌树起了前所未有保护原创权益的界石,这一槌载入了中国著作权案审判的史册。

看到这本书,有人会心惊肉跳,有人会心花怒放。多年来,影视界抄袭剽窃之风泛滥成灾,原创者费尽心血之作,被抄袭者不费吹灰之力据为己有。版权官司耗时长,成本高,原创者赢了诉讼也赢不到利益。而侵权者成本低,得效快,即使输了官司,经济利益不受损,无人谴责,甚至也不用赔礼道歉。这些都助长了抄袭剽窃之恶风,致使中国影视产业原创萎缩,无人坚守。习近平总书记在文艺座谈会上批评了"千篇一律,抄袭模仿"的文风。

由北京大学出版社出版的宋鱼水、冯刚、张玲玲三位资深法官所著的《文艺作品侵权判定的司法标准:琼瑶诉于正案的审理思路》一书,不仅对法律界人士有所助益,也是影视界普及著作权法的范本,还是知识产权交易的戒尺和著作权人可借鉴的镜子,更是打击侵权盗版的法宝。

"琼瑶诉于正案"的审理思路,是一个值得书写的故事。故事,就是讲述人物动作情节和思想的证据。"琼瑶诉于正案"是值得关注的法治故事——故事冲突涉及海峡两岸,涉及依法改变"千篇一律,抄袭模仿"的影视生态,涉及中国保护知识产权的承诺,涉及如何提高保护原创作品的力度,涉及提升中国文艺作品核心竞争力的关键问题。

我不是法律工作者,但我是此案的见证者,能够从编剧的角度来谈一下个人感想。人物和冲突是剧本故事的灵魂,如果没有琼瑶女士主动起诉于正先生,就不会有这样的一个无须插翅而传遍全国的故事,也就没有这样一个案例。好故事始于主人公采取的主动作为。

一、琼瑶女士隔岸撞响著作权法保护原创的钟鼎

法律是口钟,不撞不响。即使有再好的法律,如果没有司法实践的检验也是一纸空文。版权是非,不争不明。

已经76岁的琼瑶女士站出来,不能容忍抄袭者的侵权行为,勇于维护自己的智力成果,毅然起诉于正先生的《宫锁连城》抄袭其原创作品《梅花烙》。

网上新闻至今记载着三年前版权冲突的尖锐对抗,双方之间的争执引起了影视界的普遍关注。琼瑶女士提起对于正先生的维权诉讼,涉及编剧行业的职业道德,关系原创维权的法治环境。之前的常见现状是编剧深受其害,也怠于诉讼,很多情况下打官司之难比侵权损害更令人恼火。琼瑶女士维权的骨气、才气和勇气,令同行钦佩。这是驱散侵害原创雾霾的强力清风,是划破影视产业上空抄袭乌云的闪电,是原创者突围亮剑的先锋,我们没有理由不支持琼瑶女士。

我所领导的中国电影文学学会是全国编剧行业一级法人社团。中国电影文学学会副会长汪海林作为原告一方的法庭专家辅助人,参与了长达9小时的一审庭审工作。副会长余飞公开了双方剧本的比对鉴定,以专业的经验和细致的分辨,查明原创智力成果被剽窃的经脉与走向,体现了中国电影文学学会维权的职能。

2015年,我在中国人民政治协商会议全国委员会上提出保护原创,重拳打击抄袭剽窃的现象。

"琼瑶诉于正案"中诉讼双方攻守对抗异常激烈,两位华语编剧真实地进入了戏剧冲突的角色中,谁胜谁负,谁真谁假,成为本案关注的焦点。

二、宋鱼水审判长敲响依法治理影视产业的重槌

在知识产权审判享有声誉、具有多年司法实践经验的宋鱼水法官出任审判长,足见此案受到法院的高度重视。

当我第一时间看到判决文书时,感到法律的温暖扑面而来。简单地说,法院理解了原创者的甘苦;原则上说,该判决是忠诚于法律的体现。该案经过复杂慎密的审理确认,最终结论大布于天下,彰显了法律权威。

以审判长宋鱼水、法官冯刚、法官张玲玲三人组成合议庭作出的判决,归纳理清了6个焦点问题:①剧本《梅花烙》著作权的归属;②小说《梅花烙》与剧本《梅花烙》著作权的关系;③原告主张被改编和摄制的内容能否受著作权法保护;④《宫锁连城》是否侵害了《梅花烙》剧本及小说的改编权;⑤《宫锁连城》电视剧是否侵害了《梅花烙》剧本及小说的摄制权;⑥侵害改编权及摄制权主体及民事责任的认定。其中对于剧本的定义,改编与借鉴的关系,侵害改编权的相似性判断标准,依法有理地阐述清楚,最终确定被告于正先生抄袭了琼瑶女士原创的情节,清冽可鉴。

判决结果令琼瑶女士发自肺腑地感叹:"原创胜利了,正义胜利了!"

一审判决引起了全国编剧的热议,中国电影文学学会就一审判决召开了研讨会。通常,行业谴责抄袭剽窃,侵害了原作者的哪

项权利并不明确,而此案作出了明确的回答——侵害了琼瑶女士的"改编权和摄制权"。

(1)未经原创编剧授权,编剧抄袭故事情节内容侵害了原创者的改编权;未经原创编剧授权,制片方拍摄了抄袭剽窃他人成果的剧本侵害了原创者的摄制权。"未经授权"是该案侵害原创者两种权利的关键所在。

(2)赔礼道歉,并赔偿损失500万元。赔偿数额突破了《中华人民共和国著作权法》第49条关于法定赔偿的50万元的上线。这是对"侵权成本低、维权成本高"的跨越式进步,警戒制片方今后不敢轻易采用侵害原创权益的剧本。

(3)停止播放,封闭了侵权影片,这是最值得称道的历史性判决,驳斥了将抄袭的"那几段情节"剪掉照样可以播放的谬论。

判决书突出了原创者对影片表达始终保有控制权。这个道理影视界并不是都清楚,或是懂得也不执行。判决书明确判定:"原告陈喆(即琼瑶女士)作为先在作品的著作权人,对其作品权利的控制力及于其作品的演绎作品,包括对演绎作品的改编、复制、摄制、发行等行为。"判决书指明原创权利的控制力可以直达到禁止摄制和发行影片之力度,符合《保护文学艺术作品伯尔尼公约》第14条第3款的规定,充分体现了"原创老大,首创为王",原创者为最高权利人,拥有至高无上、不可动摇的地位,成为著作权法保护的核心。

法槌有多沉,法律有多重。读这样的裁判文书,才能透彻理解中国著作权法律的权威,为何《中华人民共和国著作权法》第15条规定剧本在影视作品中拥有"单独使用"的权利?保护原创是著作权法的本义,面对多年来影视界侵权盗版积恶成习,肆意践踏原创的行为,此案审理的结果,令人回眸惊醒,即使隔岸千里的琼瑶女士,依然拥有法律的佑护。

这是一份所有从事影视创作的人员都能看懂的判决书。有些人使用、导演或者演出了原创剧本,但并不尊重原创剧本拥有法定的权威。该案一审判决书明确表述:"著作权作为权利人所享有的一项独占排他性支配其作品的权利,是一种类似于物权的专有权利,当著作权遭受侵害时,即使行为人的过错较轻,权利人亦有权提出停止侵害的诉讼主张。停止侵害这一民事责任形式能迅速阻却即发的侵权行为,防止侵权损害的扩大,有效维护权利人著作权权益。损害著作权权益的行为,本质上将损害作品创新的原动力;强化对著作权的保护,不仅仅可以有效维护著作权人的私人利益,更重要的是符合社会公众的普遍公共利益。"

以上论述,直指中国影视原创疲软的症结所在,对原创作品的保护力度不够,对抄袭剽窃的惩罚力度太弱,严重损害了创新的原动力。这是因果相连的,提高惩罚抄袭侵权的力度,才能提升保护原创的温度。

说实在的,我们中国电影文学学会肩扛维权大旗,但无论是在中国人民政治协商会议全国委员会提案,还是进行法律诉讼,都无法达到这个判决的效果,读这样的判决书,彰显了"原创权利至高无上,依法守护不可侵害"。

此案是《中华人民共和国著作权法》颁布以来,对于影视著作权侵权具有划时代的意义和里程碑式的裁判。这是在党的十八届四中全会作出全面推进依法治国的决定之后,由党的十八大代表宋鱼水法官敲响重槌,颇有意义。该判决书清楚而精练地描述了法理和事实,对双方当事人依法说理,细查和比对双方情节的独创性,作了大量的去伪存真、认定事实的鉴定。法官的文学素养跃然纸面,逻辑分析之严密,审理思路之清晰,赢得了编剧的信服,树立了司法的权威,其质量之高,必将影响深远。

三、此案判决树起严格保护原创版权的坐标

北京市高级人民法院谢甄珂审判长,在二审中再次认定侵权事实,维持一审判决。历经19个月的"琼瑶诉于正案"落槌定音,为中国知识产权审判留下一个标尺,敲响了依法治理中国影视业的重槌。

这一槌,呈现了司法改革在知识产权审判中的突出成果,让审理者裁判、由裁判者负责。宋鱼水、冯刚、张玲玲三位法官忠诚履行《中华人民共和国宪法》赋予法官的公开和独立审判的权利,不受任何干扰,慎思明辨,程序公正,独立审判。

这一槌,依法打击了文艺界的不法行为和不正之风,惩一儆百,将有力地扭转多年来影视界形成的"千篇一律,抄袭模仿"的风气,原创者将重新恢复其法律赋予的"王者"地位,将有力地促进大批创作者走向社会生活,贴近实际搞原创。

这一槌,让全球华人目睹了中国著作权法律的正义力量。"琼瑶诉于正案"的判决书向世人展示了中国著作权法律的公信力。中国电影文学学会履行行业维权功能,赢得了琼瑶女士的信任,她主动申请加入学会,成为中国电影文学学会的会员。这更让我们深切感悟司法"三公"的力量,公正是最大的征服力,公平是最好的向心力,公开是公正公平最有效的保障力。

这一槌,让所有影视产业的创作者、制作者、使用者、消费者,从糊涂中明白,从装糊涂中清醒。原创者是故事题材的发现者和人物形象的发明者,是核心版权的首创人,拥有至高无上的法定地位,对原创者的敬畏和尊重标志着一个民族的文明程度。在英国伦敦奥运会上,《哈利·波特》的作者罗琳被高高托起。回望我们,

有多少琼瑶女士作品的享用者、消费者、演出者、制作者、播放者，当琼瑶女士受到侵权伤害，心灵倍受煎熬之时，需要我们挺身表达正义的声音之时，却装聋作哑。如果影视文化只为收获娱乐和名利，丢弃做人的道义，我们的文化则是失败的文化。当这场涉及精神文化成果的是非矛盾冲突真实地呈现在我们面前时，没有两难抉择，只能选择用精神力量推动建设法治国家和正义社会的车轮。

这一槌，推动了政府部门深思在行政许可中如何保证影片著作权的合法性。在备案立项时，应当确立原创编剧的授权书原则，不能让剧本带有侵权劣迹而投入摄制，最终使侵权作品扩散到社会之中。

这一槌，敲响了有关修法和立法的思考。中华人民共和国国家版权局已上报的"《中华人民共和国著作权法（修订草案送审稿修改稿）》"中削减和删除了"剧本的许可权、摄制权"。我曾多次提案建议《中华人民共和国著作权法》修改稿，不能主观臆断地删除人们熟谙的"摄制权"，而合并为"改编权"；取消"摄制权"不仅使原创者减少权利，更有悖于司法实践。判决认定被告侵害原作者的"改编权和摄制权"，是分别裁判的，制片出品人显然是侵害了原创的"摄制权"，若判定制片方侵害"改编权"，显然不合适。修法不能为了法条简约而修改，应在尊重法律的实践应用的基础上而修正。所以，本书的出版对《中华人民共和国著作权法》修法，将是一个实证。此案发生在《中华人民共和国电影产业促进法》立法之际，我多次提案"原创剧本"应该纳入法律保护，否则侵害剧本内容的影片，即使拍摄完成也将因侵权违法而禁映，立法应该考虑法律的严谨性和统一性。最终，立法者将电影剧本列入了法条之中。

诉讼辩真相，审判讲真理，实践出真知。《文艺作品侵权判定的司法标准：琼瑶诉于正案的审理思路》一书是以案为戒，以人为鉴,惩前是为了毖后,并不是针对某个人。我国进入全民创新的时代,从事文艺创作的人越来越多了,引发的著作权诉讼也越来越多了。为了更好地普及著作法和自律维权,由这两位编剧进入原告和被告角色的版权矛盾冲突,必将载入法治建设时代的历史记忆。

是为序。

王兴东
2018年1月7日

序二 建构中国知识产权法教义学

李琛

李琛,中国人民大学法学院教授,博士研究生生导师,联合国教科文组织版权与邻接权教席主持人。

近年来,"法教义学"在宪法学、民法学和刑法学等部门法学中经常得到讨论,而"知识产权法教义学"则很少被提及。所谓法教义学(也称法信条学),其基本含义是指一国的法律共同体通过学术研究和司法裁判对实定法形成的共识性解释体系,是"由成熟的、解决法律问题的样本的经验组成的'宝库'"①。中国知识产权法学界之所以忽视法教义学,有三个根本原因:①教义学和体系化思维密不可分,而中国的知识产权法学特别欠缺体系化。② ②法教义学的对立概念是社科法学,后者以法社会学、法经济学等方法为代表,通过规范之外的因素考量和利益权衡寻求问题的解决之道。因为知识产权与技术联系密切,新问题频繁出现,规范与概念推演的思维挑战较高,直接的利益权衡、经济分析等方法更受青睐,再加上法教义学是德国法的特长,社科法学是美国法的优势,中国知识产权法学者总体上更亲近美国法,因此对社科法学较之法教义学也更容易接受。③中国知识产权法学界特别依赖比较法,不少学者只关注欧美的案例,忽视中国法官的裁判经验;实务界则只关注欧美的理论,忽视中国学者的理论贡献。于是,本应通过学术界与实务界对话而建立的法教义被外国法律信条直接代替了。这种现状带来了一些不良的后果:①由于欠缺法教义的梳理,中国知识产权法很难形成真正的法律共同体,理论与实务的探索无法得到累积式发展。学术界的成果不能被实务界吸收,实务界的经验也不能为理论发展提供给养。②由于法律信条的分歧较大,裁判不

---

① 〔德〕魏德士:《法理学》,丁晓春、吴越译,法律出版社2005年版,第143页。
② 参见李琛:《论知识产权法的体系化》,北京大学出版社2005年版。

统一的现象特别严重。我国已经通过建立知识产权法院、推行案例指导制度等手段尽量统一裁判标准,但如果司法者之间的价值理念分歧过大,这些外在手段无法从根本上解决裁判不统一的问题。即便确定"同案同判"的标准,但何为"同案",是需要主体来识别的。如果裁判者之间歧见很大,就可以把案件识别为"不同案"从而规避同判。③由于司法经验没有被法教义吸收为权威性解释,对立法者的影响非常小,导致立法常常不能准确地回应司法需求,不能及时地把司法的经验用立法加以确认,以减轻日后法官解释的负担。

事实上,知识产权法是最需要法教义学的领域。首先,知识产权的对象是无体的,权利的界限无法通过感官确定,因而必须依赖解释。无论立法规定得多么明确,都会留下大量的解释任务。例如本书涉及的"思想与表达""实质相似"等概念,立法只可言说到这个程度,至于具体的判断,只能交由学者与法官通过大量的个案打磨出体系化的解释。其次,知识产权和技术紧密联系,新问题层出不穷,所以不能过分依赖立法。立法疏漏与滞后的问题,在知识产权领域是最突出的,而这一问题在立法未变之前只能由法教义学来解决。要建构中国的知识产权法教义学,最重要的一步就是学术界与实务界应当彼此关注、交流对话。通过这种交流,一步一个脚印地把一些重要的概念与规则逐渐达成共识性的解释,由此形成职业共同体的教义,从而真正地促进裁判统一、加强法律的可预见性,而不是意见纷杂、各行其是,令当事人无所适从。

《文艺作品侵权判定的司法标准:琼瑶诉于正案的审理思路》一书的出版是一个很有新意的探索,把一个案子里涉及的主要问题和司法者的解决思路集中梳理,供研究者分析、总结、评判,这有

助于法教义的形成。在"琼瑶诉于正案"的判决中,至少提出了三个值得关注的、超越个案的问题:

1. 如何判断表达的实质相似

一审判决总结了若干考量因素:人物设置与人物关系、作品的情节、不寻常的细节设计等。同时还提出:"在影视、戏剧作品创作中,特定的戏剧功能、戏剧目的,是通过创作者个性化的人物关系设置、人物场景安排、矛盾冲突设计来实现和表达的,基本的表达元素就是情节……在著作权侵权案件中,受众对于前后两作品之间的相似性感知及欣赏体验,也是侵权认定的重要考量因素。"二审判决也有若干提炼性的观点:"文学作品的表达,不仅表现为文字性的表达,也包括文字所表述的故事内容,但人物设置及其相互的关系,以及由具体事件的发生、发展和先后顺序等构成的情节,只有具体到一定程度,即文学作品的情节选择、结构安排、情节推进设计反映出作者独特的选择、判断、取舍,才能成为著作权法保护的表达。确定文学作品保护的表达是不断抽象过滤的过程……文学作品中,情节的前后衔接、逻辑顺序将全部情节紧密贯穿为完整的个性化表达,这种足够具体的人物设置、情节结构、内在逻辑关系的有机结合体可以成为著作权法保护的表达。如果被诉侵权作品中包含足够具体的表达,且这种紧密贯穿的情节设置在被诉侵权作品中达到一定数量、比例,可以认定为构成实质性相似;或者被诉侵权作品中包含的紧密贯穿的情节设置已经占到了权利作品足够的比例,即使其在被诉侵权作品中所占比例不大,也足以使受众感知到来源于特定作品时,可以认定为构成实质性相似。此外,需要明确的是,即使作品中的部分具体情节属于公共领域或者有限、唯一的表达,但是并不代表上述具体情节与其他情节的有机联合整体不具有独创性,不构成著作权法保护的表达。部分情节不构成实质性相似,并不代表整体不构成实质性相似。"这些意见值得研究者认真分析、提炼,将成熟和合理的部分吸纳为法教义。

2. 限制停止侵害救济的条件

一审判决总结的考量因素包括:著作权保护的宗旨,不停止侵害对权利人的市场影响,停止侵害对被告的影响程度等。最后总结的原则是:"本院认为,权利人合法有据的处分原则应当得到尊重,只有当权利人行使处分权将过度损害社会公共利益和关联方合法权益时,才能加以适度限制,以保障法律适用稳定性与裁判结果妥当性的平衡。"二审判决也清晰地罗列了限制停止侵害救济的考量因素:权利人和侵权人之间是否具有竞争关系,侵权人市场获利是否主要基于著作权的行使,权利人的主观意图和侵权人的实际状况和社会公众利益。并指出:"停止侵权责任仍然是著作权侵权中首要和基本的救济方式,侵权人不承担停止侵权责任是一种基于利益衡量之后的政策选择,是一种例外情形,应当严格予以把握。"这些意见在进一步提炼之后,对所有涉及停止侵害救济的民事案件都有参考价值。

3. 如何解决侵权人对权利人造成的举证妨碍

在"琼瑶诉于正案"中,被告的合同可以作为确定侵权获益的计算标准,但被告拒不提供。一审法院判定:"各被告在明显持有编剧合同及发行合同的情形下,以上述合同涉及商业秘密为由未提供,且并未就原告陈喆(琼瑶女士)的上述主张提出其他抗辩证据或充分、合理的反驳理由。因此,本院推定原告陈喆(琼瑶女士)在庭审中主张的被告余征(于正先生)编剧酬金标准及《宫锁连城》剧的发行价格具有可参考性。"从常理推断,如果权利人的主张是不合理的,被告一定会提供证据反驳,既然被告不提供,可以推定权利人的诉求并不过分。而且,这种认定方法可以有效地解决损害赔偿确定中权利人"举证难"的问题。这种解决举证妨碍的方法已经被一些立法所确认,例如 2013 年《中华人民共和国商标法》第 63 条规定:"人民法院为确定赔偿数额,在权利人已经尽力举证,而与侵权行为相关的账簿、资料主要由侵权人掌握的情况下,可以责令侵权人提供与侵权行为相关的账簿、资料;侵权人不提供或者提供虚假的账簿、资料的,人民法院可以参考权利人的主张和提供的证据判定赔偿数额。"《中华人民共和国著作权法》修订时应当吸收司法经验,确立与《中华人民共和国商标法》类似的规则。

本书作为审理思路的总结,比判决书更为详尽地表达了司法者的心证过程,在概念解释的背后,无不隐含着价值的权衡。法教义学与社科法学的划分,其实是有缺陷的:一方面,法教义体系只是一种表达,而表达背后的思想形成,必然要考虑社会、经济等诸多现实因素,法教义学绝非僵死的概念法学。另一方面,无论是经济分析还是其他的考量方法,最终得出的方案都要借助法学的语言合乎逻辑地表达出来,保持法教义体系的圆融自洽。

当然,本书是法官自己对裁判思路的梳理,这是法教义形成的起点。要充分地发掘司法经验的价值,还有赖于学者、律师和其他同仁的参与讨论,并引起立法者的关注。我希望将来中国著作权法的教科书在介绍"作品"时,不再局限于引用"贝克诉塞尔登案"和汉德法官的名言,中国法官的经验能更多地被提炼到法教义之中。同时,实务界也要更全面地关注理论界的研究成果。毋庸讳言,本书的某些论述与引证,也反映出作者对国内学说的了解比较局限,这进一步印证了知识产权法教义学建构的必要性。作为学术界的一员,我深深受益于和实务界同仁的交流。此次宋鱼水院长邀我作序,这本身也算是司法界与学术界的一次对话吧。

是为序。

李 琛

2018年1月28日

序三 鲜花代替不了思考

宋鱼水

宋鱼水,全国审判业务专家。1989年8月参加工作,历任北京市海淀区人民法院书记员、审判员、副庭长、庭长、党组成员、副院长,2014年任北京市第三中级人民法院党组成员、副院长。现任北京知识产权法院党组成员、副院长兼政治部主任,兼职中华全国妇女联合会副主席。

人终究无法作出完美的审判。

——东野圭吾《虚无的十字架》

当一个案件被社会热议时,当事人关注的是输赢,社会关注的是远远超出案件本身的输赢;而法官关注的是鲜活案例所确认的规则能够持续多久,那种被社会所接受的认同感能否经受住社会发展中规则与习惯之间的交互与融合。如果不是这样的追求,判决也只会昙花一现,不能体现其对社会规律的认识,不能指引行业的发展,终将成为遗憾的判决。所以,法官在鲜花扑面时,为了美好的未来,他仍需思考,再思考……

一、侵权的判定问题

在著作权领域,有些问题的判断标准已经非常成熟,有些则仍有争论。本书所探讨的重点就在于低级抄袭(又称字面侵权)与高级抄袭(又称非字面侵权)的区分判断标准:一方面,人们痛恨抄袭,抄袭不仅仅在道德上应当受到谴责,而且在法律上也应当受到规制。在这个层面上,抄袭显然是指人人喊打的低级抄袭。互联网时代的知识开始爆炸,重复的知识会带给人们视觉疲劳,而且时间成为最稀缺的资源,社会已发展到尊重读者、听众的重要时期,制作、传播重复的知识已经被同行和社会所厌倦。另一方面,表达的有限性与创作的激情和前人的智慧不可能完全切割,在前人基础上进行再"创作"时,高级抄袭一词便应运而生,它反映了正确认识这种现象的难度:既要在丰富的知识资源的基础上捕捉创作的灵感,又要尽量避免在原有知识上的重复。对作者而言,成长阶段不同,难度也不同。从一开始的模仿,到后来形成个人风格,这似乎是各行各业所遵循的普遍规律,创作亦不例外。鼓励初学者以及对于创作性不高的作品给予适当的肯定和鼓励,这是严谨治学精神的必然要求。因此,创作性高的作品中很少有照搬的痕迹;创作性较低的作品中则处处留下蛛丝马迹。此外,基于不同的文学观念,对于创作的内容和表现也存在不同的要求和理解。这都会使抄袭判断者伤透脑筋。

思想与表达的关系究竟是怎样的?众多诉讼由此展开,当事人之间进行激烈的辩论,大量判决书也较好地作了以案释法的阐述。"琼瑶(陈喆)诉于正(余征)案"的判决书不惜笔墨甚至用冗长的比对为二者的区别进行了详细的事实铺垫,以便在思想与表达上给予当事人更清晰的界限。尽管如此,思想与表达的正确区分仍然离不开法官的专业判断,离不开专业作者的深入研究,其在学术领域仍然存在继续探讨和研究的空间。这就好比人们研究物质和精神的关系一样。一方面,从哲学一般理论来说,人人都知道什么是物质,什么是精神;但另一方面,当物质和精神相互联系时,从具体专业的角度来说,回应二者的关系却无不充满困惑。针对物质的回答很容易具体,针对精神的回答永远会受到抽象的挑战,而探知欲将激励人们不断思考。因此,人们研究表达会比较具体,而研究思想则有很多复杂的因素。当我们说,著作权保护表达而不保护思想时,并不意味着表达与思想可以完全隔离,我们仅仅是将表达作为思想的载体,因为载体是具体的,容易确定行为指南的界定标准,也容易被吸收到法律及其规则中,便于当事人理解和执行。

然而,探知表达是为了理解思想。一部优秀的作品可以使人们沉醉于其表达,更沉浸于其思想。也就是说,思想与表达是相契合的:思想是表达的内核,使表达铿锵有力;表达是思想的载体,使思想淋漓尽致地表现在读者面前。当读者认为作者很有思想时,就是表达的目的得以最好实现的结果。因此,在进行抄袭判断时,除了研究表达的丰富手法之外,还应当研究作者的思想。在这种情况下,思想的研究不容易产生抄袭,但表达的研究很容易产生借鉴与抄袭的争议。这种争议既取决于在后作者善良与否的动机,也取决于合理使用法律边界的准确界定。当在后作者试图为自己争取更大的借鉴空间时,对在先作者的尊重至关重要,在先作者的合法权利转化为合理使用的范围在制度设计层面只能变得越来越严格,在后作者应将借鉴限制在非主观恶意的层面。

"琼瑶诉于正案"的原告琼瑶女士看完被告的作品后十分震怒,认为被告的表达不仅构成侵权,更构成对其思想的玷污。这从另一个层面表明其更重视作品表达的思想,更希望除了研究表达之外,还要研究其通过表达所反映的思想,因为那种思想不同而表达趋同的方式不仅未尊重其表达,更未尊重其思想。而被告所主张的两部作品思想不同因而表达不同的逻辑并不成立,思想不同而表达趋同常常是一种高级的抄袭方式,这种方式容易掩盖作者的趋同心理,而趋同性往往会弱化作品的思想,使作品的追求并非基于思想而是表达。作品是用来感染人的,"文艺是时代前进的号角,最能代表一个时代的风貌,最能引领一个时代的风气",这是习近平总书记在文艺工作座谈会中的重要观点。假如表达不是为了感染读者,这一定不是法律保护著作权的初衷!

当然,有思想并不一定有动人的表达,表达也需要基本功。虽然在自媒体时代,人人都有机会发表作品,但人们更希望看到美好的表达,更愿意欣赏表达自身的语言之美、创作之美。著作权本身界定不同表达之间的区别也是对有效表达、合法表达即尊重作者表达的最大共识。这一共识促进了各国著作权法的形成,也促进了国际著作权公约如《保护文学艺术作品伯尔尼公约》《世界知识产权组织版权条约》等国际性条约的形成。表达是各国著作权法及国际条约所规制的范畴。著作权的活跃促进了著作权法的完善与发展。

二、停止侵权的裁判

当一部作品被界定侵权之后,带来的后果有轻重之分。由于"琼瑶诉于正案"的标的是影视作品,两部作品在不同时期都产生了极大的影响力,审理过程和结果受到作品粉丝、影视剧作者、社会各界的高度关注。该案在承担责任方面最大的争议在于对在后改编的新作品是否应当判令停止侵权。一审法院在判断是否侵权的问题上分析了两个重要因素:一是于正先生除编剧身份之外,在影视作品拍摄过程中的身份以及与其他被告之间的关系。即除考虑作品的主线之外,还考虑了各被告主体的因素,在各被告共同完成创作及拍摄作品的情况下,基于合同的缔约事实和履约情况认定各被告实施共同行为,进而认定原告关于请求停止侵权的主张成立。另一方面对停止行为的考量并非完全基于原告请求的必要性,还考量了各被告停止行为的可能性和必要性因素,如:"截至本案庭审结束日,电视剧《宫锁连城》已经持续公开播映超过8个月,尽管各被告未按照法院要求提交编剧合同及发行合同,基于市场合理价格及商业交易惯例判断,被告余征(于正)应已取得了较高金额的编剧酬金,被告湖南经视公司、东阳欢娱公司、万达公司、东阳星瑞公司应已取得了较高的发行收益。在此情况下,判令停止

复制、发行和传播电视剧《宫锁连城》,不会导致原被告之间利益失衡。"该案一审判决第三部分的判理逻辑如下:

(1)改编作品作为著作权法意义上的演绎作品,受到法律的保护,但作者对演绎作品行使著作权权利,不得侵犯原作者的合法权利。(《中华人民共和国著作权法》第12条)

(2)琼瑶作为在先作品的著作权人,对其作品权利的控制力及于其作品的演绎作品,包括对演绎作品的改编、复制、摄制、发行等行为。

(3)各被告未经琼瑶的许可,擅自改编剧本及小说《梅花烙》,创作剧本《宫锁连城》及对上述行为提供帮助,并以该剧本为基础拍摄、发行电视剧《宫锁连城》,侵害了琼瑶依法就剧本《梅花烙》及小说《梅花烙》享有的改编权及摄制权。

(4)拍摄成影视作品的方式则是其中最具市场影响和商业价值的利用方式。

(5)未经许可改编和摄制剧本和小说对于著作权人的利益影响巨大。

(6)在保护作品的创作与激励作品的传播方面是统一的,两者之间并不存在根本矛盾与冲突。

(7)如果被告未经许可所实施的侵权发行行为得以继续,将实际上剥夺原告对于其作品权利的独占享有,并实质阻碍或减少原告作品再行改编或进入市场的机会。

(8)被告于正先生应已取得了较高金额的编剧酬金,被告湖南经视公司、东阳欢娱公司、万达公司、东阳星瑞公司应已取得了较高的发行收益。

(9)判令停止复制、发行和传播电视剧《宫锁连城》,不会导致原被告之间利益失衡。

（10）基于该案中被告的过错及侵权程度、损害后果、社会影响，应判令停止电视剧《宫锁连城》的复制、发行及传播为宜。

对各被告因素的考量是存在争议的，二审法院在此基础上，重新回到学术的视角，即琼瑶女士请求的视角："停止侵权责任仍然是著作权侵权中首要的和基本的救济方式，侵权人不承担停止侵权责任是一种基于利益衡量之后的政策选择，是一种例外情形，应当严格予以把握。"对此，二审法院进行了以下分析：

（1）未经著作权人许可，以展览、摄制电影和以类似摄制电影的方法使用作品，或者以改编、翻译、注释等方式使用作品的，应当根据情况，承担停止侵害、消除影响、赔礼道歉、赔偿损失等民事责任。[《中华人民共和国著作权法》第47条第（六）项规定]

（2）著作权，从权利性质划分上属于排他性的绝对权，当该种权利受到侵害时，停止侵害请求权是著作权自身具有的保护性请求权。

（3）停止侵权责任是侵权人应当承担的民事责任。

（4）如果停止有关行为会造成当事人之间的重大利益失衡，或者有悖于社会公众利益，或者实际上无法执行，可以根据案件具体情况进行利益衡量，不判决停止行为，而采取更适当的赔偿或者经济补偿等替代性措施。

（5）权利人长期放任侵权、怠于维权，在其请求停止侵害时，倘若责令停止有关行为会在当事人之间造成较大的利益不平衡，可以审慎地考虑不再责令停止行为。

（6）停止侵权责任仍然是著作权侵权中首要的和基本的救济方式，侵权人不承担停止侵权责任是一种基于利益衡量之后的政策选择，是一种例外情形，应当严格予以把握。

（7）是否对权利人的停止侵害请求权加以限制，主要考量的是个人利益之间的利益平衡以及个人和社会公众之间的利益平衡。

(8)该案具体可以从以下方面进行判断：第一，权利人和侵权人之间是否具有竞争关系。第二，侵权人市场获利是否主要基于著作权的行使。第三，权利人的主观意图和侵权人的实际状况。琼瑶女士自获知电视剧《宫锁连城》之后即开始积极维权，并未怠于行使其权利。对于电视剧《宫锁连城》的制片者来说，停止复制、发行、播放电视剧的行为并非不可实现或者实现困难。第四，是否与社会公众利益相符合。停止侵权责任将强化著作权的保护，更符合长远的社会公众利益。

综合上述因素，二审法院认为，原审法院判令湖南经视公司、东阳欢娱公司、万达公司、东阳星瑞公司承担停止复制、发行、传播的责任并无不当。

认真分析一、二审法院的意见，双方在裁量结果上并无争议，停止侵权问题已经进行了终审的判定。一旦确认在后作品对在先作品构成侵权，从诉、审、判一致性的原则考虑，原告提出停止侵权行为基于法律保护的权利，对原告的请求除非有足够的否决理由，否则应予以支持。然而，停止侵权行为从经济性的角度考量是需要慎重的，法律解决的不仅是法律问题，而且是当事人引发的后果如何妥当处理。经济考量充满争议，但司法实践也从未因此停止。例如，诉讼期间某些调解案件是基于执行困难的问题建议双方当事人协商，甚至也出现久调不决的现象，调解书仍然需要强制执行的问题，等等。在著作权案件中，少部分案件因停止侵权行为成本过高，甚至采取过不支持停止侵权行为的情况，当然，针对这种现象的司法标准非常严格。"琼瑶诉于正案"之所以考量被告因素并非纵容侵权，更多的是基于案情、社会因素的考量。在我国，人们对著作权保护的文化和理念还很薄弱，疏与堵的问题令人纠结，停止侵权的标准从严还是从宽难以决断。这是一审法院对于原、被告因素综合考量的结果。

三、损害赔偿的司法导向

"琼瑶诉于正案"在损害赔偿问题上,一审法院支持了500万元的数额,二审法院予以维持。500万元的赔偿数额大幅度提升了著作权案件司法裁判的保护力度,法律界人士给予了极高的关注和评价,认为该案件是加大我国著作权保护的标志性案件。最高人民法院首席大法官周强院长点赞为"伟大的判决",借以推动司法裁判水平的提升,回应社会高度关注的知识产权司法保护的发展方向。对此,笔者认为,著作权保护仍然是一个漫长的发展过程,著作权的司法裁判环境亦不可能一夜之间改写历史。在加大力度进行综合治理的过程中,上下呼应的本质使我国知识产权的商业环境发生了根本性变化,我们已进入国家创新体系建设和知识产权创新环境的重要时期。

在知识产权商业化阶段,知识产权的价值越来越被社会认可,法律与市场也出现融合的趋势。一方面,这有利于用知识产权的商业思维促进著作权法的现代化和进步性;另一方面,这有利于建立知识产权案例制度,促进商业思维在司法裁判中的积极运用。用市场利益保护知识产权体现了当事人思维。就司法经验而言,立法思维应该有三个角度。第一个是本体者的角度。本体者通常为我国的专家、学者,他们从比较法的角度期待完成一部理想化的法律。可以说,法律的专业性浓缩着精英化的痕迹,体系设计更加精致。第二个是法官的角度。一部法律能够满足法官在办案过程中的需求,聚焦社会矛盾的演变,坚持问题导向,将法官遇到的前沿问题在立法中予以规则化,最大可能地体现"法官实用"的原则。

第三个是当事人的角度。这个角度意味着法律追求最大公约数，在社会普遍认同的基础上制定法律。当事人思维往往会跨越法律人的思维，究其实质是开放式的。认知当事人思维，理解各行各业对法律的难解之处，深入体察民意，了解商业常识，根据现实问题解读法律体系，以便在制定法律的过程中调动社会的参与积极性，反映各行各业发展的市场需求，在尊重社会发展规律的基础上，研究当事人的利益选择，满足社会发展的客观需求，即法律在"良法并普遍遵守"的层面做到了最好。本质上，这就是群众路线的具体体现。

当事人思维是验证一部法律的风向标。一些法律、政策的出台使得大批关联案件快速涌向法院。从法律思维的角度进行分析，在法律制定过程中渴求最大限度地稀释矛盾。首先，当事人思维提醒立法者应更加注意研究矛盾爆发点，及时导入商业利益最大化的原则，寻求妥协点和平衡点。"琼瑶诉于正案"的最大特点之一是行业组织及其会员主动跟踪了该案，在法院裁判后积极将该案的裁判标准引入行业规则，体现了行业对法律规则的高度重视。其次，市场思维保障了知识产权保护的正确方向。司法的功能在于判断是非，经济的功能在于寻求利益平衡的最佳数值点，让法律更好地契合市场。随着我国知识产权快速进入商业化阶段，知识产权的市场价值日益凸显，当事人关于知识产权交易的主观预期和客观价值不断飙升，达到"千万"和"亿"级水平的标的已不鲜见。

在这样的市场活跃期，加大知识产权保护力度要求法官不仅应立足于法律思维，也要立足于商业知识的积累和市场经验的智慧，更好地完善诉讼程序规则，充分调动当事人运用市场规则并尊重知识产权。具体来说，应注重以下四个方面：第一，进一步强调事实和证据的关系。当事人在发起诉讼时,应更加注重已发生的事实关系的证据,用证据梳理事实,用扎实的事实及证据保护权利的实现过程。第二,用市场手段证明市场利益的主张。知识产权保护既指向精神权又指向财产权,几乎所有的案件都涉及财产请求。随着市场管理的进一步规范,特别是互联网、大数据的发展,当事人主张权利时可采取很多市场方法,例如市场调查评估的方法、产品类比的方法、价格分析的方法等。凡是可以利用的经济方法都是最大可能保护当事人财产主张的方法,经济方法的使用能够提升知识产权保护力度的客观化水平。第三,充分发挥律师的专业性。律师帮助当事人选择诉讼,在证据和事实的准备上越完美,越有可能取得成功。第四,更加注重诉讼赔偿额的计算过程。加大知识产权赔偿力度,关键在于赔偿额确认过程中的技术层面,实现结果和论证过程的有机统一。虽然保护知识产权的财产权有很强的主观推理性,但是,已查证的事实证据是主观推理的客观基础。加大知识产权的保护力度并不在于过高、失当地保护当事人的市场利益,而在于判断、评估、计量当事人的市场利益时,不应仅仅依据法律思维,还应该运用商业思维和市场思维。在"琼瑶诉于正案"中,被告在损害赔偿方面的主动履行行为还是应该予以肯定的,这说明,当事人对判赔的法律接受程度较高。

四、专家学者的智库支持

笔者在高考试题著作权案件中写过这样一段感言:"为了更好地把握全市的研究水平和共识,合议庭还通过调研等方式尽可能全面掌握法律资料和专家、学者的不同意见。"一个案件裁判规则的形成虽然合议庭掌握着独立的裁判权,但新问题的研究并非简单的拍脑门,经常是在占有大量事实、资料和观点的基础上,有机地形成了最终的意见。因此,回忆办案,有几点是特别重要的。

一是合议庭严谨的治学态度。"琼瑶诉于正案"无论是一审还是二审,承办法官以及整个办案团队有着良好的学术追求氛围,大家为了将案件办好,尽了最大的努力,也尽可能地调动了当事人的诉讼能力,认真研究问题、解决问题。

二是知识产权审判的发展伴随着知识产权大家庭的共同努力。北京市第三中级人民法院知识产权庭成立于2013年7月,案件少,问题多,北京市高级人民法院知识产权庭给予了重要的调研指导,也给予了培训、专家论证等多方面的统筹协调。正是在这样的呵护下,人才得到培养,问题得到解决,裁判的水平和能力得到快速提升。比如,该案涉及的过错问题也是著作权领域研究最多的问题,李明德老师在《美国知识产权法》中对过错问题作了很多介绍,但此案在适用时仍然依据了《中华人民共和国侵权责任法》的有关规定。这在很大程度上坚持了著作权的权利法定原则,与北京市高级人民法院的指引特别是时任北京市高级人民法院知识产权庭庭长陈锦川(现任北京知识产权法院副院长)的著作《著作权审判原理解读与实务指导》的教导密不可分。

三是知识产权审判的开放性凝聚了社会上的最大共识。这在一定程度上确保了一审案件裁判的质量,也促进了二审在更深入的问题层面把握法律问题的适用。知识产权审判研究案件的氛围不仅在本系统内,也延及到系统外。一个案件牵涉的面很广,大家期待从立法、执法、司法、法理等各个方面会诊,正是在这样一种广泛资源的背景下才得以有效地开展审判工作。尽管随着时间的推移,司法的独立性将进一步强化,但是,如何确保案件得到毋庸置疑的公信力、案件质量得到最大限度的保障,依然有很多总结、提升、探索和尝试的空间。

最后,特别应当赞赏二审法院高水平的裁判质量。该案一审判决后,二审法院进行了很长时间的审理,并在此基础上再次研究了该案涉及的事实争点、法律难点,并逐一回应在判决中。二审判决对一审法官极具指引作用。原来打算由一、二审法官共同完成一次法律解读和以案说法的工作,但由于操作上的考虑,还是为二审法官留下了更多独立的空间。

一个案件的审判需要很多工作,案件背后的服务保障也是必需的。在此,特别感谢北京市第三中级人民法院办公室、宣传部门、法警队等相关保障部门,感谢院领导及兄弟庭室的支持,感谢民五庭杜长辉庭长以及全庭人员,感谢知识产权审判的支持者!

案件的判决不是句号,围绕案件的争议仍会继续,但法律本身即是在争议中愈加清晰,愈加赢得社会对法律的支持和信任。也许正是基于这样的法律热爱,合议庭成员一致恪尽职守,期待他们通过更执著的坚守取得更好的成绩。

书记员是法院最繁杂的工作者,"琼瑶诉于正案"的书记员工作量很大,但任劳任怨,我们很是感谢。

宋鱼水
2017 年 12 月 18 日

第一章 "琼瑶诉于正案"案情回顾及焦点问题梳理

一、案件一审原、被告各方的诉辩主张

2014年5月28日,琼瑶女士向北京市第三中级人民法院递交诉状,称于正先生、湖南经视文化传播有限公司(下称"湖南经视公司")、东阳欢娱影视文化有限公司(下称"东阳欢娱公司")、万达影视传媒有限公司(下称"万达公司")、东阳星瑞影视文化传媒有限公司(下称"东阳星瑞公司")侵害其著作权。

一审原告琼瑶女士(原名:陈喆)诉称,其于1992年至1993年间创作完成了电视剧剧本及同名小说《梅花烙》,并自始完整、独立享有上述作品著作权(包括但不限于改编权、摄制权等)。其作品在中国大陆地区多次出版发行,拥有广泛的读者群、观众群和较高的社会认知度及影响力。2012年至2013年间,被告于正先生(原名:余征)未经其许可,擅自采用原告作品核心独创情节进行改编,创作电视剧剧本《宫锁连城》,并由湖南经视公司、东阳欢娱公司、万达公司、东阳星瑞公司共同摄制了电视剧《宫锁连城》(又名《凤还巢之连城》),该剧几乎完整套用剧本及小说《梅花烙》的全部核心人物关系与故事情节,严重侵害了原告依法就其作品享有的著作权,实质性妨碍了其根据作品《梅花烙》改编的新电视剧剧本《梅花烙传奇》的创作,亦给原告琼瑶女士带来极大的精神伤害;相反,各被告基于侵权行为获取巨大收益。

原告琼瑶女士提出的诉讼请求包括:①认定五被告侵害了原告作品剧本及小说《梅花烙》的改编权、摄制权;②判令五被告停止电视剧《宫锁连城》的一切电视播映、信息网络传播、音像制售活

动;③判令被告于正先生在新浪网、搜狐网、乐视网、凤凰网显著位置发表经原告书面认可的公开道歉声明;④判令五被告连带赔偿原告琼瑶女士2 000万元;⑤判令五被告承担原告为本案支出的合理费用共计313 000元;⑥判令五被告承担本案全部诉讼费用。

各被告分别答辩,意见总体概括为:①林久愉为电视剧《梅花烙》的署名编剧,应为剧本《梅花烙》的作者及著作权人,琼瑶女士的著作权人身份存疑,诉讼主体不适格。②琼瑶女士所主张的著作权客体混乱,《梅花烙》"剧本""小说""电视剧"各自的著作权归属不明确。③琼瑶女士于该案提交的剧本《梅花烙》是在起诉后才进行公证认证的,有可能是在电视剧《宫锁连城》播出后比照该剧进行修改的,因此,剧本《梅花烙》内容的真实性存疑。④只有独创性的表达才受著作权法保护,琼瑶女士需要明确其权利界限和保护范围,这是本案审理的基础,但琼瑶女士在本案中并未对此予以明确,其所主张侵权的人物关系、桥段、情节是作品主题、思想,不是作品表达,这些并不是著作权法所保护的对象。剧本《梅花烙》创作时间早于小说,小说《梅花烙》的内容并不具有独创性。⑤琼瑶女士指控被告侵权的人物关系、桥段及桥段组合,均属于公有素材、有限表达或特定场景,不受著作权法保护,不能因为琼瑶女士写过言情戏这样的主题,这样的表达就被其垄断。⑥剧本《梅花烙》从未公开发表过,被告方不存在接触剧本内容的可能,电视剧《梅花烙》的播出不构成剧本《梅花烙》的发表。⑦剧本《宫锁连城》由于正先生独创完成,是受法律保护的作品,而非基于琼瑶女士所称的剧本、小说《梅花烙》改编而成的。⑧琼瑶女士于本案中的作品比对方式不科学,对于剧本及电视剧《宫锁连城》的桥段概括不准确,是按照诉讼需要任意拼凑的,无法还原两部作品的真实原貌。剧本及电视剧《宫锁连城》的台词设置、具体情节表达等与剧本及小说《梅花烙》并不相同,情节顺序与琼瑶女士诉称也不一致。剧本及电视剧《宫锁连城》在人物关系、情节表达、故事线索等方面均比剧本及小说《梅花烙》更加复杂,《梅花烙》写情之后写了缘,始终是爱情单线,而《宫锁连城》是多线。⑨于正先生以外的各被告并未参与剧本《宫锁连城》的创作,没有侵害琼瑶女士起诉的改编权,且作为电视剧《宫锁连城》的联合摄制方,已经尽到了合理注意义务,依法向国家广播电影电视总局行政主管部门办理了全部行政许可,并已经得到于正先生的授权基于剧本《宫锁连城》拍摄电视剧《宫锁连城》。⑩即使剧本《宫锁连城》的创作侵害了琼瑶女士就剧本及小说《梅花烙》的改编权,于正先生以外的各被告也没有侵害琼瑶女士的摄制权,因为改编作品也是独立的新的作品。⑪拍摄一部好的电视剧,剧本只是一个因素,其中会有几百个桥段,剧本及电视剧《宫锁连城》即使使用琼瑶女士所称的小说、剧本《梅花烙》内容,也仅仅涉及其中的 21 个桥段,在电视剧《宫锁连城》中所占比例过低,以此主张电视剧《宫锁连城》停播也是不合理的,这将严重影响文化的发展。

除上述意见外,被告万达公司认为,万达公司仅对电视剧《宫锁连城》进行了投资,不享有该剧的著作权,也没有参加该剧的报批、宣传等,这在被告方的投资协议中已经有了明确的约定,万达公司主观和客观上都没有侵权故意和事实。电视剧拍摄中对故事梗概的调整,万达公司无从得知,不应承担侵权连带责任。

二、该案涉及的作品

该案涉及的作品共五部,分别为:剧本《梅花烙》、小说《梅花烙》、电视剧《梅花烙》、剧本《宫锁连城》、电视剧《宫锁连城》。其中,剧本及小说《梅花烙》为琼瑶女士据以主张该案维权的原著作品,剧本、电视剧《宫锁连城》为琼瑶女士诉称的侵权作品。

剧本《梅花烙》由琼瑶女士于1992年10月创作完成,共计21集,未以纸质方式公开发表。基于剧本《梅花烙》拍摄的同名电视剧《梅花烙》由怡人传播有限公司(下称"怡人公司")拍摄制作完成,共计21集,于1993年10月13日起在我国台湾地区首次电视播出,并于1994年4月13日起在中国大陆(湖南电视一台)首次电视播出,电视剧《梅花烙》的内容与剧本《梅花烙》保持高度一致。电视剧《梅花烙》片头字幕处编剧署名为林久愉。林久愉于2014年6月20日出具经公证认证的《声明书》,声明其仅作为助手配合、辅助琼瑶女士完成剧本《梅花烙》,期间其负责全程记录琼瑶女士的创作讲述,执行剧本的文字部分统稿整理工作,并称剧本《梅花烙》系由琼瑶女士独立原创形成,琼瑶女士自始独立享有剧本的全部著作权及相关权益。

小说《梅花烙》系由琼瑶女士根据剧本《梅花烙》改编创作,完稿于1993年6月30日,同年9月15日起在我国台湾地区公开发行,又于同年起在中国大陆公开发行,作者署名为"琼瑶"。小说《梅花烙》主要情节及人物与剧本《梅花烙》基本一致。

于正先生为剧本《宫锁连城》的《作品登记证书》载明的作者,系电视剧《宫锁连城》的署名编剧。剧本《宫锁连城》创作完成于2012年7月17日,共计20集。电视剧《宫锁连城》根据剧本《宫锁连城》拍摄完成,网络播出的未删减版共计44集,电视播映版共计63集,电视播映版于2014年4月8日起在湖南卫视首播。经查,电视剧《宫锁连城》剧情内容与剧本《宫锁连城》基本一致。电视剧《宫锁连城》片尾出品公司署名依次为:湖南经视公司、东阳欢娱公司、万达公司、东阳星瑞公司。

三、案件一审阶段的争议焦点问题

基于原、被告的诉辩主张及对案件事实及法律问题的梳理,合议庭结合听取原被告各方意见后认为,该案核心争议焦点问题归纳为:第一,剧本《梅花烙》著作权归属;第二,小说《梅花烙》和剧本《梅花烙》的关系;第三,琼瑶女士所主张被改编和摄制的内容能否受到著作权法保护;第四,《宫锁连城》剧本是否侵害了《梅花烙》剧本及小说的改编权;第五,《宫锁连城》电视剧是否侵害了《梅花烙》剧本及小说的摄制权;第六,侵害改编权及摄制权主体及民事责任的认定。

(一) 剧本《梅花烙》的著作权归属

《中华人民共和国著作权法》(以下简称《著作权法》)第 11 条规定,"如无相反证明,在作品上署名的公民、法人或者其他组织为作者"。最高人民法院《关于审理著作权民事纠纷案件适用法律若干问题的解释》第 7 条规定,"当事人提供的涉及著作权的底稿、原件、合法出版物、著作权登记证书、认证机构出具的证明、取得权利的合同等,可以作为证据"。

电视剧《梅花烙》署名编剧为"林久愉",但林久愉出具的《声明书》可以构成上述《著作权法》规定的"相反证明",表明琼瑶女士为剧本《梅花烙》的作者,而林久愉在剧本《梅花烙》创作过程中,仅根据琼瑶女士的口述,记录、整理剧本,该项工作并未形成著作权法意义上具有独创性的作品;结合怡人公司出具的《电视剧〈梅花烙〉制播情况及电视文学剧本著作权确认书》,可以共同表明琼瑶女士为剧本《梅花烙》的著作权人。

(二) 小说《梅花烙》和剧本《梅花烙》的关系

根据琼瑶女士的主张,小说《梅花烙》根据剧本《梅花烙》改编而成。小说《梅花烙》是否具有独立的著作权问题取决于小说《梅花烙》是否具有独创性。独创是评判形成著作权法意义上作品的重要要件,独创性是指作品系作者独立创作产生,融入了作者的原创智慧,强调作品融入作者的创作个性,是作者个人所特有的创作表达,而区别于他人的创作成果。小说《梅花烙》及剧本《梅花烙》虽然在故事内容上存在高度相似性及关联性,但并不能因此否认小说的独创性。首先,从作者与作品的人身关系上来看,小说及剧本均为琼瑶女士创作产生,作品所附着的作者独创智慧及创作付出均系于同一人;其次,从剧本及小说的具体表达形式来看,剧本以台词及场景的结合为主要表达形式,小说作为叙事性文学体裁,以叙述、描写为主要表达形式,在剧本向小说的改编过程中,已经发生了作品具体表达形式的变化,这种变化符合经演绎而形成新作品的特征。因此,小说《梅花烙》虽在改编过程中保留了剧本《梅花烙》的核心内容,但并不能因此否认小说《梅花烙》是区别于剧本《梅花烙》的独立作品,琼瑶女士就小说《梅花烙》享有权利人就其具体作品应享有的著作权。

(三) 琼瑶女士主张被改编和摄制的内容能否受到著作权法保护

琼瑶女士在该案中主张被改编和摄制的内容包括:剧本和小说《梅花烙》的具体情节、基于具体情节形成的整体串联、人物设置及人物关系。这些内容是否受到著作权法保护的问题,涉及著作权的客体问题。在个案中,体现为评判个案争议涉及的作品内容是否属于著作权客体的问题。

该案中,经法院审理认为,琼瑶女士提出的上述内容,均应属于著作权客体范畴。

(四)《宫锁连城》剧本是否侵害了《梅花烙》剧本及小说的改编权

在确定琼瑶女士主张的相关作品内容属于著作权法保护范畴的前提下,判断于正先生的作品是否构成对琼瑶女士的作品的权利侵犯,应该采用"接触"加"实质性相似"的侵权判定逻辑。"接触"是指在先作品可为公众获得,在后作者有获得在先作品的可能。若作品已经处于公之于众的状态,并不要求存在已经实际知晓、接触的事实发生。"实质性相似"是指在先作品与在后作品在表达上存在着实质性的相同或近似。

该案中,关于小说《梅花烙》的接触问题,原、被告各方争议不大;但对于剧本《梅花烙》,被告各方则认为因作品并未公开发表,因此各被告与剧本未发生接触。

如前所述,剧本《梅花烙》创作完成于 1992 年 10 月,后经由怡人公司拍摄成为电视剧《梅花烙》,于 1993 年 10 月 13 日起在我国台湾地区播出,并于 1994 年 4 月 13 日起在中国大陆播出。剧本《梅花烙》的内容与电视剧《梅花烙》在内容上高度一致。剧本《梅花烙》虽然并未以独立作品形式单独公开发表过,但剧本实物仅为剧本内容的物理载体形式,剧本内容以电视剧方式呈现,仅变化了剧本内容的物理载体,并不导致剧本内容的变化。在此基础上,电视剧的公开发表即代表剧本内容的公开发表,受众与电视剧内容的接触即可构成对剧本内容的接触。因此,各被告通过观看电视剧的方式,事实上已经接触了剧本《梅花烙》的内容。

在该案涉及的具体作品内容比对过程中，一审法院留意到琼瑶女士提出的关于情节整体串联部分的内容主张。就这一主张的提出，在案件审理中，一审法院作出比对执行的顺序调整，即：第一步，梳理剧本、小说《梅花烙》中的情节存在情况及分布；第二步，梳理剧本、电视剧《宫锁连城》中的情节存在情况及分布；第三部，就各个情节拆分作内容独创性评价及相似性评价；第四步，将不同作品中存在的相应情节按照作品中出现的顺序进行串联，再对串联逻辑及整体串联结果作比对及相似性评价。该案最终并以"接触"加"实质性相似"的判定逻辑，认定于正先生的作品构成对琼瑶女士的作品的著作权权利侵犯。具体内容比对，后文将有详细分析。

（五）《宫锁连城》电视剧是否侵害了《梅花烙》剧本及小说的摄制权

该案中，被告方主张，各制片方系以剧本《宫锁连城》为拍摄基础，摄制电视剧《宫锁连城》，在这一摄制过程中，已经获得剧本《宫锁连城》著作权许可，进而并未侵犯剧本、小说《梅花烙》的著作权。

在经比对确认剧本《宫锁连城》的创作系由剧本、小说《梅花烙》改编而来的基础上，剧本《宫锁连城》应认定为剧本、小说《梅花烙》的演绎作品，而无论该演绎过程是有权演绎或无权演绎。电视剧《宫锁连城》基于剧本《宫锁连城》拍摄完成，系为对剧本《宫锁连城》的再演绎创作。虽然剧本《宫锁连城》作为作品而附着独立的著作权，但基于演绎关系的存在，著作权行使需要获取原著作品权利人的许可。

该案中，电视剧《宫锁连城》根据剧本《宫锁连城》摄制而成，内容基本一致，在剧本《宫锁连城》与剧本、小说《梅花烙》之间存在演绎创作关系的情况下，该摄制行为依然属于琼瑶女士享有的原著作品摄制权控制范围。各被告未经琼瑶女士许可摄制电视剧《宫锁连城》,事实上使用了琼瑶女士于剧本、小说《梅花烙》的创作内容,侵害了琼瑶女士享有的摄制权。

(六) 侵害改编权及摄制权主体及民事责任的认定

《中华人民共和国侵权责任法》(以下简称《侵权责任法》)第8条规定:"二人以上共同实施侵权行为,造成他人损害的,应当承担连带责任。"上述规定是最为典型的有意思联络的共同侵权行为,即共同加害行为。共同加害行为通常可以考虑以下构成要件:第一,加害人的多数性,即加害人必须二人或二人以上;第二,加害人之间具有共同过错;第三,加害行为的关联性,即各加害人的加害行为指向同一对象,结合起来共同造成损害后果的发生;第四,加害行为须造成了同一的损害后果。剧本《宫锁连城》虽由于正先生直接创作,东阳欢娱公司、湖南经视公司、东阳星瑞公司对剧本的创作、报批、审批、拍摄有明确分工,但只有在三方审查同意剧本内容之后电视剧《宫锁连城》方可拍摄。因此,东阳欢娱公司、湖南经视公司、东阳星瑞公司实际上参与到了剧本《宫锁连城》的创作,对剧本创作存在共同的意思联络,共同侵害了原告琼瑶女士的改编权。

《侵权责任法》第9条第1款规定:"教唆、帮助他人实施侵权行为的,应当与行为人承担连带责任。"电视剧《宫锁连城》的摄制虽由于正先生以外的其他各被告直接执行,但剧本《宫锁连城》的创作为电视剧的摄制提供了基础,剧本创作为电视剧创作的实际动因,剧本《宫锁连城》的创作工作确属电视剧《宫锁连城》拍摄、制作的其中一环。因此,对于电视剧《宫锁连城》的摄制,于正先生为电视剧《宫锁连城》的拍摄提供了实质性的帮助,与各被告之间构成共同侵权,应承担连带责任。

万达公司提供的与东阳欢娱公司签订的协议约定其除署名权、优先回收投资和获取收益外,对电视剧不享有其他著作权,但其对电视剧《宫锁连城》获取报酬这一点上与其他出品方并无不同,该项权利是著作财产权的重要内容,因此,万达公司提供的协议不能作为推翻署名的相反证据,万达公司应被认定为电视剧《宫锁连城》的制片者,应对侵害改编权、摄制权的行为承担连带责任。

第二章 原告主张被改编和摄制的内容能否受著作权法保护

一、著作权法保护的客体

(一) 著作权法理论上对于著作权法保护客体的界定

著作权法正当性原理之功利主义说认为,著作权法是为了更好地促进文化和艺术的发展,刺激更多的人投身于创作作品中,以保护创作动力。当然,过分强调个人权益而忽略公共利益的维护,可能导致一些情况下的公共利益损伤,因此,在个人利益与社会公共利益之间,著作权法也需要作出权衡,譬如,在其保护的客体范围和保护期限上适当予以限制。

著作权法保护的客体界定,是著作权存在及其权利保护边界的基础判断,构成著作权法的逻辑起点。[1] 总体上来说,著作权法保护的客体即"作品"。对于什么是"作品",理论上来说,人们要让他人了解自己的思想感情或科学领域的研究成果,就必须通过一定的文字、声音、图像等加以表达,使他人得以客观地阅读、欣赏和感知。这种将内心世界的思想感情借助语言、艺术和科学符号体系加以表达的过程就是"创作",由此形成的具有艺术或科学美感和独创性的智力成果就是著作权法意义上的"作品"。[2]

(二) 著作权法保护客体的国际层面立法界定

立法层面上对于"作品"的界定,国际普遍做法通常是以列举

---

[1] 参见杨利华:《我国著作权客体制度检讨》,载《法学杂志》2013年第8期。
[2] 参见王迁:《知识产权法教程》(第4版),中国人民大学出版社2014年版,第25页。

方式为基础,对"作品"的外延进行限定和划分,有些界定并以简要概括内涵相加,总体上表现为开放性界定模式。

在《保护文学艺术作品伯尔尼公约》(以下简称《伯尔尼公约》)中,"作品"是指文学、艺术、科学领域内的一切成果,而不论其表现形式或者方式如何。公约对各类作品进行了列举,但逻辑上并没有穷尽作品的所有类型,而对作品范围进行了开放性的界定。德国、法国、埃及、日本等国著作权法也都首先概括作品的内涵,然后示例作品类型。这种作品范围界定的开放模式,能够有效地实现范围概括的周延性与操作的灵活性,在出现新的作品时,可以适用作品概念并结合现实情况予以判断。③

在《美国版权法》中,第102条列举了7种受保护的作品,如文字作品、建筑作品等,这里使用了"包括以下种类"的字样,这表明法律的规定是列举式的,而非限定式的,7个种类的列举只是划出了版权保护客体的一般范围,并没有穷尽法律意图保护的"独创性作品"的范围,为法院的灵活处置留下了余地。特别是对于一些随着科学技术发展而出现的新的作品种类,可以通过法院的司法判断而纳入受保护的"作品"范围。

(三) 我国著作权法保护的客体

《著作权法》第3条规定:"本法所称的作品,包括以下列形式创作的文学、艺术和自然科学、社会科学、工程技术等作品:(一)文字作品;(二)口述作品;(三)音乐、戏剧、曲艺、舞蹈、杂技艺术作品;(四)美术、建筑作品;(五)摄影作品;(六)电影作品和以类似摄制电影的方法创作的作品;(七)工程设计图、产品设计图、地图、

---

③ 参见杨利华:《我国著作权客体制度检讨》,载《法学杂志》2013年第8期。

示意图等图形作品和模型作品;(八)计算机软件;(九)法律、行政法规规定的其他作品。"第4条规定:"著作权人行使著作权,不得违反宪法和法律,不得损害公共利益。国家对作品的出版、传播依法进行监督管理。"第5条规定:"本法不适用于:(一)法律、法规,国家机关的决议、决定、命令和其他具有立法、行政、司法性质的文件,及其官方正式译文;(二)时事新闻;(三)历法、通用数表、通用表格和公式。"

我国现行《著作权法》第3条、第5条,将著作权法保护的客体限定为"作品",对作品的形式及内涵进行列举式定义,在列举8类作品后,用"法律、行政法规规定的其他作品"予以兜底,并列举部分排除于"作品"之外的情况。总体上,我国著作权法采用定义、列举加排除的方式界定作品范畴。在作品类型的列举中,并没有将"演绎作品"列入一项单独的作品形式。

二、叙事性文字作品

(一) 什么是文字作品

文字作品是著作权法保护的客体之一,《中华人民共和国著作权法实施条例》(以下简称《著作权法实施条例》)第4条规定,文字作品,是指小说、诗词、散文、论文等以文字形式表现的作品,也即以书面语言作为表达工具的作品。

文字作品不同于文学作品,文字作品的范围要比文学作品广。没有上升到"文学"水准,但有独创性的文字组合仍然是文字作品,比如产品说明书、学术论文等。文字作品不仅包括以文字如汉字、英文等写成的作品,还包括以数字、符号表示的作品,如计算机软件、电话号码数据汇编。④

(二) 什么是叙事性文字作品

叙事性文字作品是用话语虚构社会生活事件,使读者根据小说世界的逻辑去思考和感受,即通过对外部事件的描述来把握社会现实本身。叙事就是讲故事,故事由事件、情节、人物、场景组成,这些组成部分就构成了叙事性文字作品的基础创作元素。

1. 事件

事件由所叙述的人物行为及其后果构成,一个事件就是一个叙述单位。作品中的事件由若干层次构成。总的事件中包含着一系列小的事件,这些小的事件还可再分为更小的事件,整个事件就由这不同层次的小事件构筑而成。这样切分下去,直到最小的细节,只要是对整个叙事有意义的,便可成为最初级的事件。

2. 情节

情节是按照因果逻辑组织起来的一系列事件。情节把在表面上看似偶然的、沿着时间先后顺序出现的事件用因果关系加以解释和重组,并且在事件的发展中表现出人物行为的矛盾冲突,由此而揭示人物命运的变化过程。

3. 人物

人物是事件、情节发生的动因。人物为了推动情节发展而存在,情节是展现人物的手段。

4. 场景

叙述内容中具体描写的人物行为与环境组合成为场景。叙事性文字作品在叙述故事中必有场景,故事的进展把人物的行动放

---

④ 参见王迁:《知识产权法教程》(第 4 版),中国人民大学出版社 2014 年版,第 74 页。

在具体的环境中以构成场景,显现为生动具体的艺术形象。⑤

三、叙事性文字作品中受著作权保护的表达

在近年来的文字作品著作权侵权纠纷案件的司法实践中,以对原作品完整照搬的方式实施侵权行为的情形已是鲜见,讼争案件往往起因于原告主张其原著文字作品的一部分被侵权使用,或原著文字作品的部分或全部内容以发生某种形式变化的方式被侵权使用。这就导致权利人以诉讼方式主张权利救济时,往往不能直接以其完整作品作为侵权行为的直接加害对象,而需要基于那些被侵权使用的作品部分或被变化形式使用的作品部分主张权利救济。这种主张事实上突破了著作权法保护"作品"的维度,而深入依据著作权法而就著作权主张保护文字作品内相关元素的维度,这些元素可以称之为文字作品的著作权保护要素。

但如何界定文字作品中的著作权保护要素,著作权法并没有进一步规定,这也就成为司法者在个案审判中结合法律规定及法理逻辑需要面对的先决问题。

(一) 叙事性文字作品中著作权保护的表达界分原则

1. 著作权法意义上思想与表达的界分

著作权法并不保护抽象的思想、思路、观念、理论、构思、创意、概念、工艺、系统、操作方法、技术方案,而只是保护以文字、音乐、美术等各种有形的方式对思想的具体表达。《美国版权法》第102条第2款规定:"在任何情况下,对于作者原创性作品的版权保护,

---

⑤ 参见童庆炳主编:《文学理论教程》(第4版),高等教育出版社2008年版,第243—248页。

都不延及思想观念、程序、工艺、系统、操作方法、概念、原则和发现,不论它们在作品中是以何种形式被描述、解释、说明或体现的。"⑥著作权法虽然不保护作者的思想,但是保护作者对这个思想的独特表达。最早阐述思想和表达分界的判例是 Baker 案⑦,对于思想和表达的界分,美国还在实际判例中确立了合并理论(Merger Doctrine)、情境理论(Scenes A Faire)和划分思想和表达的界限的抽象概括法(The Abstractions Test)。

(1)合并理论

美国司法判例中,Morrissey 案⑧确立了合并理论,即当思想观念与表达密不可分的时候,或者当某种思想观念只有一种或有限的几种表达时,则法律不仅不保护思想观念,而且也不保护表达。因为在这种情况下,他人为了表述同样的思想观念,只能使用第一个人使用过的表达或者只能使用与第一个人使用过的表达基本相似的表达。⑨"合并理论"主要适用于功能性和事实性作品。

(2)情景理论

根据这一理论,文学作品中的某些要素(如事件、人物的特性、背景和环境设置等)如果属于特定主题或思想观念的必然派生物,或者说作者在处理同一主题时不可避免地会使用到类似的要素,则不受著作权法保护。⑩"情景理论"下排除在著作权保护之外的部分,强调相关要素在不同作品中出现的必然性,而不属于某一作者个人独创的部分,该原则主要适用于包括叙事性文字作品在内的文学性作品。

---

⑥ 王迁:《知识产权法教程》(第4版),中国人民大学出版社2014年版,第45页。
⑦ The baker v. Selden,101 U. S. 99(1879)。
⑧ Morrissey v. Procter & Gamble Co., 379 F.2d 675 (1st Cir.1967).
⑨ 参见李明德:《美国知识产权法》(第2版),法律出版社2014年版,第235页。
⑩ 参见李明德:《美国知识产权法》(第2版),法律出版社2014年版,第238页。

(3)抽象概括法

作品的主题当然属于不受著作权法保护的"思想",其每一处具体的描述,则构成"表达"。但是,处于主题和细节这两个极端之间的内容,包括故事的情节、故事的结构、故事中主要的事件、事件之间的顺序、人物的性格、人物之间的关系等属于"思想"还是"表达"就比较难认定。[11]

随着著作权侵权手段的日渐更新,逐字逐句地照搬原作品内容,从而对原作品实施侵权的侵权方式已逐渐淡出对叙事性文字作品侵权的主流手段。著作权法如仅仅在文字或符号层面上认可作品的表达,对于原作品权利人的合法权益保护将可能产生严重的不公正认定结论——只要表达符号发生了变化,就可认定在后作品不构成对在先作品表达的使用或对在先作品相关著作权权益的侵犯。

对于叙事性文字作品中思想和表达的界限划分,主流的界分方式是抽象概括法,这一方法在 Nichols 案中[12],由汉德法官首次清晰阐述。汉德法官指出:就任何有情节的作品,尤其是就戏剧作品来说,随着越来越多的情节被剥离出去,就会有一系列越来越具抽象性的模式与之相应,最后一个模式可能就会是该戏剧所指向内容的最一般的陈述,有时可能只包括它的名称。但是,在这一系列的抽象概括中,有一个不再受到著作权保护的临界点,超过了这个临界点作品的内容就不受保护了,否则,剧作家就可能阻止他人使用其思想,而剧作家的财产权永远不能延及与表达相对应的思想本身。[13]

---

[11] 参见王迁:《知识产权法教程》(第4版),中国人民大学出版社2014年版,第49页。
[12] Nichols v. Universal Pictures Co., 45 F.2d 119(2d Cir., 1930).
[13] 参见王迁:《知识产权法教程》(第4版),中国人民大学出版社2014年版,第51页。

对于叙事性文字作品而言,能归入"思想"范畴的绝不仅仅是作品的主题思想。从无数具体的细节,到作品的最终主题思想,这是一个由下至上的"金字塔"形结构。从"金字塔"底端的每一句话的文字表达至"金字塔"顶端的主题思想之间,是一个不断地抽象和概括的过程。在对作品进行抽象过滤的过程中,首先对处于"金字塔"底层的每一个段落进行抽象和概括,提炼出每一段的主要意思,然后再逐层提炼出每一小节、每一章的主要意思直至整部作品的中心思想,即到达"金字塔"的顶端——故事的主题思想。在从"金字塔"底层到顶层的渐进过程中,随着抽象和概括程度的不断提高,越来越多具体的因素被排除出去。而在自下而上的递进关系中,被抽象和概括出的内容相对于下一层次而言是"思想",相对于上一层次而言可能是"表达"。在"金字塔"的底层和顶端之间,总会存在一个分界线,在这条分界线之上就是不受保护的"思想",而在这条分界线之下就是受保护的"表达"。[14] 即使应用"概括抽象法",要准确地划定"思想与表达"之间的界限,也需要进行个案分析。目前国际上得到较多认同的结论是:如果故事情节,包括事件的顺序、角色人物的交互作用和发展足够具体,则属于"表达"的范畴。虽然对于具体作品中哪些属于"思想",哪些属于"表达"没有统一标准,但是,"思想"和"表达"的界限绝不在"金字塔"的最底端,即认为只有每一句话才属于受保护的"表达";也绝不在"金字塔"的最顶端,即只有作品最为抽象的主题思想才是不受保护的"思想"。[15]

"著作权只保护表达,不保护思想。"所谓表达,不应局限于表达方式或文字符号,更重要的应在于表达"内容"。文学作品中的

---

[14] 参见王迁:《知识产权法教程》(第4版),中国人民大学出版社2014年版,第50页。
[15] 参见王迁:《知识产权法教程》(第4版),中国人民大学出版社2014年版,第54页。

表达可以包含故事的结构、故事的情节,包括主要事件、事件的顺序、基于特定逻辑及布局形成的情节串联整体、人物间的交互作用及发展等具有一定的具体性且能够体现作者思想的独创性成果。表达是相对于思想而言的,它是思想的外在表现,却并不仅仅是表现形式。正因如此,将一部小说改成漫画才有可能为改编权所涵盖,因为两者的表现形式虽然不同,但其表现的内容却相同。因此,著作权法意义上的表达,既包括作品的表现形式,也有可能包括作品的表现内容,甚至后者更应成为"表达"的所指,因为在文学创作领域始终是"内容为王"。

对于文学作品而言,思想与表达在很多情况下会处于混合状态,特别是人物、情节、场景中非文字层面的创作元素,往往处于纯粹的思想与纯粹的表达之间,兼具两者的特点,因此,有些可能因流于一般而被归入思想范畴,也有些可能因独具特色而被视为表达。对于如何判定文学作品中处于模糊区域的创作元素是否属于著作权法的保护范围,应以抽象性和独创性为判断标准对其进行具体衡量,基本规则是:越抽象越接近于思想,越富于独创性越接近于表达。

"思想"与"表达"的划分,时至今日,在实践中,其目的越来越趋向于对公有的、不具特色的内容予以抽离,而对具有独创性的、创作特色的,并且具有较高辨识度的内容予以保护。基于这种目的,在抽象过滤法所形成的"金字塔"基础上,对思想与表达的界分,其实是需要划分出可以体现作者独创表达的层级,这个层级可能出现在"金字塔"自下而上的第一层、第二层,甚至第三层。而"金字塔"的最底层往往就到了文字符号的层级,比如:台词、对白或其他具体措辞及语句,这种层级的比照更倾向于在涉嫌一般抄袭的案件中使用。在改变了作品体裁和表达形式的作品之间(如:

小说与剧本、小说与漫画)进行比照时,基于作品表达手法出现了重大差别,则需从"金字塔"最底层向上寻找这些文字所要表达的情节之间是否具有实质相似性。沿着"金字塔"向上寻找的界限就应截止于包含两部作品共同内容的层级,之后检验在这一层级的内容上,原著作品的安排是否具有独创性,而这些具有独创性的内容是否被使用于被告作品。在"琼瑶诉于正案"中,就体现为诉讼过程中一审原告琼瑶女士在《梅花烙》剧本及小说、《宫锁连城》剧本及电视剧的具体文字、语句、台词基础上抽离、提取的相关作品内容。

文学作品中的情节,既可以被总结为相对抽象的情节概括,也可以从中梳理出相对具体的情节展现,因此,就情节本身而言仍然存在思想与表达的分界。区分思想与表达要看这些情节和情节整体仅属于概括的、一般性的叙事模式,还是具体到了一定程度足以产生感知特定作品来源的特有欣赏体验。如果具体到了这一程度,足以到达思想与表达的临界点之下,则可以作为表达。通常来讲,对在先作品使用的内容越具体,越容易认定为属于著作权法保护的表达。比如,使用在先作品的一系列情景、引出人物信息的情节桥段、引出结果的戏剧性的表演和互动或是一系列故事中的具体时间和行为,这些不再是最一般的思想层面,已经达到了在先作品的独创性表达。

2. 作品的独创性

在著作权法意义上,只有具有"独创性"的外在表达才可能受著作权法保护。著作权法中的"独创性"来自于英语的"originality"。这里的"独创性"应当包含两层要求:第一,独立创作、源于本人;第二,要包含一定水准的智力创造高度。

(1)独立创作不要求作品是独一无二的或与之前的作品不同

劳动成果可以是从无到有进行独立创作,也可以是以他人已有作品为基础进行再创作,由此产生的劳动成果与原作品之间存在着可以被客观识别的、并非太过细微的差别;或如果作品即使与在先作品内容相同,但在后作品确系独立创作而非来自于对在先作品内容的使用,同时满足独创性的"创",也可以获得著作权法的认可。对此,根据最高人民法院《关于审理著作权民事纠纷案件适用法律若干问题的解释》第15条的规定,由不同作者就同一题材创作的作品,作品的表达系独立完成并且有创作性的,应当认定作者各自享有独立著作权。[16]

(2)劳动成果要包含一定程度的智力创造性

劳动成果能够体现作者独特的智力判断与选择,展示作者的个性。但著作权法中的"独创性"不同于专利法中的"创造性"。著作权法中的"独创性"并非要求劳动成果比他人现有成果先进或高明,或创造出他人轻易不能完成的成果,只要求劳动成果是智力创造的结果。著作权法中的"独创性"也不意味着具备高度文学和美学价值,但要求智力创造性不能过于微不足道。美国在Feist案中[17]确立了作品的独创性原则:作品至少要包含最低限度的创造性。《著作权法》没有对"独创性"标准的明确界定。因此,在司法实践中,明确著作权法"独创性"中"创"的高度,仍然是司法面临的一项重要而现实的任务。

3. 著作权法保护部分的除外情况

(1)公有素材

著作权具有专有性、排他性的特点,而公有素材(也可以称为公知素材)是不受著作权法保护的客体,是不能被任何人垄断的内

---

[16] 参见王迁:《知识产权法教程》(第4版),中国人民大学出版社2014年版,第28页。
[17] Feist Publications v. Rural Telephone Service, 499 U.S. 340(1991).

容。公有素材主要指那些超过著作权保护期限的作品,以及作者放弃著作权的作品。

(2)特定情境

特定情境即"情景理论",指在文学作品中,如果根据历史事实、人们的经验或读者、观众的期待,在表达某一主题的时候,必须描述某些场景或使用某些场景的安排和设计,那么这些场景即使是由在先作品描述的,在后作品以自己的表达描写相同场景也不构成侵权。在处理某一类戏剧、小说的内容安排时,实际上不可避免而必须采用某些事件、角色、布局、场景,虽然该事件、角色、布局、场景的表达方法与他人雷同,但因为是处理特定主题不可或缺或至少是标准的处理方式,故其表达方法不构成著作权侵害。必要场景原则在著作权侵权纠纷中,通常由被告引入作为抗辩理由,也由被告承担举证责任,证明原告诉称的某个涉嫌侵权内容的情境是表达所必须而不可或缺的。比如:群臣临朝需身着朝服,这样的设计即属于必要场景,因为这是基于历史事实传递下来的唯一正确的场景设置。

(3)有限表达

有限表达即"合并理论",指当表达特定构想的方法只有一种或极其有限时,则表达与构想合并,从而,即使作品之间构成实质相似,也不构成侵害著作权。但需注意的是,即便是有限表达,事实上也存在创作的空间,出现完全雷同的创作表达是非常罕见的。

(4)合理使用理论

合理使用的实质是对他人著作权的适当限制,并成为未经许可使用他人作品的法定免责事由之一。在著作权侵权纠纷中,合理使用通常是当原告提出了表面上看起来毋庸置疑的侵权指控时,被告提出的没有侵犯原告著作权的抗辩理由。

《著作权法》第 22 条列举了权利限制情形:"(一)为个人学习、研究或者欣赏,使用他人已经发表的作品;(二)为介绍、评论某一作品或者说明某一问题,在作品中适当引用他人已经发表的作品;(三)为报道时事新闻,在报纸、期刊、广播电台、电视台等媒体中不可避免地再现或者引用已经发表的作品;(四)报纸、期刊、广播电台、电视台等媒体刊登或者播放其他报纸、期刊、广播电台、电视台等媒体已经发表的关于政治、经济、宗教问题的时事性文章,但作者声明不许刊登、播放的除外;(五)报纸、期刊、广播电台、电视台等媒体刊登或者播放在公众集会上发表的讲话,但作者声明不许刊登、播放的除外;(六)为学校课堂教学或者科学研究,翻译或者少量复制已经发表的作品,供教学或者科研人员使用,但不得出版发行;(七)国家机关为执行公务在合理范围内使用已经发表的作品;(八)图书馆、档案馆、纪念馆、博物馆、美术馆等为陈列或者保存版本的需要,复制本馆收藏的作品;(九)免费表演已经发表的作品,该表演未向公众收取费用,也未向表演者支付报酬;(十)对设置或者陈列在室外公共场所的艺术作品进行临摹、绘画、摄影、录像;(十一)将中国公民、法人或者其他组织已经发表的以汉语言文字创作的作品翻译成少数民族语言文字作品在国内出版发行;(十二)将已经发表的作品改成盲文出版。前款规定适用于对出版者、表演者、录音录像制作者、广播电台、电视台的权利的限制。"

《著作权法》第 23 条规定:"为实施九年制义务教育和国家教育规划而编写出版教科书,除作者事先声明不许使用的外,可以不经著作权人许可,在教科书中汇编已经发表的作品片段或者短小的文字作品、音乐作品或者单幅的美术作品、摄影作品,但应当按照规定支付报酬,指明作者姓名、作品名称,并且不得侵犯著作权人依照本法享有的其他权利。前款规定适用于对出版者、表演者、录音录像制作者、广播电台、电视台的权利的限制。"

《美国版权法》除了在第 108 条至第 122 条规定版权的限制与例外,还在第 107 条规定了是否构成合理使用的一般原则。该法规定了判定合理使用的四个要素,这四个要素仅仅是判定合理使用的指导性要素,而非排他性和决定性要素,在具体案件中要具体分析。第一项,使用的目的和特点,包括该使用是否具有商业特性,或是否为了非营利的教育目的,如果是商业目的使用,则更倾向于不是合理使用,而个人的、非营利性使用则更倾向于合理使用;第二项,版权作品的特性,原告作品如果是事实性的,比如传记、历史,则被告大量引用可能构成合理使用,如果原告作品是虚构性的,比如小说,被告的引用构成侵权的可能性较大;第三项,与享有版权作品的整体相比,使用的数量和质量,从数量的角度来说,如果被告从原告作品中复制得多,有可能不构成合理使用(但在 Harper 案中[18],法官认为即使被告使用了原告作品中很少的一部分内容,但是使用的这部分内容在实质上是原告作品中最重要的部分,是作品的精华部分、核心部分,那么被告将很可能不构成合理使用);第四项,被告的使用是否会对原告享有版权作品的潜在市场或价值产生影响(比如,被告的使用会不会影响原告作品或其衍生作品的市场份额等),这是判定合理使用的四要素中最重要的一个。[19]

上述特定情境、有限表达、公有素材的使用虽不受著作权法限制,但并不意味着以其为基础,经作者独立创编形成的作品内容也会自动归入特定场景、有限表达或公有素材。利用这些素材创作

---

[18] Harper & Row Publichers, In. v. National Eneterprises, 471 U. S. 539 (Supreme Court 1985).

[19] 参见李明德:《美国知识产权法》(第 2 版),法律出版社 2014 年版,第 380 页。

出一个完整的剧情,其中包含人物设置、人物之间的关系、场景、情节、基于故事发展逻辑及排布形成的情节整体等许多要素,当然可以受著作权法的保护。创作者不能阻止他人使用特定情境、有限表达或公有素材,但当然可以阻止他人使用基于其独创成果产生的作品。因此,在考虑使用特定情境、有限表达、公有素材为基础形成的作品及内容是否属于著作权法的保护范围时,应重点判断作者在使用相关素材时,是否加入具有独创智慧的表达而赋予了相关成果特定的独创意义。在著作权侵权案件中,如果相关作品的内容足以认定为具体的表达,对于其是否属于特定情境、有限表达、公有素材,而非作者独立原创,这一举证责任应在被告。"琼瑶诉于正案"中各被告基于琼瑶女士作品《梅花烙》剧本和小说改编《宫锁连城》剧本并拍摄电视剧继而实施发行的行为是基于商业性盈利目的的使用,不属于法律所规定的合理使用情形。

(二)我国相关法律法规关于著作权法意义上作品的实质构成要件

在我国,作品属于文学、艺术或科学领域,具有独创性,能以某种有形形式复制,属于一种智力成果。也就是说,当某一客体符合上述作品形式要求及作品实质构成要件,且不属于排除内容时,即属于我国著作权法意义上的作品,受到著作权法保护。而作品本身是由各个有机组成部分构成的整体,其独创性恰恰体现于这些有机组成部分及基于特定逻辑、排列形成的最终串联整体。然而,如果将这些组成部分脱离作品单独列明,则很多时候不能构成单一的作品,无法以著作权法意义上的作品为基础要求法律直接予以保护,但对这些组成部分予以有效保护往往对作品本身的著作权保护具有重要意义。因此,基于著作权人对其作品所享有的著作权,这些具有独创性意义的作品组成部分应自然地列入权利人所拥有的著作权的保护范畴。就小说、剧本等文字作品而言,这样的有机组成部分包括:人物设置、人物关系、情节事件、情节发展的串联整体、人物与情节的交互关系及矛盾冲突等融入作者独创性智慧创作的内容,而这些内容也凝结着整部作品最为闪光的独创表达,是作者的核心独创成果。

1. 叙事性文字作品中具有独创性的人物设置及人物关系是著作权保护的表达

人物是叙事性文字作品的一个重要的因素,是指作品所塑造的人物性格、心理特征、人物语言等复杂的综合形象体。[20] 叙事性文字作品大多是通过对人物之间的活动及其相互关系的描写来刻画人物性格、塑造人物形象和反映现实生活的。人物设置和人物关系的描写是叙事性文字作品展现人物冲突、推动事件发展的主要因素。

在叙事性文字作品创作中,人物需要通过叙事来刻画,叙事又要以人物为中心。无论是人物的特征,还是人物关系,都是通过相关联的故事情节塑造和体现的。孤立的人物特征,如人物的身份、爱好、相貌、个性、品质、技能等,或者概括性的人物关系,如恋人关系、母女关系、亲属关系、朋友关系等,更倾向于属于公有素材,不属于著作权法保护的对象,不能因存在在先使用而造成创作垄断的效果。但是一部具有独创性的作品,通常以故事情节与人物的交互作用来呈现个性化的、具体的人物关系,人物关系基于特定情节的发展产生独创性的表现效果,此时特定作品中的这种特定人物关系就将基于作者的独创设计脱离公有素材的维度而具有独创

---

[20] 参见袁博:《从"琼瑶诉于正案"论文学类作品侵权比对两大规则》,载《上海法制报》2015 年 12 月 30 日,第 B05 版。

性并纳入作者对作品享有的著作权保护范畴。特别是在虚构的作品中,作者具有较大的自由创作空间与创作方向,通过描写、塑造鲜明的人物形象,并通过人物关系的发展推动故事情节、展现戏剧矛盾冲突与人物命运。比如,因偷龙转凤被掉包的男女主人公的设置,或流落市井的王府格格的设置,应该属于公有素材。但具体到两人相爱,且这段感情受到第三者"公主"的阻碍,最终真相大白后,王府一家获罪这样结合具体情节而形成的稳定人物设置及人物关系,就具备了个性化独创表达的特征,应受到著作权法的保护。再比如,仅仅是公主这个角色的设置,应属于公有素材,任何作品中均可以出现这个角色,不能因为在某部作品中出现过就禁止在其他作品中出现。

在作品《梅花烙》中,琼瑶女士先塑造了一个因为发现私情、心生嫉妒、骄傲任性的公主形象,随后公主对吟霜百般折磨而导致皓祯为保护吟霜将其纳为妾室,推动了皓祯与吟霜的关系以及整个故事情节的进一步发展。公主这个角色设置及她与男女主人公皓祯和吟霜的关系在作品《梅花烙》中推动着故事情节的发展也影响着主要人物命运的走向,具体到这一层面的表达就已经脱离了公有素材,属于著作权法保护的范畴。因此,所谓的人物特征、人物关系,以及与之相应的故事情节都不能简单割裂开来,人物和叙事应为有机融合的整体,在判断在后作品是否构成对在先作品相关内容的使用时亦应综合进行考虑。[21]

综上,故事情节及语句,赋予"人物"以独特的内涵,作品中的人物设置及人物关系是否具有充分独创性的评价,应与作品的特定情节紧密对应——人物需要通过叙事来刻画,叙事又要以人物

---

[21] 参见北京市高级人民法院(2005)高民终字第539号民事判决书。

为中心;以特定的人物设置及人物关系为基础,形成作品故事和情节的对应安排,特定人物之间的特定情节也令具体的人物设置和人物关系与特定作品形成足够具体和独特的对应关系,进而令这种足够具体的人物设置和人物关系构成了作者的独创性表达,应当作为著作权的客体。

2. 叙事性文字作品的独创情节是著作权保护的表达

情节的发展通过具有内在关联的人物之间的相互碰撞产生。情节的发生和发展是否符合逻辑,基于特定人物设置及人物关系的配搭。具体情节的展开方式、精彩程度则是基于人物关系和人物关系碰撞的内在逻辑,结合作者的独创构想、细节桥段构建组合而成,并在这种有机结合的基础上,基于特定的串联安排最终形成作品整体的独创效果,带给读者别具一格的欣赏体验。但故事情节并不等同于文字符号,而是文字符号所表达的内容。因此,在很多时候,基于这种受众对情节感知的直观性和情节相对于文字符号而言的非直观性,在涉及文字作品侵权的著作权争议案件中,需要先行基于文字符号抽离作品的情节,而这种抽离就会导致在此类诉讼中,被控侵权的一方或多方以"思想与表达"之分为口实,否认情节属于作品的表达,而刻意将情节归类于思想,以对抗权利方的侵权追究。

为了解决上述问题,就需要在个案中对涉案作品的故事情节准确地抽离至表达层面。在这个表达层面上,如果故事情节(包括事件的顺序、角色人物的交互作用和情节发展等)足够具体,则无疑是可以作为著作权侵权案件的评判依据的。改编行为最基础的做法就是侵权者在具体情节的表达手段上采取了适当的变化而实现改编目的,例如:在保留原作品核心情节的基础上变换具体的对白、措辞等,或更隐晦地在保留原作品核心情节的基础上偷换具有同样戏剧功能的设计(比如:将茶水换为白水,将水杯换为水碗,或者一如在《宫锁连城》剧本和电视剧中那样,将女主角肩头的梅花烙替换为朱砂记)。这些变化,并不是对故事情节的实质改变,而仅仅是一种高级侵权的做法罢了。

情节是叙事性文学作品的基础表达,受众欣赏和评判文学作品的创作内容也以对情节的捕获为直观路径。基于特定的素材选择、事件设计、人物安排,以特定的因果关系及逻辑关联搭建具体故事情节的工作融入了作者的独创智慧,凝聚着创作者的核心独创成果和作品的艺术价值;情节是文学作品的精华所在,是作者着力打造的能够直接体现作品故事内容的立足点和着眼点,对精彩情节的锻造,是作者创作优秀文学作品的基础前提,是作品为人津津乐道的重要因素,是经典作品长久流传的创作基石,甚至可以称为文学作品创作的灵魂。[22] 特别是对于虚构的文学作品,或对真实历史题材作品中的虚构部分而言,创作者通过自身的想象力,结合特有的思维表达和逻辑安排形成足够具体的、具有其个性化特点的独创内容。因此,情节是叙事性文艺作品中具有内在因果联系的人物活动及其形成的事件的进展过程,具有独创性的情节应当受到著作权法的保护。[23]

3. 叙事性文字作品中具有独创性的情节串联整体是著作权保护的表达

文字作品以其各个情节的创作为基础素材,通过作者的独创构思及逻辑布局将各个情节串联为有机整体,从而形成了完整的作品内容。对于文学作品而言,单一情节本身即使不具有足够的独创性,但情节之间的前后衔接、逻辑顺序等却可以将全部情节紧

---

[22] 参见北京市第三中级人民法院(2014)三中民初字第07916号民事判决书。
[23] 参见北京市第一中级人民法院(2006)一中民初字第14484号民事判决书。

密贯穿为完整的个性化创作表达,并赋予作品整体的独创性。大多数叙事性文字作品的内容并非单一情节,而是通过特定情节的前后衔接、逻辑顺序将诸多情节紧密贯穿为完整的作品整体。在这样的作品中,以组合的方式通过作品情节选择及结构上的巧妙安排和情节展开的推演设计,这种串联布局反映着作者的个性化的判断和取舍,体现出作者的独创性思维成果,可以构成足够具体的独创性整体,并成为著作权保护的表达。基于相同的情节设计,配合不同的故事结构、情节排列、逻辑推演,则可能形成不同的作品,正如"琼瑶诉于正案"一审原告琼瑶女士曾经在庭审中出示过的一份乐高玩具——用同样的玩具零部件按不同的方式拼接可以形成不同的玩具造型。特定的故事结构、情节排布、逻辑推演可以赋予特定作品整体上的独创意义。

事实上,在文字作品著作权侵权纠纷中,对于一些不是明显相似或者来源于生活中的素材,如果分别独立对比,很难直接得出准确结论,但将这些情节和语句作为整体进行对比,就会发现,具体情节和语句的相同或近似是整体抄袭的体现,具体情节和语句的抄袭可以相互之间得到印证。因此,认可这种串联布局形成的足够具体而独特的整体内容为著作权保护的表达,在著作权侵权纠纷的司法实践中具有不可忽视的重要意义。

英国著名法官和学者休·拉迪认为:如果作者创造出了一个被充分描述的结构,就构成受保护的"表达"。[24] 因此,在著作权侵权纠纷案件中,如果用来比较的先后作品基于相同的内部结构、情节配搭等形成相似的整体外观,虽然在作品局部情节安排上存在部分差异,但从整体效果看,则可以构成对在先作品的再现或

---

[24] 参见王迁:《情节相似是否构成侵权》,载《社会观察》2015年第1期。

改编。㉕

此外,需要注意的是,在判断前后两部作品构成串联整体的相似,并不要求串联中的每一个环节在先后顺序上都严格形成一一对应关系。这里需要注意的是,细微情节先后顺序的变化是否影响情节的整体功能。就"琼瑶诉于正案"而言,《梅花烙》剧本中,皓祯先与兰馨公主成亲,之后福晋接吟霜入府;而在《宫锁连城》剧本及电视剧中,福晋先接连城入府,之后恒泰与醒黛公主完婚。这种情节顺序的变化并不影响"男女主角与公主三人之间存在感情纠葛且三人在同一屋檐下"的情节效果,类似这样的情节顺序调整并不影响作品情节设计的整体布局及逻辑结构,就作品基于特定串联形成的整体外观也不会造成"实质区别"的影响。

琼瑶女士诉称于正先生未经许可,擅自采用其作品中核心人物关系与故事情节几乎被完整套用于剧本《宫锁连城》,严重侵害了其著作权;而于正先生辩称,琼瑶女士所指控其侵权的人物关系、"桥段"及"桥段组合"属于特定场景、公有素材或有限表达,不受著作权法保护。

综上所述,该案所涉及的焦点问题在于特定人物关系、故事情节(桥段)、桥段组合(作品结构)等非文字性作品因素是否属于思想的表达,以及怎样运用实质性相似规则准确判定其侵权问题。㉖在该案中,非文字性作品元素主要表现为小说或剧本中的人物关系、故事情节以及作品结构,这些都是文学作品创作过程中极为重要的思想发光点。倘若著作权法一味将其排除在外,势必会影响著作权人的积极创作。就该案一审判决认定侵权成立的故事情节

㉕ 参见北京市第三中级人民法院(2014)三中民初字第07916号民事判决书。
㉖ 参见孙松:《论著作权实质性相似规则的司法适用——以琼瑶诉于正案为视角》,载《中南财经政法大学研究生学报》2015年第4期。

(桥段)而言,如"偷龙转凤""恶霸抢亲"等,可以说是爱情古装剧里面常用的桥段,不应该受到著作权的保护。然而,该案所涉及的"桥段组合",即作品结构,是作者基于特定素材的选择、加工及特定的排列组合,真正体现了创作者个性化的思想表达形式,才是理应受到著作权保护的。㉗吴汉东教授认为:"与其说著作权保护情节,不如说它仍然是保护反映情节的表现形式之一——结构。"㉘

因此,就"琼瑶诉于正案"所涉及的作品中著作权保护的要素划定上,不仅要在思想/表达二分法的基础之上,综合运用独创性原则、场景原则,有限表达以及公共领域的合理使用等规则,将具有个性化的特定人物关系和特定故事情节(桥段)加以具体保护,而且应该将其特定的"桥段组合",即独创性的作品结构,纳入到著作权的保护范围之内。㉙

㉗ 参见孙松:《论著作权实质性相似规则的司法适用——以琼瑶诉于正为视角》,载《中南财经政法大学研究生学报》2015年第4期。

㉘ 吴汉东:《知识产权多维度学理解读》,中国人民大学出版社2015年版,第333页。

㉙ 参见孙松:《论著作权实质性相似规则的司法适用——以琼瑶诉于正为视角》,载《中南财经政法大学研究生学报》2015年第4期。

第三章 侵害改编权判定的司法标准

侵害改编权是一种侵害著作权或者知识产权的行为，本质上是一种侵权行为。因此，侵害改编权的司法判定离不开对侵权行为的认定及判断。

一、侵权行为

"侵权行为"一词源于英语中的 Tort，原意是指"扭曲"和"弯曲"，后来逐渐演化为过错（Wrong）的意思。在欧洲大陆国家的语言中，侵权行为一词产生之初就包含了过错的含义在内。该词最早出现在我国是在清末编定的《大清民律草案》中，从此开始应用在我国法学领域。关于侵权行为，《中国大百科全书·法学》定义为："因作为或不作为而不法侵害他人财产或人身权利的行为。"《法学词典》定义为："不法侵害他人人身或财产权利而负担民事赔偿责任的行为。"因此，侵权行为指的是一种行为，不是一种法律制度，也不是一种民事责任方式。侵权行为是指侵害他人合法权益的行为。

从理论上讲，关于侵权行为的概念存在很大争论，主要有过错行为说、违法法定义务说、责任说和不法侵害他人权益说这四种典型的学说。这四种学说各有利弊。世界各国对于侵权行为的立法规定略有不一，根据我国最早规定民事侵权的《中华人民共和国民法通则》以及专门规定民事侵权的法律《中华人民共和国侵权责任法》的规定可以看出，我国立法上的侵权行为是指由于过错侵害他人的合法权益的行为以及法律直接规定应该承担的民事责任也称为严格责任的行为。同时,在侵权法中有关于过错的举证分配的规定,一般情况下应该是坚持"谁主张,谁举证"的举证原则,由主张权利一方证明被告主观上存在过错,但是,为了调整双方当事人权利义务的平衡,法律也会直接推定行为人主观上存在过错,如果行为人能够举证证明自己没有过错的,就不再承担侵权责任。这种责任形式有学者总结为过错推定原则。

但是,在涉及知识产权的侵权时,在英美国家却用 Infringement 来表示。根据郑成思先生所著的《知识产权》一书中的介绍可知,Tort 的范围在一定意义上要窄些,它只涵盖了负有损害赔偿责任的侵权行为,而 Infringement 的覆盖范围较广,除了把 Tort 涵盖在内之外,还涵盖了一切侵入他人权利或利益范围的行为。从字面上看,你只要"in"了他人的"fringe",即只要有了"侵入"的事实,就不再以主观状态、实际损害为前提,而可以立即予以制止、要求恢复原状等。至于进一步探究 Infringement 之下包含的 Tort,是否能构成后者,则要符合过错、实际损害等要件。因此,知识产权侵权行为的判断是指涉案行为是否进入到其权利所控制的范围。

因此,判断侵权行为首先需要先明确权利范围。根据《著作权法》第 10 条的规定,作品的著作权人享有人身性权利和财产性权利等共 16 项具体权利和一项兜底性权利。改编权属于前述规定的一种具体权利,即改变作品,创作出具有独创性的新作品的权利。由此可见,凡是未经著作权人许可,改变作品,进入到改编权所控制的范围,尽管创作出了具有独创性的新作品依然属于侵权行为。就"琼瑶诉于正案"而言,琼瑶女士主张于正先生侵害其改编权,首先应该明确琼瑶女士所主张改编权的权利范围,具体而言即应该明确主张改编权的对象是什么,从而确定基于改编权的对象而确立的改编权保护的范围。该案中,琼瑶女士所主张的改编权对象为《梅花烙》剧本及电视剧,因此,应在《梅花烙》剧本及电视剧基础上确定改编权的保护范围。

二、归责原则

在侵权行为中已经提及关于归责原则的问题,归责原则能够决定某一行为是否因为具备或者不具备某种主观状态而在法律上被归入不同性质的行为。例如,同样的行为,在无过错归责原则下属于侵权行为;但在过错归责原则下,由于不具有主观过错而不属于侵权行为。

从理论上讲,归责是指"决定何人,对于某种法律现象,在法律价值判断上应负担其责任而言"。因此,归责就是指在行为造成损害的事实发生后,应该依据何种价值判断对该行为进行制裁。归责原则就是这种价值判断的准则。不同法系对归责原则有不同的认识和规定。在大陆法系,有单一的过错归责原则和过错归责原则与危险责任原则的二元归责原则两个体系。在英美法系,归责原则经历一个从严格责任到过失责任的产生、发展的过程,这里的严格责任与过失责任的区别就在于是否考虑行为人的过错问题。对于侵权行为的归责原则可能因为行为的不同而采取不同的归责原则。知识产权是一种民事权利,著作权属于一种知识产权,那么,著作权侵权归责原则是否应该和一般民事侵权的归责原则一致呢?由于我国在《侵权责任法》以及《著作权法》中对此均未作出明确的规定,因此,实践中存在不同的认识和做法,为此,笔者将从以下不同的角度进行分析。

(一) 从 TRIPS 协议来看著作权侵权归责原则

从 TRIPS 协议(《与贸易有关的知识产权协议》)的条文来看,

该协议没有明文规定知识产权侵权的一般归责原则,但是,在协议具体条文中明确区分了不同"场合"适用不同的归责原则。例如,根据TRIPS协议第45条第1款的规定,著作权侵权损害赔偿责任的构成要件包括行为人主观上存在希望、放任造成侵权后果的故意,或者疏忽、懈怠等过错。也就是说,如果行为人在实施行为时,不知道也没有理由应当知道所实施的行为是侵权行为,即主观上没有过错则不承担损害赔偿责任。由此看来,对于著作权侵权损害赔偿该协议采取了过错归责原则。根据该协议第45条第2款的规定,在侵权人不知道或者不应当知道自己的行为属于侵权行为时,可以责令行为人返还所得利润或支付法定赔偿额,或者二者并处。这一条款无疑又规定了无过错承担责任的情形。需要注意的是,在行为人不具有主观过错时,可以判令返还利润和/或支付法定赔偿,并没有规定需要赔偿损失。由此可见,TRIPS协议第45条在著作权侵权的惩罚方面采取了两个层次的规定,第1款规定了侵犯著作权损害赔偿责任的构成要件及法律后果,第2款规定了侵权的判断及法律后果。从这两款的表述可以得出结论,对著作权实行了严格责任的保护,主观过错是应否承担损害赔偿责任的要件。根据国际法原则以及本协议的规定,该条款是成员国可以选择保留的条款。成员国可从适合本国国情的现实出发来制定法律以规制著作权侵权行为,同时,也为适用无过错责任原则提供了国际准则和法律基础。但是,协议原文没有明确规定该归责原则适用的具体对象是否应该区分直接侵权和间接侵权。

(二) 从我国现有法律体系看著作权侵权归责原则

"最早之罗马法系采取结果责任主义,其十二铜表法即有此原则之表现,但后却采取过失责任主义,有所谓'无过失即无责任'之原则,学者叶凌柯氏(Jhring)对此原则,更巧妙地改述为'赔偿义务之发生,非损害乃过失',于是此原则不仅在法学上被称为金科玉律,及近代民法,除苏俄外(1922年之苏俄民法403条至406条采无过失责任主义),莫不采之。"①这段话高度概括了过错归责原则对世界各国立法的影响,我国也概莫能外。

从我国的侵权法来看,《侵权责任法》明确规定了对侵权适用过错归责原则。这是从侵权的基本法中规定了过错归责原则,对其他部门法具有指导意义。但该法第7条同时规定,行为人损害他人民事权益,不论行为人有无过错,法律规定应当承担侵权责任的,依照其规定。由此可见,《侵权责任法》又为具体侵权行为的归责原则留下了部门法适用的空间,体现了立法的灵活性和部分法的特殊性。同时,在民事基本法律《中华人民共和国民法通则》第106条第2款中规定了过错归责原则,这就从民事责任的角度对过错责任原则进行了总体规定,对所有民事侵权行为具有法律拘束力。同时,该条第3款又规定"没有过错,但法律规定应当承担民事责任的,应当承担民事责任"。另外,该通则第118条规定了公民、法人的著作权(版权)等受到剽窃、篡改、假冒等侵害的,有权要求停止侵害、消除影响、赔偿损失。此处,并没有明确侵犯著作权判定时是否需要考虑主观过错。

根据法律的体系解释,在我国,除有法律特别规定适用过错推定或无过错责任原则的情形下不适用过错责任原则外,其他的民事侵权行为均适用过错责任原则。从这一点考虑似乎我国著作权侵权判定需要考虑行为人的主观过错。但具体到《著作权法》来看,对于侵犯著作权却没有提及主观过错的问题,在《著作权法》第

---

① 郑玉波:《民法债编总论》(修订2版),陈荣隆修订,中国政法大学出版社2004年版,第118页。

47 条和第 48 条规定的具体侵犯著作权的行为时,法律采用的是"未经许可+实施具体行为"的规定,按照法律文本解释,这种规定不能解释出在判定侵权时需要考虑主观过错。同时,从《著作权法》中规定的侵犯著作权法律责任的具体规定来看,也没有体现出主观过错是赔偿损失的要件,在上述第 47 条和第 48 条的民事责任形式中已经明确侵权行为对应的民事责任包含赔偿损失。但是,著作权侵权有一个判断规则是"接触+实质性相似","接触"一般情况下以作品发表为前提予以推定,而"接触"行为侵权判断要件的意义则在于侵权人在使用他人在先公开发表作品时是对此知晓的,从这个意义上讲,侵害著作权的归责原则依然为过错归责原则。

三、侵害改编权行为的判断

目前《著作权法》中对于侵权的判断是采取未经许可进入其权利所控制的范围即构成侵权的判断方法。在《著作权法》第 47 条和第 48 条中进行了具体的规定,其中对于改编权的侵权仅在第 47 条第(六)项中进行了具体规定,即未经著作权人许可,以改编、翻译、注释等方式使用作品的,属于侵权行为,应当根据情况,承担停止侵害、消除影响、赔礼道歉、赔偿损失等民事责任,《著作权法》另有规定的除外。因此,对于侵害改编权的判定首先应明确改编的权利范围。

(一) 改编权的法律解读

在司法实践中,明确权利的属性和内涵具有非常重要的意义。这是因为,权利的属性和内涵不仅直接关系到请求权基础问题,还会直接影响责任承担方式。从我国目前的法律规定来看,改编权属于《著作权法》中明确规定的具体权项。根据《著作权法》第 10 条第 1 款第(十四)项规定可知,改编权,即改变作品,创造出具有独创性的新作品的权利。从法律文本来看,法律是从改编权行使的方式和结果来界定该权利的,并没有明确规定改编权的内涵,同时,对于如何判断改变作品行为以及如何改变作品均没有作出明确规定。但通过对改编权立法过程的追溯,我们发现立法对于改编权的内容限定存在演变。

1991 年《著作权法实施条例》第 5 条第(八)项规定:"改编,指在原有作品的基础上,通过改变作品的表现形式或者用途,创作出具有独创性的新作品。"可见,改变作品的表现形式或者用途曾经是构成改编的要件之一。但是,2001 年《著作权法》则删除了关于改编方式的限定,现行 2010 年《著作权法》承继了该规定,因此,从现行的《著作权法》中看,法律不再要求改编的形式,无论是变更作品的表现形式、用途、内容还是其他,只要能创造出具有独创性的新作品,都是行使改编权的方式。

实际上,改编权对于作品形式的改变已经不再作要求,这使得改编权具有更大的弹性空间,不仅可以涵盖超越媒介形式的改变,也包括同一媒介形式的内部改变。这种立法上的改变实际上是扩展了改编权的权利范围,增加了著作权人对改编权控制的范围,加强了对著作权人的保护力度。

从改编权的权利本质内涵上讲,改编权所控制的是许可他人实施的,在保留原作品基本表达的基础上改变原作品创作出新作品的行为。因此,改编最重要的两个核心要素是保留原作品的原创性表达和附加新的原创表达,最终创作出新作品,这也是改编权所控制的两个核心环节。在"琼瑶诉于正案"中,于正先生创作的

《宫锁连城》不可否认具有一定的创作性,属于新作品,但是,判定侵害改编权的关键还需要考虑被告创作的新作品是否使用了原作品中的原创性表达,即能不能从在后作品中看到在先作品的独创性表达的痕迹或者踪迹。

(二) 与改编权相关的权项辨析

《著作权法》将著作权分为 16 个具体的权项和 1 个兜底的权项,在具体的权项中均用一句话高度精练地概括该权项的内涵和所指。这种分类及定义的方式在明确权利的同时,也给权利行使造成了一定困扰,特别是在诉讼中,如何主张各个具体的权项以及不同权项之间的关系等均成为诉辩中纠结的问题,也是审理中的难点。特别是和改编权相近的几个权项,不仅当事人在诉讼时难以分清,在审判中也是审理的难点。为此,笔者尝试对与改编权相近的几个具体权项进行分析,以期能够区分。

1. 改编权与修改权、保护作品完整权

从是否改变原作品的角度讲,《著作权法》界定的具体权项中的改编权、修改权和保护作品完整权三项权利所保护的具体行为均包含改变作品的行为,但由于改变作品的结果不同会使得该改变行为落入到不同的权利范围内。一般来讲,如果仅仅是改变作品的细节或者个别表达应属于修改行为,但是否属于修改权的权利范畴存在争议;如果通过改变作品导致损害作品构思、违背作者创作意愿或者有损作者声誉、人格利益的则落入了保护作品完整权的范畴;如果改变作品后产生了独立的新作品时则属于改编权的权利范围。当然,从权利属性上讲,改编权属于财产权,修改权与保护作品完整权均为作者的人身权利,属于精神权利,具有极强的人身依附性。但是改编行为,通常需要对作品进行修改,修改过度还可能破坏作品的完整性,因此,改编权与修改权、保护作品完整权在某些情况下会不可避免地重叠。

在司法实践中,如何区分这三项权利往往是案件需要解决的焦点问题。例如,在樊祥达诉上海电视台案中,原告在将改编权授权给被告的情况下,主张被告的改编行为侵犯了其享有的修改权和保护作品完整权,如何界定这三种权利保护的范围以及如何确定这三种行为的行为标准成为案件的焦点问题。法院在判决中认为被告依据改编合同将原作品改变成具有独创性的新作品,实施的是改编行为,并非对原告小说仅作观点、内容和文字的增删或修饰,不属于修改行为,且原告没有证据证明该改编行为已经达到了歪曲、篡改的程度,因此对于侵犯修改权和保护作品完整权的诉讼请求不予支持。

区分改编行为与修改行为的关键在于该行为是否属于新的创作从而产生了新的作品,改动内容数量的多少仅是辅助性的判断要素,并非根本性要素。实践中掌握的标准是一旦构成了新作品则属于改编权的范畴,不再属于修改权的保护范围,也就是说,改编权和修改权一般在同一个案件中不会同时得到支持。保护作品完整权强调的是对作者精神权利的尊重和保护,这是与改编权的根本区别。如果有证据证明改编行为构成了对作者精神权利的损害,可能同时构成改编权与保护作品完整权的侵害,换言之,这两种权利是从不同的角度对原作作者的保护,可以同时得到支持。

2. 改编权与复制权

从法律的规定来看,复制权规定的是以各种手段或者方式实现将作品制作成一份或者多份的权利。复制权是著作权中最基础的一项权利,复制行为往往是其他具体权项的基础或前提。就改编权与复制权而言,在实施改编行为时不可避免地要进行复制,没有复制作为前提改编将无法或很难实现。从理论上讲,完全区分复制和改编或许是不可能实现的课题。从司法实践中看,从行为性质上区分复制和改编的意义远远小于明确原告的诉讼请求的意义,因为一项行为究竟是复制还是改编,基本取决于诉讼中主张权利的作品范围的界定,即原告的诉讼主张更具有决定性的意义。

在"琼瑶诉于正案"中,琼瑶女士主张的是侵害改编权之诉,如果她主张侵害复制权呢?有人将该案与"庄羽诉郭敬明抄袭案"进行了比较,认为这两个案件在本质上是一致的,但是由于原告诉讼策略的不同导致该案按照侵害改编权支持,而"庄羽诉郭敬明抄袭案"按照侵害复制权,即高级剽窃给予支持。在审理该案的过程中,法官对"庄羽诉郭敬明抄袭案"进行了深入的学习和研究,其判决对于"琼瑶诉于正案"具有很好的启发意义。

(三) 改编权与改编行为的区分

改编权和改编行为是两个不同层面的概念,具有不同的内涵。改编权是一种控制他人实施改编行为的权利,属于作者的财产权;而改编行为是一种具体的行为方式,其可能同时侵犯多个著作权权项,一般改编行为可能触及著作权人享有的署名权、修改权和保护作品完整权等人身权利及改编权、获得报酬权等财产权利。区分改编权与改编行为具有非常重要的意义,这不仅直接关系到请求权基础问题,还会直接影响责任承担方式。

毫不讳言,"琼瑶诉于正案"的判决刚一问世,学界对于该案判决被告方承担赔礼道歉的责任方式颇为不解。因为,根据一般理解,改编权属于财产权,不会产生基于人身权的责任承担方式。但是,改编行为却并不是单一地侵害改编权,其还可能同时侵犯署名权、修改权以及保护作品完整权等人身权。因此,基于改编行为的侵权导致的责任承担方式则可能出现基于侵害人身权的责任承担方式。

司法实践中,目前涉及著作权侵权的立案案由基本是依据《著作权法》规定的具体权项作为请求权基础来划分的,因此,当事人在起诉时都会在具体的案件中找到请求权基础对应的案由进行立案。但是在诉讼中,当事人却往往针对被诉侵权行为主张侵权并要求对方承担相应的侵权责任,这时会出现被诉行为与权利基础不吻合的情况,而法院在审理被诉行为是否构成侵权时又需要回归到具体权利构成要件上进行判断。正如王泽鉴教授所言,请求权基础的寻找,是处理实例之核心。

当原告诉讼中依据的请求权基础与被诉侵权行为不对应时如何处理是需要探讨的问题。目前,司法实践中存在三种不同的情形及做法:第一种情形是,经过审理发现原告诉非所请或诉超所请时,法院会进行释明让原告进一步明确其诉讼请求。例如,在原告主张侵犯其改编权时,经过审理发现被诉行为不仅涉及侵害改编权,还可能侵犯署名权时,法院可以释明,让原告进一步明确其主张的权利。第二种情形是,法院经过审理发现被诉行为侵犯的权项与原告主张的权项不一致时,通过驳回原告诉讼请求的方式进行处理。例如,原告主张侵犯其改编权,但经过审理发现被诉行为不属于改编行为或者具有改编的授权,虽然不构成侵害改编权但是可能涉及侵犯署名权,鉴于原告没有主张侵犯署名权,法院径行驳回原告的诉讼请求。第三种情形是,原告在主张具体权项时没有涵盖相关权项,但请求被告承担的侵权责任中包含了相关权项的责任,法院经过审理认定构成其他权项的侵权,判定支持原告的诉讼请求。例如,原告主张侵害改编权,同时主张被告赔礼道歉。法院经审理查明被诉行为不仅侵害改编权还侵犯了署名权,因此,按照原告请求的责任形式判定赔礼道歉。

之所以会出现上述问题,主要原因是当事人将改编权与改编行为混同,没有区分请求权基础和被诉侵权行为。为了更好地保障当事人的实体权利,尊重当事人的诉讼权利,全面提高庭审的质量和效果,建议在诉讼中明确请求权基础及合理预见该请求权基础对应的责任承担方式,厘清改编权和改编行为。

(四) 改编与剽窃的区别与联系

剽窃是著作权法上的一个具体侵权行为。所谓剽窃,是指将他人作品全部或部分地作为本人的作品来使用的行为,其不仅侵犯他人的财产权,而且涉及侵犯他人的人身权,即它同时会侵犯两种或者两种以上的权利。剽窃又分为低级剽窃[②]和高级剽窃[③]两种形式。后一种剽窃与改编在表现形式上存在着高度的相似之处,二者之间的界限很难划清。正如前文提到的"庄羽诉郭敬明抄袭案"即属于高级剽窃。实践中,高级剽窃与未经许可的改编极易混淆,判断剽窃与改编所采用的判断方法也基本相似,一般是采用"接触+实质性相似"的判断方法。

如何区分剽窃和改编成为司法实践中的一个难点。通过对剽窃行为的责任承担方式及其行为性质来看,其不仅要利用原作的原创性表达,还要有将该表达占为己有的行为表示。而改编行为仅仅是指在原作品原创性表达的基础上改变原作品加入新的创作元素后形成新作品。因此,剽窃与侵害改编权的区别的外在表现形式就在于是否注明出处,是否在非法改编的同时表明原作者的

[②] 低级剽窃是指原封不动地照搬他人作品或者稍加改动他人作品并署上自己的名字。
[③] 高级剽窃是指改头换面地使用他人作品或者作品的片段,往往还加入了自己的创作性劳动。

身份。④ 换言之,改变作品的行为可能既是剽窃也是改编,关键在于是否给原作者署名。如果没有给原作者署名,具有将原作占为己有的表示,原告既可以主张剽窃要求承担停止侵权、赔偿损失、赔礼道歉的民事责任,也可以主张侵害改编权要求承担停止侵权和赔偿损失的民事责任,当然如果原告在主张侵害改编权的情况下还请求被告赔礼道歉,其真实意思表示是同时主张了署名权还是本质上就是主张剽窃需要通过审理进一步明确。

(五) 北京法院侵害改编权案件概述

知识产权案件总体数量近年来一直居高不下,且呈现递增趋势。就北京法院⑤受理的知识产权案件来说,仅2014年全年就达到20 000件以上,其中涉及著作权的案件有近9 000件。但据不完全统计,2000年以来北京法院来共受理涉及改编权的案件在500件左右。因此,相较于知识产权案件的整体数量和著作权案件的数量来说,改编权案件的数量总体并不是很大,并且改编权案件的数量这几年都比较平稳,没有大的起伏。

从北京法院已经审理的改编权案件来看,侵害改编权的案件主要集中在未经改编权人许可,在不同艺术形式作品之间的改编。例如将文学作品改编成影视作品(如《我是太阳》诉《激情燃烧的岁月》案),将以类似摄制电影的方法创作的作品改编成话剧(如《老男孩》案),将短篇小说改编成长篇小说(如《潜伏》诉《地上地下》案)等。该类案件是典型的侵权案件,遵循侵权案件的一般审理思路:首先,明确权利人所主张的权利;其次,分析被诉行为是否

---

④ 参见陈锦川:《著作权审判原理解读与实务指导》,法律出版社2014年版,第316页。
⑤ 北京法院指的是2014年11月6日北京知识产权法院成立之前的北京市高级、中级和基层三级人民法院的知识产权庭,该统计不包含北京市知识产权法院。

构成改编行为；再次，如果构成侵权是否存在法定免除责任的事由；最后，确定侵权责任承担方式。

（六）侵害改编权的司法判断标准

"琼瑶诉于正案"是侵害改编权案件中的经典案件，剖析该案有助于对改编权侵权判定规则的理解和明确。正如前文所述，侵害改编权的司法判断一般遵循"接触+实质性相似"的判断原则和方法。

1. 被告是否接触了原告作品

在改编权侵权判定中，首先要判断被告是否接触了原告的作品。即在改编权侵权判定中和其他侵害著作权侵权案件一样，均需要被告接触或者具有接触原告作品的可能。侵害著作权的构成要件为接触加实质相似。可见，接触是侵害著作权的构成要件之一。接触可以分为两种情况：一是作品未发表但有证据证明被告实际接触了该作品；二是作品已发表，处于公之于众的状态。根据最高人民法院《关于审理著作权民事纠纷案件适用法律若干问题的解释》第9条的规定，"公之于众"是指著作权人自行或者经著作权人许可将作品向不特定的人公开，但不以公众知晓为构成要件。电视剧的公开播出即可推定为相应剧本的公开发表。

在"琼瑶诉于正案"中，电视剧《梅花烙》的公开播出即可达到剧本《梅花烙》内容公之于众的效果，受众可以通过观看电视剧的方式获知剧本《梅花烙》的全部内容。因此，电视剧《梅花烙》的公开播出可以推定为剧本《梅花烙》的公开发表。鉴于该案各被告具有接触电视剧《梅花烙》的机会和可能，故可以推定各被告亦具有接触剧本《梅花烙》的机会和可能，从而满足了侵害著作权中的接触要件。

2. 改编与合理借鉴的关系

在侵害改编权的案件中,认定是否侵权的基础前提是判断改编行为、改编来源关系是否存在。为查证这一基础事实,可以采用的方法通常是将前后两作品进行内容比对,基于相似的表达性元素来判断两部作品是否存在著作权法意义上的关联性,这一关联性是指,在作品表达层面,在先作品与在后作品之间是否存在着创作来源与再创作的关系。同时,就受众的欣赏体验而言,如果构成改编,则往往能够产生"两部作品近似或在后作品来源于在先作品"的感知。

借鉴既可能是指单纯利用思想而非表达的行为,也可能是指合理使用。至于何种行为是侵权,何种行为是合理借鉴,实际上首先涉及的还是思想与表达的界限。思想上的借鉴并未涉及侵害原创作者的独创成果,通常不涉及侵害著作权的情形;而具体表达上的借鉴,则需考量借鉴内容所占的比例,这包括借鉴内容在原创作者作品中的所占比例及借鉴部分内容在新作品中的所占比例。而这个比例的衡量,不仅要进行量化考虑,也要从借鉴内容的重要性、表达独创性角度,即质的维度上考量。评判标准也需结合具体案件情况进行个案分析判断。

3. 侵害改编权的相似性判断标准

(1)作品形式的变化对于相似性判断的影响

与原作品相比,改编作品在表达上将发生一定的变化,特别是针对具有特定功能的作品形式发生的改编行为。比如,根据文学作品改编剧本。剧本作为文字作品的一种,其基本创作目的是用于影视作品的拍摄,剧本与影视作品之间具有高度的关联性与附随性,在这一方面,剧本显然具有区别于小说、散文、诗歌等文学形式的作品功能。基于剧本的作品功能与创作目的,剧本在创作内容及表达方式上需要符合影视作品的拍摄及视听呈现需求——主要以场景及台词设置为作品内容的展现方式。因此,剧本虽具有文字作品的性质,但已经在一定程度上放弃了类似小说等文学作品创作的基础表达方式——以直观的情节叙述及情感渲染等作为基本展现手法。那么,在以小说为基础进行剧本改编的行为判断中,以小说为参照比对剧本,或以剧本为参照比对小说,如果单纯依照两者的直观文字表述为基础和判定依据进行比对,并在台词不同的情况下否定前后两作品之间的相似性是不恰当的。对比是为了判断是否存在改编来源关系,且改编本身也意味着在后作品最终形成的表达将与在先作品有所不同。人物台词之于剧本或之于影视作品而言,是情节表达、故事呈现的方式与手段,而情节往往凝聚着剧本及影视作品的更为主要的创作内容。

因此,在台词不同而情节却存在显著相似性、关联性的情况下,仅根据台词表达来否定作品之间的相似性,从而作出否定侵权的结论,对原作者而言是不公平的——当然,这并不否认基于创作者语言风格不同而形成不同类型台词的艺术价值——对于剧本与剧本之间的比较也应遵循这样的原则,因为台词会因作者创作风格的不同而存在重大差异,而情节则应作为相似性、关联性判断的基本着眼点。

从作品类型的角度看,虚构作品不同于真实历史题材作品,作者的创作空间相对比较大,可以对时间、地点、人物、事件等要素自由地创设,对公有素材进行个性化选择、编排,并按照作者的想法自由创作,因此,即便针对同类情节,不同作者创作的差异也通常较大,不同作者创作的作品内容相同或高度近似的可能性较小。

此外,不同的作者因所处年代、人生阅历、生活体验、写作风格、技巧与技法的不同,通过作品所要表达的主题思想也往往不甚相同,然而,在达到足够相似的比对结论时,思想维度上的差异并不直接导致比对结论的减弱或相似情形的消弭。

(2)人物设置与人物关系在作品相似性判断中的意义

文学作品中,塑造典型人物关系的基础是特定情节的配搭,脱离情节而单独就人物关系进行比较,将可能构成在思想领域或公有素材维度上的比对,以此认定结论无论对于在先作品的作者还是在后作品的作者而言都是不公平的。但如果用于比对的作品中,人物关系结合基于特定人物发生的故事情节高度相似,则可以认定侵害著作权成立。也就是说,人物的设置和人物关系均需要结合具体的情节进行判断和把握,脱离情节的人物设置和人物关系因为过于抽象而处于"金字塔"的底端,不能得到著作权法的保护。

以"琼瑶诉于正案"来看,琼瑶女士的小说《梅花烙》、剧本《梅花烙》中的主要人物有:硕亲王、福晋倩柔(雪如)、侧福晋翩翩、白吟霜、皓祯、皓祥、兰馨公主、崔嬷嬷、小寇子及阿克丹、秦嬷嬷、白胜龄、香绮、多隆、婉柔(雪晴)、苏嬷嬷、皇上、皇后等。如图1:

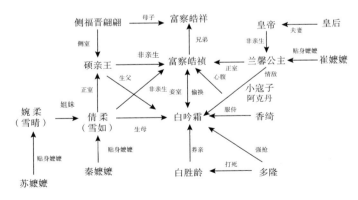

图1 《梅花烙》人物关系图

被诉侵权的剧本《宫锁连城》中的主要人物有：富察翁哈岱将军、福晋纳兰映月、侧福晋如眉、连城、恒泰、明轩、醒黛公主、李嬷嬷、郭孝、郭嬷嬷、宋丽娘、佟家麟、皇上、皇后等。如图2：

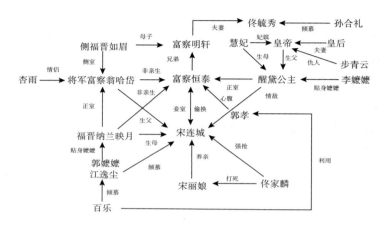

图2 《宫锁连城》人物关系图

单纯看以上人物角色的设置和人物关系并不能得出是否相似的结论，具体比对时应结合这些人物在各自作品中发挥的角色功能、彼此之间发生的具体故事及人物与人物之间的关系对于整部作品情节发展的推演作用等进行判断。

将原、被告作品的特定人物设置与特定情节之间的关联安排共同比对，呈现如下结果：

表1　《梅花烙》与《宫锁连城》特定人物设置与特定情节对比

剧本及小说《梅花烙》	剧本《宫锁连城》
硕亲王(府中地位最高的家长,偷龙转凤的压力来源,福晋偷龙转凤前没有儿子且宠爱侧福晋翩翩,多年来以皓祯为骄傲,得知皓祯打架救吟霜时杖责小寇子……)	富察翁哈岱将军(府中地位最高的家长,偷龙转凤的压力来源,福晋偷龙转凤前没有儿子且宠爱丫鬟如眉,多年来以恒泰为骄傲,得知恒泰打架救连城时鞭笞郭孝……)
福晋倩柔/雪如(府中地位最高的女主人,连生三女,怀孕后遭受侧福晋地位威胁,偷龙转凤保护自己在府中的地位,得知皓祯与吟霜之间的恋情后赴小院见吟霜,后安排吟霜入府,目击吟霜梅花烙而认出女儿……)	福晋纳兰映月(府中地位最高的女主人,连生三女,怀孕后遭受侧福晋地位威胁,偷龙转凤保护自己在府中的地位,得知恒泰与连城之间的恋情后赴小院见连城,后安排连城入府,目击连城朱砂记而认出女儿……)
侧福晋翩翩[回疆舞女,作为王爷寿礼入王府,后被王爷收为侧室,为王爷生下次子皓祥,得知偷龙转凤的真相后,向公主告密(剧本)/与皓祥一同进宫告密(小说)……]	侧福晋如眉(府中丫鬟,蒙受宠爱,被将军收为侧室,为将军生下次子明轩,得知偷龙转凤的真相后,与明轩一同向公主告密……)
白吟霜(福晋的亲生女儿,生产当夜因偷龙转凤被遗弃,后被其养父白胜龄拾得,江湖卖唱长大,与皓祯相恋,以丫鬟身份入王府,与皓祯感情暴露后遭受兰馨公主折磨,后被皓祯纳为妾室,被认为是狐妖……)	连城(福晋的亲生女儿,生产当夜因偷龙转凤被遗弃,后被其养母宋丽娘拾得,在迎芳阁长大,与恒泰相恋,以丫鬟身份入将军府,与恒泰感情暴露后遭受醒黛公主折磨,后被恒泰纳为妾室,被诬陷为狐妖附体……)
皓祯(偷龙转凤换得的男孩儿,在王府长大,与吟霜相爱,替吟霜葬父,将吟霜安置在侍从小寇子三婶婆的院落中居住,又被指婚兰馨公主……)	恒泰(偷龙转凤换得的男孩儿,在将军府长大,与连城相爱,替连城葬母,将连城安置在侍从郭孝远房姑妈院落居住,又被指婚醒黛公主……)

(续表)

剧本及小说《梅花烙》	剧本《宫锁连城》
皓祥[侧福晋翩翩之子,嫉妒大哥,怨怼出身,在王爷面前陷害皓祯,得知偷龙转凤的秘密欲公之于众被王爷软禁(剧本)/得知偷龙转凤的秘密后进宫告发(小说)……]	明轩(侧福晋如眉之子,嫉妒大哥,在将军面前陷害恒泰,得知偷龙转凤的秘密后向公主告发……)
兰馨公主(深受皇上宠爱,被皇上指婚皓祯,深爱皓祯,得知皓祯与吟霜的恋情后折磨吟霜,后试图与皓祯和好却被误解,相信吟霜是狐妖而请法师作法驱妖……)	醒黛公主(深受皇上宠爱,被皇上指婚恒泰,深爱恒泰,得知恒泰与连城的恋情后折磨连城,后试图与连城和好却被误解,诬陷连城是狐妖附体而请法师作法驱妖……)
崔嬷嬷(从小带兰馨长大,随兰馨入王府,为兰馨不平,出主意陷害吟霜……)	李嬷嬷(从小带醒黛长大,随醒黛入将军府,为醒黛不平,出主意陷害连城……)
小寇子(皓祯贴身侍从,因皓祯而受王爷杖责,替皓祯出主意安置吟霜……)	郭孝(恒泰贴身侍从,因恒泰而受将军鞭刑,替恒泰出主意安置连城……)
秦嬷嬷(福晋的贴身嬷嬷,偷龙转凤计划的知情者,陪伴福晋会见吟霜,发觉吟霜恰似年轻时的福晋……)	郭嬷嬷(福晋的贴身嬷嬷,偷龙转凤计划的知情者,陪伴福晋会见连城,发觉连城恰似年轻时的福晋……)
白胜龄(吟霜养父,江湖卖唱为生,溪边拾得吟霜后养大成人,为保护吟霜被多隆及手下打成重伤而死……)	宋丽娘(连城养母,妓院老鸨,溪边拾得连城后养大成人,为保护连城被佟家麟及手下打成重伤而死……)
多隆(在龙源楼强抢吟霜不成,被皓祯痛打,后再抢吟霜,打伤白胜龄致死……)	佟家麟(吏部侍郎之子,纨绔子弟,在迎芳阁调戏连城不成,追至街市遭恒泰痛打,后再抢连城,打伤宋丽娘致死……)

上述人物对应不仅体现为人物身份设置的对应以及人物之间交互关系的对应,更与作品的特定情节、故事发展存在不可分割的联系。此时,如果直接得出两部作品相似构成改编则为时尚早,因为,这种相似性不排除基于特定文学作品的写作方法而得出或者在先第三人已经在作品中进行了类似的人物设置和人物关系的安排。因此,被告负有举证证明其采用这样的人物设置和人物关系安排的依据和理由。但是,从"琼瑶诉于正案"来看,于正先生并未就这种内在联系提供任何证据,亦无法提供合理的解释和理由,因此,可以认定前述人物设置和人物关系的安排为琼瑶女士独创,并进而认定剧本《宫锁连城》在人物设置与人物关系设置上是以琼瑶女士的作品小说《梅花烙》、剧本《梅花烙》为基础进行的改编及再创作。

(3)作品情节在作品相似性比对中具有举足轻重的作用

在文学作品中,情节是作品的血脉,情节设置新颖独特巧妙则会产生引人入胜的阅读体验,同时,作品中的人物形象亦会饱满而生动,人物形象跃然纸上更会提升阅读体验。但情节作为作品的血脉和筋骨能否得到著作权法的保护,还要看是否具体到靠近表达的层面从而给予保护。单独的情节以及多个情节之间的串联均应成为作品相似性比对的重要内容。

"琼瑶诉于正案"中,琼瑶女士就剧本《梅花烙》提出主张的情节有 21 个,具体如下:

表2　剧本《梅花烙》中的21个具体情节

序　号	名　称
情节1	偷龙转凤
情节2	女婴被拾,收为女儿
情节3	少年展英姿
情节4	英雄救美终相识,清歌伴少年
情节5	次子告状,亲信遭殃
情节6	弃女失神,养亲劝慰
情节7	恶霸强抢,养亲身亡,弃女破庙容身
情节8	少年相助,代女葬亲,弃女小院容身
情节9	钟情馈赠,私订终身,初见印痕
情节10	福晋小院会弃女,发觉弃女像福晋
情节11	皇上赐婚,多日不圆房
情节12	弃女入府,安置福晋身边
情节13	公主发现私情,折磨弃女
情节14	纳妾
情节15	面圣陈情
情节16	福晋初见印痕
情节17	福晋询问弃女过往,誓要保护女儿
情节18	道士作法捉妖
情节19	公主求和遭误解
情节20	凤还巢
情节21	告密

以上情节虽然用间接的文字进行了概括,但实际上均为具体的故事。琼瑶女士就小说《梅花烙》提出主张的17个情节系为在上述剧本《梅花烙》情节中,去除情节2、情节5、情节6、情节19后的其余情节。

根据法院查明情况,琼瑶女士以附表形式所列的上述情节具体内容在剧本、小说《梅花烙》及剧本《宫锁连城》中,均有近似安排,并已构成具体表达。在此基础上,法院就琼瑶女士所主张的上述情节,以剧本《宫锁连城》与剧本《梅花烙》、小说《梅花烙》逐一比对,并结合被告方举证情况进行了一一比对:

①琼瑶女士所主张的剧本《宫锁连城》改编自剧本《梅花烙》、小说《梅花烙》的以下情节属于公有素材,并且剧本《梅花烙》、小说《梅花烙》中的情节安排不具有显著独创性,因而属于不受著作权法保护的内容:

表3 对比———无独创性的公有素材

相似情节及片段	小说《梅花烙》	剧本《梅花烙》	《宫锁连城》剧本/电视剧
情节6:弃女失神,养亲劝慰		皓祯一月未见吟霜。吟霜已是情愫暗生,相思成苦。养亲发现后,提醒吟霜两人身份悬殊,盼望吟霜熄灭萌生的情感。面对养亲的劝慰,吟霜否认对皓祯的爱意。	恒泰一月未见连城。连城已是情愫暗生,相思成苦。养亲发现后,提醒连城两人身份悬殊,盼望连城熄灭萌生的情感。面对养亲的劝慰,连城否认对恒泰的爱意。
情节14:纳妾	皓祯再救吟霜于危难,公主与皓祯发生冲突后回宫。皓祯趁机向全家宣布纳吟霜为妾。	皓祯再救吟霜于危难,公主与皓祯发生冲突后回宫。皓祯趁机向全家宣布纳吟霜为妾。	恒泰再救连城于危难,公主与恒泰发生冲突后回宫。恒泰趁机向全家宣布纳连城为妾。
情节17:福晋询问弃女过往,誓要保护女儿	福晋认出吟霜为亲生女儿,再向吟霜打探生平过往,发誓保护女儿。	福晋认出吟霜为亲生女儿,再向吟霜打探生平过往,发誓保护女儿。	福晋认出连城为亲生女儿,再向连城打探生平过往,发誓保护女儿。

上述情节在两部作品中均寥寥几笔,没有具体的细节,这种概念性的情节属于文学作品领域中的公有素材。在琼瑶女士的作品剧本《梅花烙》及小说《梅花烙》中未对此类情节进行显著的独创性设计及安排的情况下,无法推断其剧本《梅花烙》及小说《梅花烙》是剧本《宫锁连城》就相关情节的直接创作来源,因此,这部分的情节不属于改编权侵权的范畴。

②琼瑶女士所主张的剧本《宫锁连城》改编自剧本《梅花烙》、小说《梅花烙》的以下情节属于公有素材,虽然琼瑶女士就以下素材进行了独创性的艺术加工,已使情节本身具有独创性,但剧本《宫锁连城》与琼瑶女士就以下情节的独创设置不构成实质相似的内容:

表4 对比二——有独创性的公有素材

相似情节及片段	小说《梅花烙》	剧本《梅花烙》	《宫锁连城》剧本/电视剧
情节2:女婴被拾,收为女儿		江湖艺人白胜龄夫妇膝下无子女,这天在溪畔练唱,偶然听见婴儿啼哭,拾得王府弃婴,甚为喜爱,收为女儿,取名吟霜,并发现弃婴肩头的梅花烙印。	青楼女子宋丽娘膝下无子女,在溪畔排练歌舞时,偶然听见婴儿啼哭,拾得将军府弃婴,甚为喜爱,收为女儿,取名连城,并发现弃婴肩头的大块胎记。

(续表)

相似情节及片段	小说《梅花烙》	剧本《梅花烙》	《宫锁连城》剧本/电视剧
情节3：少年展英姿	偷龙转凤所得男婴为王爷府长子，取名皓祯。皓祯是王爷与福晋唯一的儿子，少年英雄，文武双全，且善骑射，深得人心，是王爷一家的骄傲。	偷龙转凤所得男婴为王爷府长子，取名皓祯。皓祯是王爷与福晋唯一的儿子，少年英雄，文武双全，且善骑射，深得人心，是王爷一家的骄傲。少年皓祯陪同王爷狩猎，骑射精湛，大展身手，获将士爱戴及王爷赞赏，福晋倍感欣慰，但想到生女，仍会心酸落泪。皓祯孝心可嘉，宽慰福晋，誓为母亲争气。	偷龙转凤所得男婴为将军府长子，取名恒泰。恒泰是将军与福晋唯一的儿子，少年英雄，文武双全，且善骑射，深得人心，是将军一家的骄傲。恒泰在军营加入兵士操练，骑射精湛，大展身手，获将士爱戴及将军赞赏，福晋倍感欣慰，但想到生女，仍会心酸落泪。恒泰孝心可嘉，宽慰福晋，誓为母亲争气。
情节4：英雄救美终相识，清歌伴少年	多隆：亲王贝子，纨绔子弟。吟霜在龙源楼遭多隆调戏，拒绝后被多隆及其手下欺辱，遇皓祯以寡敌众，出手相救。皓祯虽与多隆相识，但看不惯多隆做派。此后，皓祯常去听吟霜唱曲，渐生情愫。	多隆：亲王贝子，纨绔子弟。吟霜在龙源楼遭多隆调戏，拒绝后被多隆及其手下欺辱，遇皓祯以寡敌众，出手相救。皓祯虽与多隆相识，但看不惯多隆做派。此后，皓祯常去听吟霜唱曲，渐生情愫。	佟家麟：吏部侍郎之子，纨绔子弟。连城在迎芳阁遭佟家麟调戏，拒绝后被佟家麟及其手下欺辱，遇恒泰以寡敌众，出手相救。恒泰虽与佟家麟相识，但看不惯佟家麟做派。此后，恒泰常去听连城唱曲，渐生情愫。

(续表)

相似情节及片段	小说《梅花烙》	剧本《梅花烙》	《宫锁连城》剧本/电视剧
情节11：皇上赐婚，多日不圆房	皇上赐婚兰馨公主与皓祯。阖府欢跃，王爷及福晋更觉荣光。皓祯得知后心系吟霜，闷闷不乐。婚后皓祯屡次托辞，多日不肯与公主圆房。	皇上赐婚兰馨公主与皓祯。阖府欢跃，王爷及福晋更觉荣光。皓祯得知后心系吟霜，闷闷不乐。婚后皓祯屡次托辞，多日不肯与公主圆房。	皇上赐婚醒黛公主与恒泰。阖府欢跃，将军及福晋更觉荣光。恒泰得知后心系连城，闷闷不乐。婚后恒泰屡次托辞，多日不肯与公主圆房。
情节12：弃女入府，安置福晋身边	为安抚皓祯，福晋安排吟霜入府，身份为小寇子远亲。吟霜入府后，被安置在福晋身边伺候。	为安抚皓祯，福晋安排吟霜入府，身份为小寇子远亲。吟霜入府后，被安置在福晋身边伺候。	为安抚恒泰，福晋安排连城入府，身份为郭嬷嬷远亲。连城入府后，被安置在福晋身边伺候。
情节13：公主发现私情，折磨弃女	一日，公主在府内撞见皓祯与吟霜共处一室，发觉暧昧，两人私情暴露。公主醋意大发，向福晋索要吟霜于自己房中伺候，借机动用阴狠手段欺凌吟霜（如，日常中，公主即多命吟霜奉水、奉茶，并反复借口打翻于吟霜身上）。	一日，公主在府内撞见皓祯与吟霜共处一室，发觉暧昧，两人私情暴露。公主醋意大发，接受贴身嬷嬷的建议，决定对吟霜动用手段。此后，公主向福晋索要吟霜于自己房中伺候，借机动用阴狠手段欺凌吟霜（如，日常中，公主即多命吟霜奉水、奉粥，并反复借口打翻于吟霜身上）。	一日，公主在府内撞见恒泰与连城共处一室，发觉暧昧，两人私情暴露。公主醋意大发，接受贴身嬷嬷的建议，决定对连城动用手段。公主向福晋索要连城于自己房中伺候，借机动用阴狠手段欺凌连城。直至恒泰纳连城为妾，公主仍命连城奉茶，并反复借口打翻于连城身上。

(续表)

相似情节及片段	小说《梅花烙》	剧本《梅花烙》	《宫锁连城》剧本/电视剧
情节15：面圣陈情	皇上得知皓祯与公主相处不睦,特宣皓祯觐见。皓祯慷慨陈词,皇上深受感动,未加责罚,规劝皓祯善待公主。	皇上得知皓祯与公主相处不睦,特宣皓祯觐见。皓祯慷慨陈词,皇上深受感动,未加责罚,规劝皓祯善待公主。	皇上得知恒泰与公主相处不睦,特宣恒泰觐见。恒泰慷慨陈词,皇上深受感动,未加责罚,规劝皓祯善待公主。
情节16：福晋初见印痕	吟霜被污不洁,争执间逃脱,衣袖不慎被撕裂,梅花烙显现,恰被福晋见到,认出吟霜原是福晋多年前抛弃的女儿。	吟霜被污不洁,争执间逃脱,衣袖不慎被撕裂,梅花烙显现,恰被福晋见到,认出吟霜原是福晋多年前抛弃的女儿。	连城被污不洁,争执间衣袖不慎被撕裂,肩上胎记显现,恰被福晋见到,认出连城原是福晋多年前抛弃的女儿。
情节20：凤还巢	福晋说破当年偷龙转凤的真相,王爷得知后并未迁怒皓祯。	福晋说破当年偷龙转凤的真相,王爷得知后并未迁怒皓祯。	福晋说破当年偷龙转凤的真相,将军得知后并未迁怒恒泰。

上述情节,虽在琼瑶女士的小说《梅花烙》、剧本《梅花烙》中存在独创设计及表达,且在剧本《宫锁连城》中存在对应的设置,但在具体情节安排上,存在明显差异,不能直接推定剧本《梅花烙》及小说《梅花烙》为剧本《宫锁连城》的直接创作来源。这样的考虑的核心还是著作权法保护的仅仅为具有独创性的表达,对于思想领域的情节应该属于公有领域,给社会公众基于该情节进行自由创作的空间。

③琼瑶女士所主张的剧本《宫锁连城》改编自其小说《梅花

烙》、剧本《梅花烙》的以下情节为其作品中的独创情节,且剧本《宫锁连城》中的对应情节安排与琼瑶女士的作品构成实质性相似关联的内容:

表5 对比三——独创情节

相似情节及片段	小说《梅花烙》	剧本《梅花烙》	《宫锁连城》剧本/电视剧
情节1:偷龙转凤	清朝,京城富察氏硕亲王府,福晋已连生三女,王爷无子嗣。现福晋再度怀胎,烧香拜佛盼得一男孩。王爷新纳回女翩翩为妾,并封为侧室,对福晋地位造成威胁。福晋与姐姐暗中酝酿,一旦再生女孩,则偷换成男孩。 三个月后,福晋临盆,并未如愿,生下女儿。偷龙转凤前,福晋用梅花簪在女儿肩头烙下印痕,苏嬷嬷趁乱掉包,送走女婴,遗弃溪边。	清朝,京城富察氏硕亲王府,福晋已连生三女,王爷无子嗣。现福晋再度怀胎,烧香拜佛盼得一男孩。王爷新纳回女翩翩为妾,并封为侧室,翩翩也怀有身孕,对福晋地位造成威胁。福晋与姐姐暗中酝酿,一旦再生女孩,则偷换成男孩。 三个月后,福晋临盆,并未如愿,生下女儿。偷龙转凤前,福晋用梅花簪在女儿肩头烙下印痕,苏嬷嬷趁乱掉包,送走女婴,遗弃溪边。	清朝,京城富察将军府,福晋已连生三女,将军无子嗣。现福晋再度怀胎,烧香拜佛盼得一男孩。将军新纳丫环如眉为妾,如眉也怀有身孕,对福晋地位造成威胁。福晋与贴身嬷嬷暗中酝酿,一旦再生女孩,则偷换成男孩。 三个月后,福晋临盆,并未如愿,生下女儿。偷龙转凤前,福晋发现女儿肩头有大块胎记。郭嬷嬷趁乱掉包,送走女婴,遗弃溪边。

(续表)

相似情节及片段	小说《梅花烙》	剧本《梅花烙》	《宫锁连城》剧本/电视剧
情节5: 次子告状, 亲信遭殃		王爷次子(皓祯弟弟皓祥,侧福晋翩翩之子,王爷亲子)向来怨怼庶出身份,嫉妒长兄皓祯。此次从多隆处听说皓祯市井救美并差人护花,暗生心计,决定告知王爷,使其惩罚皓祯。 王爷从皓祥处得知皓祯率人市井救美,怪罪皓祯贴身随从小寇子侍主误主,严刑杖责,无奈皓祯与小寇子主仆情深,以身相护抵挡杖刑,为小寇子解难。	将军次子(恒泰弟弟明轩,侧福晋如眉之子,将军亲子)向来怨怼庶出身份,嫉妒长兄恒泰。此次从佟家麟处听说恒泰市井救美并差人护花,暗生心计,决定告知将军,使其惩罚恒泰。 将军从明轩处得知恒泰率人市井救美,怪罪恒泰贴身随从郭孝侍主误主,严刑鞭责,无奈恒泰与郭孝主仆情深,以身相护抵挡鞭刑,为郭孝解难。
情节7: 恶霸强抢,养亲身亡,弃女破庙容身	多隆趁皓祯及随从守卫空虚,再带一众手下来到龙源楼,强抢吟霜。养亲见女儿遭受欺辱,奋起反抗,反遭毒手,重伤当场。吟霜求医无门,养亲不治身亡。养亲临终前提及当年拾得吟霜的经过。吟霜无枝可依,破庙容身。	多隆趁皓祯及随从守卫空虚,再带一众手下来到龙源楼,强抢吟霜。养亲见女儿遭受欺辱,奋起反抗,反遭毒手,重伤当场。吟霜求医无门,养亲不治身亡。养亲临终前提及当年拾得吟霜的经过。吟霜无枝可依,破庙容身。	佟家麟趁恒泰及随从守卫空虚,再带一众手下来到迎芳阁,强抢连城。养亲见女儿遭受欺辱,奋起反抗,反遭毒手,重伤当场。连城求医无门,养亲不治身亡。养亲临终前提及当年拾得连城的经过。连城无枝可依,破庙容身。

(续表)

相似情节及片段	小说《梅花烙》	剧本《梅花烙》	《宫锁连城》剧本/电视剧
情节8：少年相助，代女葬亲，弃女小院容身	皓祯再度救吟霜于危难，获知吟霜遭遇强抢及养亲身亡，代吟霜办理完毕养亲丧葬。皓祯贴身随从小寇子献计将吟霜安置于其远亲家的院落，皓祯主持为吟霜打点住所，吟霜终得落脚。	皓祯再度救吟霜于危难，获知吟霜遭遇强抢及养亲身亡，代吟霜办理完毕养亲丧葬。皓祯贴身随从小寇子献计将吟霜安置于其亲戚家的院落，皓祯主持为吟霜打点住所，吟霜终得落脚。	恒泰再度救连城于危难，获知连城遭遇强抢及养亲身亡，代连城办理完毕养亲丧葬。恒泰贴身随从郭孝献计将连城安置于其远亲家的院落，恒泰主持为连城打点住所，连城终得落脚。
情节9：钟情馈赠，私订终身，初见印痕	吟霜外出为皓祯制作白狐绣屏作为礼物。皓祯来小院见吟霜，寻人不着，疑心再遇恶人，倍感焦虑。吟霜冒雨归来，皓祯情急之下训斥，后得知吟霜辛苦为其准备礼物，心生感动。两人当日互诉衷肠，私订终身。皓祯无意中发现吟霜肩上的梅花烙。	吟霜外出为皓祯制作白狐绣屏作为礼物。皓祯来小院见吟霜，寻人不着，疑心再遇恶人，倍感焦虑。吟霜冒雨归来，皓祯情急之下训斥，后得知吟霜辛苦为其准备礼物，心生感动。两人当日互诉衷肠，私订终身。皓祯无意中发现吟霜肩上的梅花烙。	连城外出为恒泰制作衣服作为礼物。恒泰来小院见连城，寻人不着，疑心再遇恶人，倍感焦虑。连城冒雨归来，恒泰情急之下训斥，后得知连城辛苦为其准备礼物，心生感动。两人当日互诉衷肠，私订终身。恒泰无意中发现连城肩上胎记。

(续表)

相似情节及片段	小说《梅花烙》	剧本《梅花烙》	《宫锁连城》剧本/电视剧
情节10：福晋小院会弃女，发觉弃女像福晋	福晋得知皓祯心仪吟霜，答应赴小院会见。因皇上已赐婚皓祯，为保平安，福晋劝吟霜远离皓祯，被吟霜拒绝，并受感动。福晋亦认可吟霜为人。福晋与贴身嬷嬷均隐约发觉吟霜正像年轻时的福晋。	福晋得知皓祯心仪吟霜，答应赴小院会见。因皇上已赐婚皓祯，为保平安，福晋试图用金钱收买吟霜远离皓祯，被吟霜拒绝，并受感动。福晋亦认可吟霜为人。福晋与贴身嬷嬷均隐约发觉吟霜正像年轻时的福晋。	福晋得知恒泰心仪连城，答应赴小院会见。因皇上已赐婚恒泰，为保平安，福晋试图用金钱收买连城远离恒泰，被连城拒绝，并受感动。福晋亦认可连城为人。福晋与贴身嬷嬷均隐约发觉连城正像年轻时的福晋。
情节18：道士作法捉妖	公主称吟霜为狐妖，请法师来王府作法捉妖。吟霜再被施虐，备受羞辱。	公主称吟霜为狐妖，请法师来王府作法捉妖。吟霜再被施虐，备受羞辱。	公主称连城狐妖附体，请法师来将军府作法捉妖。连城再被施虐，备受羞辱。
情节19：公主求和遭误解		公主经贴身嬷嬷劝导，认同与吟霜和睦相处方能缓解与皓祯的关系，于是亲自率人为吟霜送汤，以期和解。不料被皓祯误以为公主意在再次下毒暗害。公主羞愤之下自行试吃，以证清白。	公主经皇后贴身嬷嬷劝导，认同与连城和睦相处方能缓解与恒泰的关系，于是亲自率人为连城送点心，以期和解。不料被福晋误以为公主意在再次下毒暗害。公主羞愤之下自行试吃，以证清白。

(续表)

相似情节及片段	小说《梅花烙》	剧本《梅花烙》	《宫锁连城》剧本/电视剧
情节21：告密	皓祥得知偷龙转凤的真相，心有不甘，侧福晋翩翩与皓祥进宫告密。	皓祥得知偷龙转凤的真相，心有不甘，其母侧福晋翩翩向公主告密。	明轩得知偷龙转凤的真相，心有不甘，侧福晋如眉与明轩一同向公主告密。

情节1设计的戏剧目的在于，实现男女主人公的身份调换。琼瑶女士的剧本《梅花烙》及小说《梅花烙》在这一情节上，设定了一系列的独创性设计：福晋连生三女，王爷没有儿子，福晋在府中地位受侧福晋翩翩威胁，生男生女将可能直接关系到福晋命运的特定背景；偷龙转凤的计划于福晋生产前3个月由姐姐谋划；偷换孩子时于亲女肩头部位留下烙印作为日后相认依据等。此类细节及特定设置组合成琼瑶女士就其作品中偷龙转凤情节的独创安排，使其就该情节的设置区别于其他作品中的相关设计而具有独创性。

情节5的戏剧目的在于，在皓祯与吟霜之间形成阻隔，以致两人多日未见。为了实现这一目的，琼瑶女士安排：两人阻隔的原因是王爷对皓祯做法的否定态度，王爷得知消息的来源是皓祥，皓祥的消息来源是皓祯救吟霜时痛打的多隆，而皓祥之所以告密是基于对自己出身的怨怼及对皓祯的嫉妒以至于故意陷害。王爷反对态度的表现方式并不是严惩皓祯，而是杖责皓祯的贴身侍从小寇子，小寇子得以解难的原因又是皓祯以身相护及福晋的求情。这些设置及安排构成了"次子告状，养亲遭殃"一节在琼瑶女士作品中的独创内容而区别于其他作品就相关情节的设计。

情节7的戏剧目的在于，令吟霜处于孤苦无依的悲惨境地。

为了实现这一目的,琼瑶女士在具体情节上安排:吟霜陷入孤苦无依的原因是其养父白胜龄的去世;白胜龄是因保护吟霜以致重伤不治身亡;重伤而害死白胜龄的,恰是再来强抢吟霜的多隆,而多隆之所以再来则是利用了皓祯的保卫空虚。琼瑶女士对这一情节的设计及编排,体现了其独创智慧,并形成该部分情节区别于其他作品的独创性。

情节8安排的戏剧目的在于,安排皓祯与吟霜日后继续交往及发展感情的客观条件。为达到这一戏剧目的,琼瑶女士设计:吟霜居住在皓祯知道并便于相会的地方;这个落脚地来自小寇子的推荐,是其三婶婆的闲置院落;安顿吟霜落脚的是皓祯;皓祯之所以帮助吟霜,恰是得知白胜龄的死造成吟霜孤苦无依的境地;而吟霜能够安心住在小院,也是基于皓祯已经安排白胜龄入葬。琼瑶女士就该情节的连续设计,构成了区别于其他作品的独创情节。

情节9的戏剧目的在于,造成皓祯与吟霜私订终身的局面。为达到该戏剧目的,琼瑶女士安排:皓祯与吟霜的私订终身源于两人的真情流露;促成真情流露的动因是皓祯得知吟霜心意之后两人的互诉衷肠;而皓祯能够得知吟霜心意,则是基于吟霜的钟情馈赠;吟霜为赶制礼物而外出,皓祯却因吟霜的外出而焦虑万分,甚至在吟霜回来后大加责骂。结合琼瑶女士的陈述,梅花烙的位置设计在吟霜的肩头这一隐秘部位,在两人私订终身的情况下,安排皓祯发现吟霜肩头的梅花烙是其基于艺术美感的考虑。因此,在该情节中,琼瑶女士安排皓祯在两人私订终身后,发现了吟霜肩头的梅花烙。琼瑶女士就该情节的相关设计足以构成区别于其他作品的独创内容。

情节10的戏剧目的在于,造成福晋与吟霜的第一次会面,并建立福晋与吟霜之间的关联。琼瑶女士在该部分的安排为:福晋会见吟霜,原因是得知皓祯与吟霜之间的感情,目的是劝吟霜离开皓祯;福晋与吟霜见面的地点就在皓祯为吟霜安排落脚的小院;会面的劝说结果并没有奏效,福晋反而认可了吟霜的为人,更凑巧的是,福晋及秦嬷嬷见到吟霜后,都觉得吟霜的相貌有几分眼熟,正像年轻时的福晋。琼瑶女士就该情节的相关设计足以构成区别于其他作品的独创内容。

情节 18 的戏剧目的是令吟霜再度遭受兰馨的折磨。起因是兰馨质疑吟霜狐妖转世;采用的折磨手段是通过法师作法,对吟霜进行精神及肉体的攻击。琼瑶女士就该情节的相关设计足以构成区别于其他作品的独创内容。

情节 19 的戏剧目的是造成兰馨与吟霜之间关系的不可调和。兰馨求和的原因是发觉与皓祯之间的关系已至冰点,几乎无法维系;提出求和主意的是兰馨的贴身嬷嬷;兰馨求和的方式是为吟霜送补品探望;结果兰馨被皓祯误会下毒,未达到求和的目的,反而蒙羞,喝下补品以证明清白。琼瑶女士就该情节的相关设计足以构成区别于其他作品的独创内容。

情节 21 的戏剧目的在于,通过偷龙转凤秘密的公开,令整个剧情进入悲剧式的尾声。悲剧的产生原因是基于对偷龙转凤一事的告密;告密者是翩翩(剧本《梅花烙》)/翩翩与皓祥(小说《梅花烙》),告密原因是偷龙转凤的真相披露后,皓祥心有不平,决定将事件公之于众,翩翩在王爷软禁皓祥后爱子心切向公主告密(剧本《梅花烙》)/皓祥与翩翩共同进宫告密(小说《梅花烙》)。琼瑶女士就该情节的相关设计足以构成区别于其他作品的独创内容。

综上,在影视、戏剧作品创作中,特定的戏剧功能、戏剧目的,是通过创作者个性化的人物关系设置、人物场景安排、矛盾冲突设计来实现和表达的,基本的表达元素就是情节。就该部分各情节的安排上,剧本《梅花烙》及小说《梅花烙》在情节表达上已经实现了独创的艺术加工,具备区别于其他作品相关表达的独创性。

剧本《宫锁连城》就各情节的设置,与剧本《梅花烙》、小说《梅花烙》的独创安排高度相似,仅在相关细节上与琼瑶女士的作品设计存在差异(如:情节 1 中,将偷龙转凤的谋划安置在福晋与贴身嬷嬷之间;亲女肩上并未烫下烙痕,而是生来具有的朱砂记;情节 5 中,将军对郭孝施以鞭刑而非杖责;情节 7 中,设置迎芳阁失火的环节以致连城无处安身,而非被店家赶出;情节 8 中,恒泰救下连城的方式是从佟家麟府内救出而非天桥上;情节 10 中,恒泰告知福晋倾心连城的时间是在得知指婚后及与醒黛成婚前;情节 18 中,连城并非狐妖,而是狐妖附体,并将情节安置在福晋得知连城为其亲女前;情节 19 中,醒黛的慰问品是糕点,向醒黛进言之人为宫中派来的侍女,拦截之人是福晋而非恒泰等),而此类差异并不代表差异化元素的戏剧功能发生实质变更,以至于可以造成与琼瑶女士作品的情节设置相似的欣赏体验。

在该案中,各被告亦未能充分举证证明剧本《梅花烙》及小说《梅花烙》中的上述相关内容缺乏独创性或剧本《宫锁连城》就相关情节另有其他创作来源等合理理由。剧本《宫锁连城》与琼瑶女士的剧本《梅花烙》及小说《梅花烙》在相关情节的设置上存在相似性关联。剧本《宫锁连城》就上述相关情节的设置,与琼瑶女士的作品剧本《梅花烙》(基于"偷龙转凤""次子告状,亲信遭殃""恶霸强抢,养亲身亡""少年相救,代女葬亲,弃女小院容身""钟情馈赠,私订终身,初见印痕""福晋小院会弃女,发觉弃女像福晋""道士作法捉妖""公主求和遭误解""告密"情节)及小说《梅花烙》(基于"偷龙转凤""恶霸强抢,养亲身亡""少年相救,代女葬亲,弃女小院容身""钟情馈赠,私订终身,初见印痕""福晋小院会弃女,发觉弃女像福晋""道士作法捉妖""告密"情节）之间存在改编及再创作关系。

（4）作品整体比对的方法

在进行了人物设置、人物关系以及具体情节的比对后，需要进行作品整体的比对，这其中具体情节之间的逻辑推演构成作品的筋骨，是作品比对的重要内容。

"琼瑶诉于正案"中琼瑶女士所主张的剧本《梅花烙》中的21个情节，这些情节在剧本《梅花烙》中的分布顺序为：①"偷龙转凤"；②"女婴被拾，收为女儿"；③"少年展英姿"；④"英雄救美终相识，清歌伴少年"；⑤"次子告状，亲信遭殃"；⑥"弃女失神，养亲劝慰"；⑦"恶霸强抢，养亲身亡，弃女破庙容身"；⑧"少年相助，代女葬亲，弃女小院容身"；⑨"钟情馈赠，私订终身，初见印痕"；⑩"福晋小院会弃女，发觉弃女像福晋"；⑪"皇上赐婚，多日不圆房"；⑫"弃女入府，安置福晋身边"；⑬"公主发现私情，折磨弃女"；⑭"纳妾"；⑮"面圣陈情"；⑯"福晋初见印痕"；⑰"福晋询问弃女过往誓要保护女儿"；⑱"公主求和遭误解"；⑲"道士作法捉妖"；⑳"凤还巢"；㉑"告密"。

基于上述情节排列顺序所形成的逻辑推演关系为：

①偷龙转凤一节形成皓祯与吟霜的角色对换，情节关于梅花烙的设计，则为日后福晋与吟霜的母女相认留下依据；

②吟霜被白胜龄收养，皓祯在王府成长，塑造了两人天地之差的成长环境及现实地位；

③皓祯在龙源楼打退多隆等人救下吟霜，造就了两人的相识，为日后相恋及作品故事的向下发展设定前提；

④而皓祯对吟霜的搭救加之皓祥对皓祯的嫉妒，引出了皓祥在得知此事后禀告王爷，导致王爷责罚小寇子，两人身份的悬殊也

让白胜龄不得不劝说吟霜放弃对皓祯的感情;

⑤多隆的强抢及白胜龄的去世,令吟霜陷入无依无靠的境地,这就为皓祯安置吟霜住所提供了前提,而吟霜接受皓祯的帮助在小寇子三婶婆的院落住下,则为日后两人感情的深入发展提供条件;

⑥吟霜与皓祯私订终身,皓祯被皇上指婚,奠定了皓祯、吟霜与兰馨之间恋爱纷争的基础;

⑦福晋因得知皓祯与吟霜的感情,决定赴小院会见吟霜,这也是亲生母女20年来的首度会面;

⑧皓祯对吟霜的深深情义导致皓祯被皇帝赐婚后仍心系吟霜而无法在内心接受与兰馨的婚姻,于是有了皓祯逃避圆房的情节;

⑨而吟霜的入府则是福晋基于皓祯与吟霜之间的情感而为保护王府安全作出的决定,也是为日后兰馨发觉皓祯与吟霜之间感情所做的准备,并为兰馨对吟霜的迫害埋下伏笔;

⑩兰馨对吟霜的迫害将兰馨与皓祯及吟霜之间的矛盾推向顶峰,皓祯为保护吟霜,正式宣布纳吟霜为妾;

⑪三人之间的感情纠葛令皇上为兰馨的处境担忧,于是有面圣陈情一节,而皇上在此过程中却被皓祯说服而未予责罚,这也为日后皇上降罪吟霜打下基础;

⑫纳妾及皇上的未予责罚并未让兰馨放下怨恨,对吟霜不洁的诬陷导致吟霜在府内地位更是堪忧,吟霜情急之下逃离时跌倒使梅花烙显现以及福晋确认吟霜便是自己的亲生女儿并发誓保护吟霜,为后续偷龙转凤真相的揭示进行了铺垫;

⑬兰馨为挽救与皓祯的关系,主动向吟霜求和,却被皓祯疑心下毒,兰馨对吟霜的记恨于是延续下来,后以吟霜为狐妖请法师作法驱妖的环节又将对吟霜的迫害升级,而皇上得知兰馨在王府的遭遇

下令吟霜出家为尼,吟霜的蒙难将福晋逼向崩溃,于是向王爷说出当年偷龙转凤的真相;

⑭得知真相后的皓祥基于多年来的内心积怨,欲将此事公之于众,却被王爷软禁,翩翩愤懑之下向公主告密。

琼瑶女士所主张的小说《梅花烙》中的17个情节的分布顺序为:①"偷龙转凤";②"少年展英姿";③"英雄救美终相识,清歌伴少年";④"恶霸强抢,养亲身亡,弃女破庙容身";⑤"少年相助,代女葬亲,弃女小院容身";⑥"钟情馈赠,私订终身,初见印痕";⑦"皇上赐婚,多日不圆房";⑧"福晋小院会弃女,发觉弃女像福晋";⑨"弃女入府,安置福晋身边";⑩"公主发现私情,折磨弃女";⑪"纳妾";⑫"面圣陈情";⑬"福晋初见印痕";⑭"福晋询问弃女过往誓要保护女儿";⑮"道士作法捉妖";⑯"凤还巢";⑰"告密"。

小说《梅花烙》相对于剧本《梅花烙》的情节排列的区别在于:在皓祯与吟霜私订终身前,已经得知皇上指婚的消息,而皓祯与吟霜的情义导致其在与兰馨成婚后始终逃避与之圆房,于是向福晋坦白与吟霜之间的感情,福晋答应赴小院会见吟霜,起初希望借此打发吟霜离开皓祯,却反而被吟霜感动,于是接受小寇子的提议,接吟霜入府。

尽管小说《梅花烙》与剧本《梅花烙》的情节排列上存在细微差别,但并不导致基于情节而形成的逻辑推演关系与剧本《梅花烙》构成明显差异。琼瑶女士的作品剧本《梅花烙》及小说《梅花烙》基于特定素材的选择、加工及特定的排列组合,构成完整的情节推演并形成具有独创意义的整体作品。

剧本《宫锁连城》中被诉侵权部分的21个情节的分布顺序为:①"偷龙转凤";②"女婴被拾,收为女儿";③"少年展英姿";④"英雄救美终相识,清歌伴少年";⑤"次子告状,亲信遭殃";⑥"弃女失神,养亲劝慰";⑦"恶霸强抢,养亲身亡,弃女破庙容身";⑧"少年相助,代女葬亲,弃女小院容身";⑨"钟情馈赠,私订终身,初见印痕";⑩"福晋小院会弃女,发觉弃女像福晋";⑪"弃女入府,安置福晋身边";⑫"皇上赐婚,多日不圆房";⑬"公主发现私情,折磨弃女";⑭"纳妾";⑮"面圣陈情";⑯"道士作法捉妖";⑰"福晋初见印痕";⑱"福晋询问弃女过往,誓要保护女儿";⑲"公主求和遭误解";⑳"凤还巢";㉑"告密"。

剧本《宫锁连城》相对于小说《梅花烙》、剧本《梅花烙》在整体上的情节排列及推演过程基本一致,仅在部分情节的排列上存在顺序差异:恒泰与连城私订终身后,得知皇上指婚的消息,向福晋坦白与连城的感情,福晋于是同意去小院会见连城,并希望劝说连城离开恒泰而遭连城拒绝;恒泰迎亲当日得知连城危险,赶去搭救连城而拖延与醒黛的婚期,以致福晋基于恒泰与连城的感情,为保全王府而安排连城以丫鬟身份入府。但此类顺序变化并不引起于正先生作品涉案情节间内在逻辑及情节推演的根本变化,于正先生的作品在情节排列及推演上与琼瑶女士的作品高度近似,并结合具体情节的相似性选择及设置,构成了于正先生的作品与琼瑶女士的作品整体外观上的相似性,导致与琼瑶女士作品相似的欣赏体验。而在各被告提交的证据中,并不存在其他作品与剧本《梅花烙》、小说《梅花烙》、剧本《宫锁连城》相似的情节设置及排列推演足以否定琼瑶女士作品的独创性或证明于正先生作品的创作另有其他来源。

(5)不同寻常的细节成为作品比对的重要方面

一般作品在创作中会按照正常的逻辑推演安排情节的发展和人物的设置,但是,有些作品中不排除作者独具匠心地安排一些超出常规或不同寻常的细节,如有些人物的出场和离席存在突兀情形,有些存在一些明显的漏洞或者错误等。作品中出现的不寻常的细节设计的同一性也应纳入作品相似性比对的考量。如:"琼瑶诉于正案"中,原、被告作品均提及福晋此前连生三女,但后续并未对该三女的命运作出后续安排和交代。

(6)相关公众的阅读体验可以作为作品相似性判断的因素

在著作权侵权案件中,受众对于前后两作品之间的相似性感知及欣赏体验,也是侵权认定的重要考量因素。这种判断方法在美国较为常见,判决中会采用社会调查机构出具的调查问卷结果或者随机抽查的结果,但是,这种方法在中国司法实践中尚鲜被采用。在"琼瑶诉于正案"中,琼瑶女士为证明被告电视剧《宫锁连城》与其作品《梅花烙》较为近似,在互联网上进行了调查,并将该调查结果作为证据提交。一审法院在审理时实际上是将该份调查结果作为证据予以考虑,以相关受众观赏体验的相似度调查为参考,占据绝对优势比例的参与调查者均认为电视剧《宫锁连城》情节抄袭自琼瑶女士的作品《梅花烙》,可以推定,受众在观赏感受上已经产生了较高的及具有相对共识的相似体验。随着互联网和自媒体的普及与发展,通过网络的形式进行问卷调查,受众面广,回收及分析结果效率高,也许在普通文学作品相似性比对中将发挥越来越重要的作用。

第四章 侵害改编权的司法判定方法探讨

在前述分析"琼瑶诉于正案"的基础上,笔者结合其他改编权典型案例,对一些即有认识和做法进行检讨,并尝试提炼出侵害改编权的司法判定方法,对类似侵害改编权案件的审理给予指引,进而规范改编行业的健康发展。

一、"接触+实质性相似"判断思路的检讨与适用

改编权的核心内涵是改变在先作品,创造出具有独创性的新作品,同时,改编作品与在先作品之间又必须具有表达上的实质性相似,只有在保留在先作品基本表达的情况下通过改变在先作品创作出新作品,才是著作权法意义上的改编行为,否则新完成的作品因缺乏和在先作品的关联而属于独立创作完成的新作品。因此,在司法实践中判断一部作品是否构成对另一作品的改编,关键还是判断在后作品中的相关表达是否与在先作品中的相关部分表达构成实质性相似。因此,"接触+实质性相似"的判断思路在判定改编行为时依然适用。

(一)"实质性相似"的判断

在改编权侵权判定中,实质性相似的判断思路与判断是否构成复制是存在区别的。在改编权侵权案件中,比对的仅为在先作品的独创性表达部分是否被在后作品以实质性相似的方式再现,而不是比较两部作品从整体上是否构成实质性相似。具体来说,应该将在先作品中独创性表达的整体与在后作品中相应的部分比

对。如果在先作品独创性表达部分用"A"来表示,那么改编后的作品应该用"A*+B"来表示,其中"A*"是对在先作品独创性部分的利用,这里的利用只要达到实质性相似即可,不必然是原样照搬;"*"代表了不相似部分,即改动部分;"B"代表了在后作品中独创性部分,这也是在后作品能够成为新作品的关键部分。因此,在实质性相似的比对中应该比对"A"与"A*"部分,即在后作品是否保留了在先作品的独创性表达,至于在后作品中"B"部分的独创性高低,在在后作品中的比重等对于能否构成改编侵权则不具有决定性意义。但是,"A"部分在在先作品中的比重具有决定性意义,它必须是在先作品的核心部分或能成为基本内容,能够代表在先作品给予读者独特的欣赏体验。

正如在"琼瑶诉于正案"中,琼瑶女士主张于正先生侵害的是其对于《梅花烙》小说和剧本的改编权;同时,于正先生在《宫锁连城》电视剧中前半部分基本上是按照《梅花烙》的情节推演过程进行的演绎,让观众能够得出两部电视剧前半部分基本相似的观影体验。当然,《宫锁连城》在后半部分增加了很多情节,特别是融入了很多现代元素,使得整部电视剧所表达的爱情观与《梅花烙》所表达的爱情观迥异。但是,《宫锁连城》后半部分的独创性创作和演绎恰恰说明其是改编作品而非复制作品,后半部分的独创性创作不影响其前半部分是对《梅花烙》小说和剧本改编的事实。

(二)"接触"的意义

众所周知,著作权法保护的是独立创作作品的表达。理论上讲,在创作的过程中是可能存在分别独立创作作品而存在耦合的概率,即两位作者分别独立创作出近似的作品。但是,这种耦合的概率是非常低的,特别是随着作品在先发表,很难证明在后创作的作者没有接触到在先作品。即便是在耦合概率很低的情况下,法律依然给这种情况留下了证明的空间,避免由于理论上存在分别独立创作的可能而误判了侵权的存在。

关于接触要件是否能够成为决定性要件,即如果能够证明没有接触是否不需要再进行实质性相似的比对,换言之,接触和实质性相似在判断侵权构成时是否存在先后顺序,这两个要件是否必须同时具备,实践中是存在争论的。通常的做法是在审查是否存在接触后还需要对实质性相似进行比对,例如在《富春山居图》一案中,原告作品没有发表,亦没有证据证明被告接触了其作品,在这种情况下,法院还是对两作品进行了实质性相似的比对。这样做的主要原因是为了全面审理,更好地维护权利人的利益,同时,避免二审法院对于接触认定与一审判决不一致时由于一审法院没有进行内容的比对而导致发回重审。

在侵害复制权案件中,对内容的比对还会加强对于接触的认定,即在两部作品高度相似的情况下可以推定存在接触的事实。但是,在改编权案件中,通过实质性相似推定接触则说服力不强,因为,改编一定是改变了原作中的表达,实质性相似程度的高低不必然能够推定是否接触。因此,接触作为判断是否构成改编权侵权的标准之一具有独立存在的意义。正如前文所述,"接触"在侵害改编权判断中还承担了是否具有主观过错判断的重要作用。

一般情况下,在先作品已经公开发表,可以推定在后作品有接触在先作品的可能,如果在后作者有证据证明其没有接触的除外,即在先作品公开发表具有证明接触的初步证明力,给予在后作者举证其没有接触的可能。这种情况仅在理论上存在可能,司法实践中尚没有在后作者通过反证的形式证明其没有接触在先公开发表的作品的实例。

"琼瑶诉于正案"中,《梅花烙》无论是小说还是剧本均在先公开发表,于正先生没有提供证据证明其没有接触过。实际上,从于正先生的年龄来看,其具有接触和了解《梅花烙》的极大可能。此外,于正先生自己也并不否认曾经接触过《梅花烙》,并表示向经典致敬。无论于正先生在接触《梅花烙》后是有心改编还是无心受其影响而使用《梅花烙》中的独创性表达,均不影响其接触在先公开发表的《梅花烙》作品的事实。

二、实质性相似的判断

(一) 确定两部作品中的相似部分

司法实践中,法院在比对两部作品是否相似时首先是进行全面的比对。对于文学作品,一般会从主题、故事背景、故事结构、故事梗概、主要人物设置、具体情节、主人公性格等多个方面进行比对。对于是否应该先行剔除不受著作权法保护的思想、特定情境、有限表达及公有素材的问题,答案是否定的。这主要是因为改编权不同于复制或者低级剽窃,能够通过字面的比对得出结论。两部作品,尤其是通过改编后的作品与在先作品是否具有相同或者相似的思想、主题、情感等对认定是否构成改编具有非常重要的意义。正如陈锦川法官在其著作所述的,思想、主题、情感不属于著作权的保护范围,在确定某一作品的保护范围时,应该将作品的思想、主题、情感排除在外,但是,这并不意味着在判断两部作品是否相同或者相似时,也仅需对表达进行比对,而将作品的思想、主题、情感排除出去。这种判断思路的核心思想是改编行为的判断需要整体认定和综合判断。因为,在著作权侵权案件中,受众对于前后两作品之间的相似性感知及欣赏体验,也是侵权认定的重要考量因素。

此外,改编主要针对的是对在先作品整体上的改变,不能将具体的情节、语句、人物特征、人物关系等作为单独元素进行孤立地隔离比对,这些要素之间彼此关联共同构成了作品,且相互之间的相似性能够彼此印证。同时,在侵害改编权的案件中,应该尊重文学创作的基本规律,不能为了适用法律而割裂文学创作的规律和常识。

(二) 遴选出相似部分的独创性表达

在进行整体比对后,针对相似部分应该进行著作权法保护客体的具体确定,即应该剔除不受著作权法保护的思想、特定情境、有限表达及公有素材等元素。所谓特定情境,是指在文学作品中,如果根据历史事实、人们的经验或者读者、观众的期待,在表达某一主题的时候必须描述某些场景或使用某些场景的安排和设计,那么这些场景即使是由在先作品描述的,在后作品以自己的表达描写相同场景也不构成侵权。所谓有限表达,是指当表达特定构想的方法只有一种或极其有限时,则表达与构想合并,从而不应属于著作权法保护的范围。但需要注意的是,即便是有限表达,事实上也存在着创作的空间,出现完全雷同的创作表达也是非常罕见的。所谓公有素材,是指已经进入公有领域、不再受著作权法保护的作品、素材或客观事实。这些是《著作权法》考虑到创作的特点以及公众表达的需要进行的制度设计。

在遴选独创性表达时,思想与表达的区分是最核心也是最困难的部分。虽然理论界对于著作权侵权判定中是否要进行思想与表达的划分存在不同的意见,但目前在司法实践中,侵害著作权的判断还是要进行思想与表达的划分。从理论上讲,著作权法保护的是作品的表达而非思想,只有区分出来哪些属于思想,哪些属于表达,才能明确保护的范围。从实践上讲,思想和表达尽管难以区分,但仍有一个可以统一的标准,是目前主流意见。

关于思想与表达的区分方法——"金字塔"理论,即将一部文学作品中的内容比作一个"金字塔","金字塔"的底端是由最为具体的表达构成,而"金字塔"的顶端是最为概括抽象的思想,中间存在若干的阶段,因其具有较强的操作性在实践中得到认可。当在先作品的权利人起诉在后作品侵害其改编权时,可参照相似内容在"金字塔"中的位置来判断相似部分属于表达还是思想,当相似内容所处位置越接近顶端,越可归于思想;而其所处位置越接近底端,越可归于表达。就文学作品而言,主题、故事背景、整体的故事结构、主要人物关系等因为较为抽象一般应属于思想的范畴。

例如,在《潜伏》一案中,"夫妻关系"或者再具体一点是"不和谐的夫妻关系"等因为非常抽象而处于"金字塔"的顶端,应属于思想范畴;但如果就上述人物关系再进一步具体化——"夫妻关系不和谐的具体表现",则相对于前述人物关系设置而言,这样的具体设计无疑将处于金字塔结构的相对下层,但是否属于表达还要看具体情节的设计及特定事件的安排。如果人物身份、人物之间的关系、人物与特定情节的具体对应等设置已经达到足够细致具体的层面,那么人物设置及人物关系就将形成具体的表达。此外,能够形成读者独特的欣赏体验也是判断是否能够成为表达的重要因素,当某一内容一定程度足以产生感知特定作品来源的特有欣赏体验时,已经足以到达思想与表达的临界点之下,则可以作为表达。

在思想与表达二分法适用时,与其试图用具体化、精细化、可复制化的判断标准厘清思想与表达,莫如认可思想与表达二分法更多的是法官的一种价值判断。对于"思想与表达二分法"我们无法提供统一普适的裁判标准,它的判断更多依赖法官在个案中基于具体案情进行自由裁量,这恰是法官智慧的体现,更是司法发挥价值导向作用的体现。正如金斯伯格教授所指出的那样,思想与表达二分法更多地被认为是一个法官形成判决之后论证判决合理性的一个理由,一个基于怎么样才能最好地促进科学发展的政策问题。在"琼瑶诉于正案"中,也会对何为思想,何为表达存在纠结。正是从给予价值导向的角度,笔者认为,文学作品传递的美以及价值追求对于读者世界观、价值观具有重要影响,应该引导文学作品从健康的美及正能量的价值方向进行创作。这就意味着,鼓励独立创作而对于抄袭或者剽窃给予法律制裁。因此,在进行思想与表达划分时,会考虑两作品的相似程度以及在先其他作品的表达等因素。

(三) 相似的独创性表达能否构成在先作品的基本表达

经过层层剥离得到相似性表达后,还需要将该部分表达回归到在先作品中,依据该部分在在先作品中的分量来确定在后作品是否构成侵害改编权。这样做的主要原因是,改编权保护的是对在先作品的整体改编的权利,如果仅仅使用了在先作品中的部分片段,可能构成侵害复制权,而不会构成侵害改编权。当然,改编作品与片段式剽窃在先作品的内容,在法律上并没有明确的界限,这需要法院在个案中进行裁量。但总体的原则应该是这些受著作权法保护的相似部分在在先作品中应该能够互相支持组成在先作品的基本表达,否则,不应认定构成改编权侵权。《激情燃烧的岁月》一案正是基于相似部分不能组合成为在先作品的整体表达而判定侵害改编权不成立。

"琼瑶诉于正案"中,《宫锁连城》前半部分使用的情节和人物关系等基本属于《梅花烙》剧本和小说的主体框架和基本内容,因此,在后的《宫锁连城》构成对于在先《梅花烙》剧本和小说的改编。

第五章 摄制权侵权判定的司法标准

在"琼瑶诉于正案"中,关于侵害摄制权的问题非常突出。之前在案件中谈及侵害摄制权一般都是权利人直接起诉摄制方,但是,本案中,编剧于正先生、播映方万达公司等也成为侵害摄制权的被诉主体。这样的侵权主张能否成立?基于改编后的作品的利用,即拍摄成电视剧是否在侵害改编权的基础上再侵害摄制权,这些问题都需要我们在这个案件中进行判断。

《著作权法》第10条第(十三)项规定:"摄制权,即以摄制电影或者以类似摄制电影的方法将作品固定在载体上的权利。"因此,摄制权控制的范围是指将作品拍摄成电影或类似电影的作品。

一、摄制权侵权判定的考量因素

拍摄电影作品的行为是否侵害摄制权,关键在于电影作品中是否含有诉争作品中受保护的内容。因此,将他人的小说、戏剧等作品拍摄成电影、电视剧等影视作品应当取得作品著作权人的许可,未经许可,使用作品中受著作权法保护的内容构成摄制权侵权。

摄制权在《伯尔尼公约》中有明确规定,根据公约第14条的规定,文学或艺术作品的作者有权许可他人以摄制电影的方式对作品进行改编和复制,以及发行由改编和复制而形成的新作品。这意味着如果没有得到文艺作品著作权人的许可,为了摄制影视作品而对其作品进行复制、改编并拍摄完成影视作品,以及发行该影视作品都是侵权行为。《伯尔尼公约》中规定的"以摄制电影的方式对作品进行改编和复制"包含了拍摄电影所涉及的一系列利用作品的行为,如将小说改编为电影剧本,根据该电影剧本进行拍摄,以及将美术作品或摄影作品拍摄进电影之中等。虽然《著作权法》对摄制权的定义并没有像《伯尔尼公约》中规定的那样将为拍摄电影而专门进行的改编和复制行为纳入到摄制权控制的范围中,但是,结合摄制权的权利属性和著作权法的立法本意以及《伯尔尼公约》,仍然可以解读出《著作权法》语境中的摄制权控制的范围不仅包括直接对作品进行拍摄的行为,还包括为了进行拍摄而进行的改编、复制等行为。也就是说,改编仅是手段,其目的是为了后续的拍摄利用。这种情况下,改编行为、拍摄行为侵入了不同权项的控制范围,分别构成著作权侵权。

在"琼瑶诉于正案"中,琼瑶女士不仅主张电视剧《宫锁连城》侵犯了剧本《梅花烙》及小说《梅花烙》的改编权,同时,也侵犯了摄制权。被告湖南经视公司提出,即使剧本《宫锁连城》系改编自小说《梅花烙》及剧本《梅花烙》而来的,依据剧本《宫锁连城》拍摄电视剧《宫锁连城》的行为也并没有侵害小说《梅花烙》及剧本《梅花烙》的摄制权。被告这样的认识实质上是将摄制行为与改编行为完全割裂,从摄制行为的单一视角看待问题。就这个问题,一审法院从摄制行为与改编行为的关系入手,分析摄制权控制的范围。同时,亦从非法改编后形成的作品具有的相应著作权如何行使进行了进一步的分析。

(一)摄制行为与改编行为的关系

电视剧剧本是以文字形式表现未来剧目内容的一种文学式样,又称为"电视文学本",是电视艺术(包括电视剧)创作的文学基础。剧本的创作动因及用途均是用于电视剧的拍摄。基于这一特定的创作目的,电视剧本与小说在作品的表达方式上也有所不同。电视剧剧本的表述与结构要求精练严谨,要有很强的视觉形象感。电视剧剧本为导演、摄像、录音、美术等创作部门提供了最初的视听想象。优秀的电视剧本能让人仿佛在观赏一组组活动画面,可以激发起表演者丰富的想象力和创作激情。因此,从影视作品创作角度来看,剧本到电视剧的转变是文字视听化的过程,而实现这一转变的两大核心创作活动就是剧本创作(包括改编)与影像摄制。影视改编与摄制行为之间具有极其密切的附随关系,改编权与摄制权的行使目的具有较强的关联性与同一性,共同指向将作品拍摄成电影、电视作品的权利,以及授权他人以改编、摄制的方式使用作品并获得报酬的权利。在影视创作过程中,制片者为了剧本表达更加符合拍摄需求,通常会要求编剧直接参与剧本的修改,编剧也通常需要根据制片者的要求来多次调整剧本的创作内容。由此可见,编剧与制片者之间的创作沟通是自觉的、意思联络是主动的。

在"琼瑶诉于正案"中,尽管于正先生个人并非直接进行摄制行为的主体,也不具有摄制资质,但是,被告于正先生自始至终都是以拍摄为目的进行剧本的创作,其对于剧本完成后会拍摄成电视剧是明知的,且主动帮助该拍摄行为的完成。从共同侵权的角度讲,于正先生作为编剧与摄制主体已经具备主观上的意思联络,一旦构成侵权,则应当共同承担侵权责任。

(二) 非法改编作品的著作权行使

根据《著作权法》的规定,改编、翻译、注释、整理已有作品而产生的作品,其著作权由改编、翻译、注释、整理人享有,但行使著作权时不得侵犯原作品的著作权。因此,未经许可改编他人作品尽管对原作作者来说是侵权作品,但改编作品本身也是创作活动的产物,依法享有著作权,但改编者在行使其著作权时,不得侵害原作品的著作权。也就是说,此时改编者对于改编作品仅享有消极意义上的著作权,即制止他人未经许可使用其改编作品的权利,而不享有积极意义上的著作权,即不得自行或许可他人使用其改编作品。根据在先作品创作的演绎作品同时包含原作作者和演绎作者的智力成果,任何对改编作品的使用,也必然同时构成对原作品的使用。因此,对改编作品著作权的行使或任何对改编作品的使用行为,除法律有特别规定外,均应征得改编者和原作品著作权人的同意,否则不仅侵害改编作品的著作权,还将侵害原作品的著作权。从另一个角度讲,未经原作者许可进行了改编后的新作品没有进行其他使用,仅仅是供个人创作体验或者阅读欣赏,或者符合合理使用的条件,则不能认定构成侵害改编权。

在"琼瑶诉于正案"中,电视剧《宫锁连城》是依据剧本《宫锁连城》拍摄而成,但因为剧本《宫锁连城》涉案情节与琼瑶女士的作品剧本《梅花烙》及小说《梅花烙》的整体情节具有创作来源关系,构成对剧本《梅花烙》及小说《梅花烙》改编的事实,电视剧《宫锁连城》亦使用了剧本《宫锁连城》中与琼瑶女士的作品剧本《梅花烙》及小说《梅花烙》实质性相似的部分,于是,电视剧《宫锁连城》构成对剧本《梅花烙》及小说《梅花烙》摄制权的侵犯。

二、侵害摄制权的行为主体

在"琼瑶诉于正案"中,琼瑶女士的诉讼请求之一是请求法院认定五被告共同侵害了其作品剧本及小说《梅花烙》的摄制权,即主张于正先生、湖南经视公司、东阳欢娱公司、万达公司和东阳星瑞公司均应对侵犯摄制权承担连带责任。从案件查明的事实来看，实施摄制行为的是制片方被告湖南经视公司、东阳欢娱公司、万达公司和东阳星瑞公司。但最终法院是判决让包括于正先生、万达公司在内的五被告共同承担就侵害摄制权的连带侵权责任。具体理由分析如下：

根据前述内容，知识产权侵权归责原则为过错责任原则，而其中过错的具体情形既包括明知也包括应知。也就是说，在行为人应当知晓而事实上并不知晓的情形下，依然具有过错。这就意味着侵权人的行为意图在司法考量范围以内。面对侵权行为的发生及侵权损害的蔓延，对侵权行为的制止及对侵权后果扩大化的及时抑制应成为对权利人提供的首要救济措施，而这种制止和抑制，直接针对的是侵权行为及后果的存在，并为防范权利人因侵权所遭受损害的扩大化而更注重保护权利人的利益。

《侵权责任法》第8条规定："二人以上共同实施侵权行为，造成他人损害的，应当承担连带责任。"第9条第1款规定："教唆、帮助他人实施侵权行为的，应当与行为人承担连带责任。"

"琼瑶诉于正案"中，电视剧《宫锁连城》的出品单位为该案被告湖南经视公司、东阳欢娱公司、万达公司、东阳星瑞公司。被告万达公司虽在诉讼中提交了《联合投资摄制电视剧协议书》，以证明其仅就该剧进行投资并享有投资收益而并未参与电视剧《宫锁连城》的相关制作工作，但该合同系相关方内部约定，不具有对抗善意第三人的效力。所以法院认定被告万达公司与被告湖南经视公司、东阳欢娱公司、东阳星瑞公司同为电视剧《宫锁连城》的制片者，共同实施了摄制电视剧《宫锁连城》的行为，应就电视剧《宫锁连城》侵害琼瑶女士作品《梅花烙》摄制权的行为承担连带责任。其中，这里有一个潜在的判断电视剧著作权人或者责任人的一种方式,即通过出品单位的方式进行署名的法律地位或者意义。在该案中,法院认为在电视剧中以出品单位的方式进行了署名应属于参与了该电视剧的创作,具有对该电视剧负责的法律地位和意义。这与一般侵害著作权案件中对于制片人的法律定位相似。此外,于正先生除作为电视剧《宫锁连城》的编剧外,同时担任该剧制作人、出品人、艺术总监,尽管于正先生并不属于著作权法意义上的制片者,但在其明知或应知《宫锁连城》剧本侵害琼瑶女士的作品著作权的情形下,仍向其他被告提供剧本《宫锁连城》的电视剧摄制权授权,并作为核心主创人员参与了该剧的摄制工作,为该剧的摄制活动提供了重要帮助,系共同侵权人,应就侵害琼瑶女士摄制权的行为承担民事责任。

  由此可见,侵害摄制权的行为主体并不仅限于直接实施摄制行为的主体,还应包括制片人以及其他参与或帮助摄制行为完成的主体。同时,基于摄制行为的特殊性,为了摄制而实施改编行为者亦可能成为侵犯摄制权的共同侵权人。判断侵害摄制权的责任承担主体除了要考虑主体实施行为对于摄制行为的影响,还应考虑主观状态,即是否明知或者应知其实施行为的目的是为了实现摄制行为。

第六章 侵害改编权的侵权责任认定

"琼瑶诉于正案"的侵权责任承担方式也成为司法实务界、理论界以及文学创作领域共同关注的焦点问题。一审判决最终支持了琼瑶女士的三项诉讼请求,即责令停止电视剧《宫锁连城》的复制、发行和传播行为并承担公开赔礼道歉、消除影响的法律责任和赔偿琼瑶女士经济损失和合理支出共计 500 万元。二审法院维持了一审法院的全部判项。该案不仅在定性上引起了学界和实务届广泛关注和深入讨论,在责任认定方面亦同样引发热议和讨论。现结合该案在确定前述责任方式考虑因素的基础上,对于停止侵权、赔礼道歉、消除影响和赔偿损失数额的确定作进一步的分析。

一、赔礼道歉,消除影响

从法律规定上讲,赔礼道歉和消除影响是两种独立的承担侵权责任的方式。《侵权责任法》第 15 条第 1 款规定:"承担侵权责任的方式主要有:(一)停止侵害;(二)排除妨碍;(三)消除危险;(四)返还财产;(五)恢复原状;(六)赔偿损失;(七)赔礼道歉;(八)消除影响、恢复名誉。"一般情况下,赔礼道歉针对的是对人身权损害的责任承担方式,消除影响主要是针对由于侵权行为给权利人造成了不良的社会影响的情形下需承担的责任方式。我国《著作权法》第 47 条规定:"有下列侵权行为的,应当根据情况,承担停止侵害、消除影响、赔礼道歉、赔偿损害等民事责任:……(六)未经著作权人许可,以展览、摄制电影和以类似摄制电影的方法使用作品,或者以改编、翻译、注释等方式使用作品的,本法另有规定的除外……"因此,对于侵害改编权的侵权行为,根据个案情况,可以判令被告消除影响及赔礼道歉。

"琼瑶诉于正案"中,五被告共同实施了侵害改编权和摄制权的行为,应该承担连带侵权责任。责任形式的确定应与侵权行为所造成的后果相契合。于正先生改编琼瑶女士的剧本及小说《梅花烙》的行为给琼瑶女士造成了精神损害并因为于正先生的改编行为使得社会公众对于《宫锁连城》改编自《梅花烙》产生了误解,因此,于正先生本人应对其行为向琼瑶女士赔礼道歉并消除影响。电视剧《宫锁连城》之所以侵害剧本及小说《梅花烙》的摄制权源于对《梅花烙》改编权的侵犯,虽然《宫锁连城》电视剧的播放会扩大由改编权侵权造成的影响,但基于行为的本源在于改编行为,因此,仅就改编行为承担赔礼道歉、消除影响的法律责任。

学界对此讨论最多的是改编权属于财产权,不是著作权法规定的人身权,因此,不能适用赔礼道歉这种专门针对人身权侵害的责任形式。对此,一审法院合议庭认为,首先,责任形式的确定是与被诉侵权行为紧密结合在一起的,被诉侵权行为是未经著作权人许可,以改编方式使用作品,根据《著作权法》第47条的规定,可以根据情况判令承担赔礼道歉、消除影响的民事责任。从这一点讲,侵害改编权判令承担赔礼道歉的民事责任亦是于法有据的。其次,基于改编权和改编行为之间的关系,原告起诉的是改编行为侵权,虽然其在主张的具体权项时没有涵盖署名权等相关权项,但请求被告承担的侵权责任中包含了相关权项的责任,法院经过审理认定构成其他权项的侵权,亦可判定支持原告的诉讼请求。例如,原告主张侵害改编权,同时主张被告赔礼道歉,法院经审理查明被诉行为不仅侵害改编权还侵害了署名权,因此,可以按照原告请求的责任形式判定赔礼道歉。最后,明确请求权基础与被诉侵权行为的关系。当事人在起诉时往往会在具体的案件中找到请求权基础对应的案由进行立案。但是在诉讼中,当事人却往往针对被诉侵权行为主张侵权并要求对方承担相应的侵权责任,出现这种现象的一个主要原因是目前《著作权法》对于侵犯著作权的责任承担方式的规定并没有与具体的权项相对应。在《著作权法》第47条和第48条中规定的侵犯著作权责任承担时均列举了具体的侵权行为,并没有针对具体的著作权权项。这时往往会出现被诉行为与权利基础不吻合的情况,而判断被诉行为是否构成侵权时又需要回归到具体权利构成要件上进行判断。正如王泽鉴教授所言,请求权基础的寻找,是处理实例之核心。于是,就会出现明明是侵害了财产权为什么会判决承担赔礼道歉的民事责任这样的困惑。理顺侵权行为与责任承担之间的关系是解决上述困惑的根本。即便是在仅仅明确了一个具体的财产权权项的基础上,也应该考察侵害该具体财产权权项的行为。基于改编行为,在涉案双方作品构成实质性相似的情况下,实质上暗含了对于涉案作品著作人身权的侵害,比如署名权,因此,应该适用赔礼道歉、消除影响的民事责任。

同时,该案还涉及以非法演绎作品的形式侵权的责任认定方式问题。在侵害著作权诉讼中,赔礼道歉的责任承担方式,通常是在行为人侵害原作品著作权人人身权利的情况下予以适用。基于原作品进行演绎形成新作品的行为,通常涉及对原作品财产权利的侵犯,并不直接构成对原作品著作权人人身权利的侵害。但在非法演绎的情形下,侵权人为掩盖侵权事实的真实存在,通常不在演绎作品中对原作品作者进行署名安排。在此种情况下,一旦非法演绎的事实得到确认,则侵权人对原作品著作权人的署名权侵犯将自然地成为由此引申出的又一侵权后果。据此可结合具体案件情况判定侵权人是否需要赔礼道歉。此外,保护作品完整权是作者的一项重要人身权利。在基于原作品进行演绎的过程中,通常涉及对原作品相关内容的改变,在未经原作品著作权人许可的情况下对其作品进行改变,将可能导致对原作品著作权利人修改权、保护作品完整权等人身权利的侵犯,可结合具体案件情况判定侵权人是否需赔礼道歉。

二、赔偿损失的确定

赔偿损失数额确定一直以来都是司法实践中的热点和难点问题。长期以来,赔偿数额低成为业界诟病的问题,而赔偿数额有没有证据支持又成为解决赔偿数额低的关键所在。"琼瑶诉于正案"中,最终判决赔偿经济损失 500 万元,远远突破了法定赔偿的上限。判决一出,业界沸腾。超出一般侵犯著作权案件的赔偿力度给了权利人维权的信心,也鼓舞了权利人进行维权的决心。

按照法律规定,对于确定侵害著作权损害赔偿数额的标准,主要可依据权利人的实际损失、侵权人的违法所得、法定赔偿三种方法,且权利人的实际损失、侵权人的违法所得的适用优先于法定赔偿的适用。根据最高人民法院《关于当前经济形势下知识产权审判服务大局若干问题的意见》的规定,对于难以证明侵权受损或侵权获利的具体数额,但有证据证明前述数额明显超过法定赔偿最高限额的,应当综合全案的证据情况,在法定最高限额以上合理确定赔偿额。

关于知识产权赔偿,有调研显示高达 97% 案件采取了法定赔偿,且赔偿数额偏低。姑且不考虑调研统计数据及方法的问题,知识产权侵权赔偿数额低,维权成本高已经成为亟待解决的顽疾。

为破解知识产权损害赔偿数额确定难、数额低的局面,加大司法惩处力度,降低维权成本,给权利人提供充分的司法救济,使侵权人付出足够的侵权代价,努力营造侵权人不敢侵权、不愿侵权的法律氛围,司法裁判应该充分考虑知识产权市场价值的客观性和不确定性双重特点,在确定知识产权损害赔偿数额时,既要力求准确反映被侵害的知识产权的相应市场价值,又要适当考虑侵权行为人的主观状态,实现以补偿为主、以惩罚为辅的双重效果。在举证困难的情况下,要善于运用根据具体证据酌定实际损失或侵权所得的裁量性赔偿方法,引导当事人对于损害赔偿问题积极举证,进一步提高损害赔偿计算的合理性。权利人提供了用以证明其实际损失或者侵权人违法所得的部分证据,足以认定计算赔偿所需的部分数据的,应当尽量选择运用酌定赔偿方法确定损害赔偿数额,实现知识产权的充分赔偿。

在著作权侵权纠纷案件中,原告如主张基于其实际损失或被告侵权违法所得确定侵权赔偿数额,均应有相关证据予以证明,作为司法裁判的参照。如不能证明,则可由人民法院在法定限额以内酌定赔偿数额。

在适用法定赔偿酌定确认侵权赔偿数额时,通常需考虑侵权人的主观过错、具体的侵权行为、侵权后果等因素并结合个案特点,综合考量侵权行为发生的行业特征,于个案中有针对性地衡量侵权人切实收益及权利人损失,坚持全面赔偿的原则,确定具体案件中的侵权损害数额。

"琼瑶诉于正案"中,一、二审法院在确定赔偿数额时存在不同的思路。一审法院主要参考了琼瑶女士提供的证据,以被告违法所得作为裁量性赔偿的计算依据;同时,考量了涉案作品的性质、类型、影响力、被告侵权使用情况、侵权作品的传播时间与传播范围等因素进行了赔偿数额的酌定。诉讼中,琼瑶女士要求各被告提交电视剧《宫锁连城》编剧合同,以确定其编剧酬金;要求各被告提交电视剧《宫锁连城》发行合同,以确定各被告发行《宫锁连城》剧的获利情况。各被告在明显持有编剧合同及发行合同的情形下,以上述合同涉及商业秘密为由未提供,且并未就琼瑶女士的上述主张提出其他抗辩证据或充分、合理的反驳理由。因此,一审法院推定琼瑶女士在庭审中所主张的于正先生的编剧酬金标准及电视剧《宫锁连城》的发行价格具有可参考性。

小说或剧本的影视改编、摄制、发行活动,是实现小说或剧本市场价值、商业利益的重要方式。自 2014 年 4 月 8 日起,电视剧《宫锁连城》已经在湖南卫视等多家电视台卫星频道完成首轮及二轮播出,在多家视频网站进行了信息网络传播权许可使用,公开可查的数据资料显示,该剧的电视收视率及网站点击率均较高,参考同期热播电视剧应有的市场发行价格,一审法院认为,琼瑶女士主张基于各被告违法所得给予侵权损害赔偿的请求具有合理性,且确定侵权赔偿数额应当能够全面而充分地弥补原告因被侵权而受到的损失。琼瑶女士关于赔偿经济损失及诉讼合理支出的诉讼请求,缺乏充分的依据,法院根据涉案作品的性质、类型、影响力、被告侵权使用情况、侵权作品的传播时间与传播范围、被告各方应有的获利情况以及琼瑶女士为该案支出的律师费、公证费等因素综合考虑,裁量性确定各被告赔偿琼瑶女士经济损失及诉讼合理支出的数额。

二审法院关于赔偿数额的确定有不同认识。二审法院认为,被告于正先生、湖南经视公司、东阳欢娱公司、万达公司、东阳星瑞公司的行为侵害了原告琼瑶女士的改编权、摄制权,应当承担赔偿损失的责任。关于赔偿数额问题,琼瑶女士在原审诉讼中主张以侵权人的违法所得来计算损害赔偿。二审法院认为,该案不应适用侵权人的违法所得来计算损害赔偿,应适用酌定赔偿来确定赔偿数额。具体理由为:第一,双方均未提供充分证据证明违法所得,仅凭琼瑶女士主张的编剧酬金标准及电视剧《宫锁连城》的发行价格来确定违法所得数额,依据不足。第二,原审法院既要根据侵权人的违法所得来确定赔偿数额,同时又结合各种因素对于赔偿数额进行酌定,其在适用赔偿数额的方法上存有矛盾之处。第三,酌定赔偿是在加大知识产权保护力度的背景之下,法官在一定事实和证据的基础上,根据案件具体情况和自由心证,酌情裁量能够给予权利人充分赔偿的损失赔偿方法。琼瑶女士提供的证据不能充分证明侵权人的违法所得,侵权人也没有提供证据证明其违法所得,在此情况下,原审法院将琼瑶女士主张的计算标准作为参考因素是恰当的,也就是说该案中琼瑶女士的初步举证可以证明侵权人的违法所得明显要高于50万元的法定赔偿。基于此,二审法院同时考虑到侵权人的主观过错、具体的侵权行为、侵权后果等因素,酌情确定赔偿数额。原审法院虽然在确定赔偿数额的方法上有一定的不当之处,但其确定的赔偿数额尚属合理,二审法院对此赔偿数额予以支持。

笔者在尊重生效判决的前提下,就损害赔偿数额进行理论上的探讨,目的是为了对后续的司法实践提供有益的借鉴。其实,从本质上讲,一、二审法院在判决赔偿数额时所考虑的因素是一致的,本身并不存在矛盾,之所以会呈现出不同的裁判思路或者表述主要是因为对于酌定赔偿或者称为裁量性赔偿的内涵界定不统一,其计算方法本质上并无差异。从法律规定来讲,裁量性赔偿不是一种单独的赔偿数额的计算方法,也不是法律规定的一种赔偿数额的计算方法。最高人民法院陶凯元副院长在全国法院知识产权审判工作座谈会的讲话中明确提出,要善于运用根据具体证据酌定实际损失或侵权所得的裁量性赔偿方法,引导当事人对损害赔偿问题积极举证,进一步提高损害赔偿计算的合理性。权利人提供了用以证明其实际损失或者侵权违法所得的部分证据,足以认定计算赔偿所需的部分数据的,应当尽量选择运用酌定赔偿方法确定损害赔偿数额。由此可见,裁量性赔偿方法应为在原告损失或被告获利有一定证据支持的基础上,参考其他因素进行的总体计算,其区别于法定赔偿的重要方面是酌定赔偿有一定的证据支持,并不是在直接参考相关作品性质、知名度、侵权行为性质、情节、主观过错等相对不可量化的因素上进行数额的确定。因此,该案一审法院在琼瑶女士提供各被告获利的部分证据的基础上运用酌定赔偿的计算方法进行赔偿数额的计算,提高了损害赔偿计算的合理性。

三、停止播放的依据

"琼瑶诉于正案"中,琼瑶女士提出了判令各被告停止播放的主张,但是,被告方以利益失衡作为抗辩理由,认为不应该停止播放。关于是否应该停止播放涉案的《宫锁连城》也成为一审法院合议庭着重分析的一个焦点。

著作权从权利性质划分上属于排他性的绝对权,具有准物权性质,停止侵权责任是侵权人应当承担的民事责任。但是如果停止有关行为会造成当事人之间的重大利益失衡,或者有悖于社会公众利益,或者实际上无法执行,可以根据案件具体情况进行利益衡量,不判决停止行为,而采取更充分的赔偿或者经济补偿等替代性措施。停止侵权责任是著作权侵权中首要的和基本的救济方式,侵权人不承担停止侵权责任是一种基于利益衡量之后的政策选择,是一种例外情形,应当严格予以把握。是否对权利人的停止侵害请求权加以限制,主要考量的是个人利益之间的利益平衡以及个人和社会公众利益之间的平衡。在著作权侵权案件中,判定是否停止侵权可结合个案综合把握,考虑因素如下:

(一) 权利人和侵权人之间是否具有竞争关系

如果权利人和侵权人之间具有竞争关系,则不宜对停止侵害请求权进行限制,否则不判令承担停止侵权责任,意味着给侵权人赋予了强制许可,这种违背权利人意愿的方式有可能极大损害权利人通过投资获得收益并取得竞争优势。

(二) 侵权人市场获利是否主要基于著作权的行使

如果侵权人的商业产品获得成功并非来源于产品中著作权发挥的功能,或者其发挥的功能仅占产品市场成功的很小部分时,基于权利人利益和侵权人利益之间的平衡,可以对停止侵害请求权进行限制。

(三) 权利人的主观意图和侵权人的实际状况

权利人长期放任侵权、怠于维权,在其请求停止侵害时,倘若责令停止有关行为会在当事人之间造成较大的利益失衡,可以审慎地考虑不再责令停止行为,但不影响依法给予合理的赔偿。

(四) 社会公众利益

如果对停止侵害请求权进行限制已经损害了社会公众利益,则不宜判令侵权人承担停止侵权的责任。社会公众利益是一个不确定概念,但可以确定的是个别人或者个别公司的利益不属于社会公众利益。信息作为一种公共产品,赋予其专有权的目的在于激励创作,长远来看有利于社会发展。停止侵权责任将强化著作权的保护,更符合长远的社会公众利益。

著作权法的根本宗旨是保护文学、艺术和科学作品作者的著作权,以及与著作权有关的权益,鼓励有益的作品创作和传播,促进社会文化和科学事业的发展与繁荣。著作权权益与社会价值的实现,有赖于作品的创新、使用与传播。损害著作权权益的行为本质上将损害作品创新的原动力;强化对著作权的保护,判令停止侵权不仅仅可以有效维护著作权人的私人利益,更重要的是符合社会公众的普遍公共利益。因此,在"琼瑶诉于正案"中,从以上四个方面以及考虑到著作权法的根本宗旨,一审法院最终判令被告停止播放《宫锁连城》电视剧,二审法院亦给予维持。

第七章 相关审理程序问题

人民法院依法、及时、公正地审判著作权纠纷案件,是我国知识产权法律保护的重要保障。法院在审理著作权纠纷案件时,不仅要从实体角度对权利人的利益给予保护,更要按照民事审判的基本程序,在程序上保证原被告双方平等的诉讼权利。"琼瑶诉于正案"在诉讼程序上涉及的程序问题主要包括一案与数案的关系、管辖权异议、二审新证据以及专家辅助人等。

一、审理范围

在民事诉讼程序上,当事人的诉讼请求是人民法院确定案件审理范围的依据,原告的诉讼请求决定了法院的审理范围,法院一般只应在原告请求范围就具体请求事项进行审理。人民法院在民事审判中应尊重当事人的选择确定案件的审理范围,这是民事诉讼中当事人意思自治的体现,也为民事案件中的法院权力运行确定了边界。

"琼瑶诉于正案"中,一审原告琼瑶女士的诉讼请求共有六项:①请求认定五被告侵害了原告作品剧本及小说《梅花烙》的改编权、摄制权;②请求判令五被告停止电视剧《宫锁连城》的一切电视播映、信息网络传播、音像制售活动;③请求判令被告于正先生在新浪网、搜狐网、乐视网、凤凰网显著位置发表经原告书面认可的公开道歉声明;④请求判令五被告连带赔偿原告 2 000 万元;⑤请求判令五被告承担原告为该案支出的合理费用共计 313 000 元;⑥请求判令五被告承担该案全部诉讼费用。

从琼瑶女士的诉讼请求来看,其所主张的著作权客体范围包括《梅花烙》剧本、《梅花烙》小说,主张侵权行为的内容为《宫锁连城》剧本、《宫锁连城》电视剧,主张侵权涉及的著作权内容包括改编权、摄制权,主张的侵权责任承担方式包括停止侵权、赔礼道歉、赔偿损失。因此,法院应在琼瑶女士的请求范围内就具体事项进行审理。

(一) 琼瑶女士主张著作权客体的范围

1.《梅花烙》的相关内容

该案中,琼瑶女士提起诉讼基于其创作的小说、剧本《梅花烙》,法院应依照其主张的上述作品范围内对该案进行审理。下面为小说《梅花烙》及剧本《梅花烙》相关内容的事实。

> 清朝乾隆年间,京城富察氏硕亲王府,福晋连生三女,王爷一直没有儿子。现福晋再度怀胎,烧香拜佛盼得一男孩。回女翩翩是王爷寿辰接受的赠礼,深得王爷喜爱并被王爷纳为侧福晋。福晋在府中的地位受到严重威胁。福晋的姐姐向其献计,一旦此胎再生女孩,则不惜偷龙转凤换成男孩。三个月后,福晋临盆,生下女儿,偷龙转凤。送走女儿前,福晋用梅花簪,在女儿肩头烙下梅花烙,以便未来相认。
>
> 新生的女婴在生产当夜被遗弃在杏花溪边。江湖艺人白胜龄夫妇以卖唱为生,这天在溪畔练唱,偶然听见婴儿啼哭,寻着哭声找到被遗弃的女婴,发现女婴肩头的梅花烙印,又对女婴的身世无迹可寻。白胜龄夫妇二人非常喜欢这个孩子,于是收为女儿,取名白吟霜。
>
> 偷龙转凤所得男孩为王爷府长子,取名皓祯。侧福

晋翩翩后生一子,取名皓祥。皓祯长大后文武双全,出类拔萃,又有捉白狐放白狐的经历,宅心仁厚,是王府的骄傲。福晋一边为皓祯感到欣慰,一边又时常惦记生产当夜被自己遗弃的亲生女儿。

二十年后,皓祯来到一家名叫龙源楼的酒楼,恰遇吟霜随白胜龄在龙源楼卖唱。贝子多隆见吟霜年轻貌美,便来调戏。皓祯路见不平出手相救,打退了多隆及其手下。此后,皓祯便常来听吟霜唱曲,渐渐对吟霜萌生爱意。

皓祯的弟弟皓祥一直对自己的庶出身份深有怨怼,嫉妒并怨恨长兄皓祯。皓祥偶然从多隆处听说皓祯为救吟霜与多隆发生冲突,便告知王爷,以致王爷大怒,责骂皓祯的侍从小寇子带坏皓祯,并对小寇子严刑杖责,皓祯与小寇子主仆情深,情急之下以身相护,为小寇子抵挡杖刑。福晋见皓祯挨打,心痛难当,央求王爷停手,得以解难。

皓祯与吟霜未能相见的日子里,白胜龄发现吟霜的心事,提醒吟霜与皓祯身份悬殊,劝吟霜熄灭萌生的情感,吟霜否认了对皓祯的爱意。多隆又带一众手下来到龙源楼强抢吟霜。白胜龄见吟霜遭受欺辱,奋起反抗,反遭毒手,重伤当场。吟霜求医无门,白胜龄不治身亡,并于临终前提及当年拾得吟霜的经过。白胜龄死后,吟霜被赶出龙源楼,带着白胜龄的尸体寄身破庙。

皓祯再度路过龙源楼,获知吟霜再次遭遇强抢及白胜龄身亡的经过,携随从去天桥寻找卖身葬父的吟霜,并再度逼退多隆一干人等,救起吟霜,代吟霜处理白胜龄的丧葬。面对无依无靠的吟霜,皓祯听取小寇子的计策,将吟霜安置于小寇子远亲三婶婆的院落,吟霜终得落脚。此后皓祯时常来探望吟霜。

府内舞女蕊儿被皓祥奸污,投湖自尽。皓祯烦闷中来找吟霜,闲聊中说起捉白狐放白狐的过往,吟霜要下皓祯的白狐毛穗子。这天,吟霜外出为皓祯制作白狐绣屏作为礼物。皓祯来小院见吟霜,寻人不着,疑心再遇恶人,倍感焦虑。吟霜冒雨归来,皓祯情急之下训斥,后得知吟霜出门实为辛苦准备礼物,心生感动。两人当日互诉衷肠,私订终身。皓祯在这一天发现了吟霜肩上的梅花烙。

皓祯回府后,遇到福晋,逼问下告知福晋自己与吟霜之事,福晋答应赴小院见吟霜。福晋的会见,原本是试图用金钱收买吟霜远离皓祯,却被吟霜拒绝,并不惜以死明志,皓祯更是心痛。福晋深受感动,同意日后接吟霜入府。福晋与秦嬷嬷均隐约发觉吟霜正像年轻时的福晋。

皇上赐婚,将兰馨公主许配皓祯。阖府欢庆,王爷及福晋更觉荣光,皓祯得知后心系吟霜,闷闷不乐。婚后皓祯屡次托辞,多日不肯与兰馨圆房。为逼皓祯就范,福晋以接吟霜入府作为条件,要求皓祯与公主圆房。于是,吟霜被接进王府做丫鬟,身份为小寇子三婶婆的干女儿,安排在福晋身边服侍。

一日,兰馨在府内撞见皓祯与吟霜共处一室,两人私情暴露,兰馨接受崔嬷嬷的建议,向福晋索要吟霜于自己房中伺候,借机欺凌冷霜。一日,兰馨对吟霜动用私刑,皓祯忍无可忍,向全家正式宣布纳吟霜为妾,并意外发现吟霜已有身孕。

皇上得知皓祯与兰馨相处不睦,特宣皓祯觐见。皓祯慷慨陈词,皇上深受感动,未加责罚,规劝皓祯善待兰馨。后吟霜被污不洁,争执间逃脱摔倒,皓祯救扶,吟霜衣袖不慎被撕裂,梅花烙显现,恰被福晋见到,认出吟霜就是自己多年前遗弃的亲生女儿,后福晋再向吟霜打探生平过往,发誓保护女儿。

兰馨经崔嬷嬷劝导,明白与吟霜和睦相处方能缓解与皓祯的关系,于是亲自为吟霜送补品,以期和解,不料被皓祯误以为下毒暗害。兰馨羞愤之下喝下补品以证清白。

府内传言吟霜为当年皓祯狩猎放生的白狐,如今化身为人找皓祯报恩,兰馨便请法师来王府作法捉妖,吟霜再被施虐,备受羞辱。福晋率人救出吟霜,情急之下告知吟霜实身份,但吟霜为保护皓祯,始终拒绝与福晋相认。

皇上得知皓祯因为吟霜而与兰馨不睦,以及兰馨精神濒临崩溃的状况,龙颜大怒,下令吟霜削发为尼。福晋不忍看吟霜年华葬送,说破当年偷龙转凤的真相。王爷得知后,预备秘密护送皓祯与吟霜逃离。

皓祥得知偷龙转凤的真相,心有不甘,为免宣扬,王爷将皓祥软禁。翩翩悲愤之下向兰馨告密,以致皇上降罪整个王府,并下令处死皓祯。

吟霜赴法场见皓祯最后一面,相约午时钟响共赴黄泉。皓祯被行刑时,兰馨带圣旨前来法场,赦免皓祯死罪,吟霜却已在午时钟响时悬梁自尽。皓祯对尘世再无眷恋,携吟霜尸体远走山野。

2. 小说《梅花烙》与剧本《梅花烙》的内容差异

小说《梅花烙》的故事梗概除不含白胜龄夫妇溪边拾婴、白胜龄劝慰吟霜放弃皓祯、小寇子因皓祥告状被王爷责罚、兰馨听取崔嬷嬷劝告向吟霜求和而遭误解的情节外,与剧本《梅花烙》基本一致。

剧本《梅花烙》中的福晋倩柔及姐姐婉柔,在小说《梅花烙》中分别名为雪如、雪晴。

小说《梅花烙》在皇上赐婚至吟霜入府的情节安排上,顺序如下:皓祯在龙源楼打退多隆及手下后,常来听吟霜唱曲,并对吟霜渐渐萌发感情。之后,皇上便指婚兰馨公主予皓祯,阖府欢庆,王爷及福晋更觉荣光,皓祯得知后心系吟霜,闷闷不乐。在皓祯与吟霜私订终身并发现吟霜肩上的梅花烙之后,皓祯奉命与兰馨完婚。婚后皓祯屡次托辞,多日不肯与兰馨圆房,并在情急之下,将自己与吟霜之事告诉了福晋。福晋去小院见吟霜,原本打算用钱收买吟霜并劝吟霜离开皓祯,但吟霜用情至深,不惜以死明志。小寇子献计,假称吟霜为自己三婶婆的干女儿接入府中做丫鬟。福晋深受吟霜感动,接受了小寇子的计策,吟霜被接进王府做丫鬟,安排在福晋身边服侍。

在小说《梅花烙》中,偷龙转凤的真相公开后,是皓祥与翩翩共同进宫告密。

(二) 琼瑶女士起诉侵权行为的内容

1. 《宫锁连城》侵权部分的情节概括

该案中,琼瑶女士起诉侵权的内容是《宫锁连城》剧本及电视剧,法院应依照其主张的上述作品范围对该案进行审理。琼瑶女士所主张的剧本《宫锁连城》与电视剧《宫锁连城》侵权内容集中

于剧本及电视剧《宫锁连城》关于恒泰与连城之间身世、感情的情节,该部分情节概括如下:

> 清朝乾隆年间,富察将军府的福晋纳兰映月已经生了三个女儿,将军膝下无子,而此时更恰逢将军宠幸侍女如眉,并将已有身孕的如眉纳为侧福晋。福晋在府中的地位受到威胁。为了保住在府中的地位,福晋和贴身服侍的郭嬷嬷一起策划了"偷龙转凤"的计划,生产当夜映月生下女婴,即用买来的男孩换走了自己的女儿,新生的女婴当夜被郭嬷嬷遗弃在溪边。而女婴被遗弃之前,福晋发现女婴肩头有一个朱砂记。

> 迎芳阁的老鸨宋丽娘没有孩子,这一日带众姐妹在溪边排练歌舞,听闻婴儿啼哭,寻声拾得将军府弃婴,十分喜爱,收为女儿,取名连城,并发现连城肩上的朱砂记。

> 偷龙转凤所得的男孩为将军府长子,取名恒泰。长大后的恒泰智勇双全,投身军营,做了神机营的少将军,福晋也因为这个儿子得到了尊崇和荣光。福晋庆幸自己当年的选择,同时也对被抛弃的女儿心存惦念。另一边,连城则在青楼市井长大。如眉也为将军生下一个儿子,取名明轩。

> 一日,恒泰带人巡街,与连城意外相遇在闹市街道,连城谎称自己被哥嫂卖到妓院,恒泰欲出钱帮连城赎身,后得知自己上当。恒泰在街市再遇连城行骗解救被逼婚的新娘,后请连城假扮舞女,帮助捉拿大盗王胡子。

> 吏部侍郎佟阿贵之子佟家麟在迎芳阁调戏连城未果,欲教训连城,追至街市,被恒泰遇见,恒泰出手相救,打败佟家麟及一干手下,佟家麟和恒泰与连城都结下了

梁子。恒泰此后派人把守迎芳阁,并常来听连城唱歌,两人情愫暗生。

恒泰被朝廷派去剿匪,两人久未见面。明轩对自己的庶出身份一直心存怨念,妒忌恒泰。一日,明轩学武遭到佟家麟耻笑,并从佟家麟处听说恒泰保护连城与佟家麟大打出手并派人把守妓院之事,于是禀告给将军。将军震怒之间责骂恒泰的随从郭孝带坏恒泰,对其动用家法施以鞭责,恒泰与郭孝主仆情深,情急之下以身护仆,为郭孝挡下鞭责,映月央求之下,将军方才罢手。

不见恒泰的日子里,连城情绪低落。丽娘发现后,为连城安排相亲却被连城搅局,丽娘提醒连城与恒泰身份悬殊,劝连城放弃恒泰。

失去恒泰保护的连城再度陷入佟家麟的搅扰。一日,佟家麟率领一干部下再来迎芳阁,强抢连城,连城拒不相从,再度与佟家麟发生争执。丽娘为保护连城身受重伤,迎芳阁也在打斗中失火,而佟家麟则带人逃离了现场。丽娘伤情严重,虽经连城四处求医,最终仍不治身亡。孤单一人的连城则守着丽娘的尸体寄身破庙。

连城被佟家麟施计带进了佟府。恒泰得知后,带人硬闯佟府,痛打佟家麟,并将连城救出。连城记恨恒泰爽约多日未见,后经说明情况,得知恒泰打点了宋丽娘的丧事,与恒泰消除误会。后恒泰听得郭孝献计,将连城安置在郭孝远房姑妈闲置的宅院中,连城方得落脚之地。

恒泰前往小院来找连城,却未见人,情急之下四处奔走寻找,却寻人不着,再回小院等待。连城傍晚回到小院后被恒泰训斥,满腹委屈。后告知自己是去城里为恒泰赶制衣服。恒泰得知实情后,感动欢喜,两人当夜互诉衷肠,连城以身相许。次日,恒泰发现连城肩头的朱砂记。

宫中的醒黛公主到了婚配的年纪,恒泰被选定为额驸。恒泰获知自己已被皇上指婚醒黛公主,一心记挂连城。将军府因皇上指婚一事阖府欢庆,只有恒泰一人闷闷不乐。明轩则更是嫉妒大哥,在旁煽风点火。无奈之下,恒泰告知福晋心仪连城之事,福晋答应赴小院会见连城。

福晋和郭嬷嬷来到小院,明为会见,实为收买、劝说连城离开恒泰,哪知连城竟不为所动。两人回程途中说起连城,均认为连城恰似年轻时的福晋,而福晋也对连城为人深深认可。

福晋得知恒泰心系连城,有碍与醒黛的婚事,同意把连城接进将军府,谎称是郭嬷嬷的远亲,安排在福晋房里做丫鬟,恒泰终于与醒黛完婚。连城在将军府有意远离恒泰,仍被醒黛及李嬷嬷发觉两人似有微妙。

恒泰与醒黛大婚后,始终拒绝圆房。醒黛四处求教方法想获得恒泰青睐,均不奏效。李嬷嬷利用不同荷包凭香味找到真正与恒泰有染的女人,连城和恒泰的事情败露。醒黛知道后,气恼不堪,于是听从李嬷嬷献计,从福晋处将连城要来服侍自己,并且对连城百般折磨。

李嬷嬷被杀,连城遭嫁祸,被捉拿到顺天府择日处斩。恒泰破案后,飞马赶赴法场,救下了连城。

回到府中,恒泰宣布正式纳连城为妾室。皇上为了解决恒泰和醒黛的问题,特召恒泰入宫,却反被恒泰说服,未予责罚,并劝恒泰回府与醒黛好好过日子。醒黛满怀怨恨回到富察府,百般搅扰恒泰与连城的婚礼。

府中频发事端,醒黛针对连城谎称家里出了妖孽,于是请法师作法,指认连城狐妖附体,对连城百般羞辱。后为陷害连城,醒黛联合福晋将连城与江逸尘关在寺庙房间,正当连城百口莫辩的紧要关头,争执中连城衣袖被撕破,福晋看到连城肩上的朱砂记,认出连城就是自己的亲生女儿。回程路上,福晋与连城谈心,了解连城的成长过往。回府后,福晋更是与郭嬷嬷合计认定女儿之事,决计保护连城。

皇后派秦湘姑姑陪伴公主。经秦湘助解,醒黛终想通了夫妻共处之道,明白只有与连城修好才能挽回恒泰,于是准备点心意图向连城求和,却遭遇映月怀疑下毒。醒黛羞愤之下自吃点心以示明清白。

后来恒泰从映月口中得知偷龙转凤的全部真相。偷听到真相的富察将军并未责怪福晋,反而告知福晋,自己已经在栖霞峰埋下了炸药,预备将江逸尘和连城一并炸死,以使富察府归于平静。福晋情急之下说明连城就是自己与将军的亲生女儿,富察将军方寸大乱,恒泰则火速赶往营救连城。屋外,明轩与如眉一直在偷听,得知偷龙转凤的真相,将偷龙转凤之事密告给醒黛。

2. 情节及情节串联方面,琼瑶女士主张的涉及侵权的21个情节

"偷龙转凤""女婴被拾,收为女儿""少年展英姿""英雄救美终相识,清歌伴少年""次子告状,亲信遭殃""弃女失神,养亲劝慰""恶霸强抢,养亲身亡,弃女破庙容身""少年相助,代女葬亲,弃女小院容身""钟情馈赠,私订终身,初见印痕""福晋小院会弃女,发觉弃

女像福晋""弃女入府,安置福晋身边""皇上赐婚,多日不圆房""公主发现私情,折磨弃女""纳妾""面圣陈情""道士作法捉妖""福晋初见印痕""福晋询问弃女过往,誓要保护女儿""公主求和遭误解""凤还巢""告密"。

3. 人物设置及人物关系方面,琼瑶女士主张的涉及侵权的内容

人物方面涉及剧本及电视剧《宫锁连城》中的:**富察翁哈岱将军**(府中地位最高的家长,偷龙转凤的压力来源,偷龙转凤前没有儿子且宠爱丫鬟如眉,多年来以恒泰为骄傲,得知恒泰打架救连城时鞭打郭孝……),**福晋纳兰映月**(府中地位最高的女主人,连生三女,怀孕后遭受侧福晋地位威胁,偷龙转凤保护自己在府中的地位,得知恒泰与连城之间的恋情后赴小院见连城,后安排连城入府,目击连城朱砂记而认出女儿……),**侧福晋如眉**(府中丫鬟、蒙受宠爱后被将军收为侧室,后为将军生下次子明轩,得知偷龙转凤的真相后,与明轩一同向公主告密……),**连城**(福晋的亲生女儿,生产当夜因偷龙转凤被遗弃,后被其养母拾得,在迎芳阁市井长大,并与恒泰相恋,后以丫鬟身份入府,与恒泰感情暴露后遭受醒黛公主折磨,后被恒泰纳为妾室,被诬陷为狐妖附体……),**富察恒泰**(偷龙转凤换得的男孩儿,在将军府长大,与连城相爱,替连城葬母,将连城安置在侍从郭孝远房姑妈院落居住,又被指婚配黛公主……),**明轩**(侧福普如眉之子,嫉妒大哥,在将军面前陷害恒泰,得知偷龙转凤的秘密后向公主告发……),**醒黛公主**(深受皇上宠爱的公主,后被皇上指婚恒泰,并深爱恒泰,得知恒泰与连城的恋情后折磨连城,后试图与连城和好却被误解,诬陷连城是狐妖附体而请法师作法驱妖……),**李嬷嬷**(从小带醒黛长大,随醒黛入将军府,为醒黛不平,出主意陷害连城……),**郭孝**(恒泰贴身侍从,为恒泰受将军鞭刑,替恒泰出

主意安置连城……),郭嬷嬷(映月贴身嬷嬷,偷龙转凤计划的知情者,陪伴映月会见连城,发觉连城恰似年轻时的映月……),宋丽娘(连城养母,妓院老鸨,溪边拾得连城后养大成人,为保护连城被佟家麟及手下打成重伤而死……),佟家麟(吏部侍郎之子,纨绔子弟,在迎芳阁调戏连城不成,追至街市遭恒泰痛打,后再抢连城,打伤宋丽娘致死……)。

二、一案与数案的关系——剧本与电视剧的关系

"琼瑶诉于正案"中,实际涉及剧本《宫锁连城》是否侵犯小说《梅花烙》的改编权,剧本《宫锁连城》是否侵犯剧本《梅花烙》的改编权,电视剧《宫锁连城》是否侵犯小说《梅花烙》的摄制权,电视剧《宫锁连城》是否侵犯剧本《梅花烙》的摄制权等诸多问题,直接涉及原、被告的四部作品。琼瑶女士所著小说《梅花烙》、剧本《梅花烙》虽是两个独立作品,但基于同一作者及著作权人关系、创作演绎关系,两作品的创作内容具有极强的一致性,小说相对于剧本的独创部分主要体现在具体表达形式的变化。从内容上来说,这种高度一致性在两作品之间存在一定的同一性,不宜以琼瑶女士的作品数量为基础作分案处理。

被告方曾在管辖权异议程序中主张该案不属于必要共同诉讼,《宫锁连城》剧本著作权属于于正先生,《宫锁连城》电视剧著作权属于湖南经视公司、东阳欢娱公司及东阳星瑞公司,原告琼瑶女士应分别起诉。因此,该案需要认定一案与数案的关系,也即诉的合并的相关问题。

(一)《民事诉讼法》及其司法解释的相关规定

根据《中华人民共和国民事诉讼法》(以下简称《民事诉讼

法》)第 53 条、第 56 条和第 126 条的相关规定,合并审理的情形主要发生在以下情况:

《民事诉讼法》第 52 条规定:"当事人一方或者双方为二人以上,其诉讼标的是共同的,或者诉讼标的是同一种类,人民法院认为可以合并审理并经当事人同意的,为共同诉讼。"该条是关于共同诉讼的规定。共同诉讼分为两种:一种是必要的共同诉讼,是指当事人一方或双方为二人以上,诉讼标的是共同的,人民法院必须合并审理的诉讼。必要的共同诉讼的特点在于共同诉讼的一方当事人对诉讼标的有不可分的共同的权利义务。另一种是普通共同诉讼,又称一般共同诉讼,是指当事人一方或双方为二人以上,诉讼标的是同一种类的,人民法院认为可以合并审理并经当事人同意的诉讼。普通的共同诉讼的特点在于共同诉讼的一方当事人对诉讼标的没有共同的权利义务,是一种可分之诉,只是因为他们的诉讼标的属于同一种类,人民法院为审理方便,才将他们作为共同诉讼审理。

(二) 民事诉讼理论中的相关内容

1. "诉的合并"的定义

我国民事诉讼法中并没有明确的"诉的合并"的概念,但在法律中作出了有关"诉的合并"的如上内容。在司法实践中,人民法院也经常进行诉的合并,其目的在于既能减轻当事人和人民法院不必要的讼累,从而节省人力、物力、财力,又能防止法院在处理有关联的问题中作出相互矛盾的裁判,从而保证法院裁判的正确性和统一性。

所谓诉的合并,是指人民法院将两个以上有关联的诉合并到一个诉讼程序中审理和解决。考量诉的独立与否,应当基于三方面的要件:诉讼标的是否不同一,即被诉的实体法律关系是否不是同一个法律关系;诉讼请求是否不同一,即存在于诉之中的具体诉讼请求是否具有本质性的不同;当事人是否不同一,即作为诉的主体的当事人的一方或双方是否不同一或者诉讼地位是否互换。当两个诉符合这三方面要件中任何之一时,即表明这两个诉不是同一个诉,而是两个独立的诉。

诉的合并不同于诉讼请求的合并:首先,诉讼请求的合并所合并审理的几项诉讼请求均源于同一诉讼标的,诉的合并所合并审理的诉讼请求则源于不同的诉讼标的或者是由不同的当事人提出的。其次,诉讼请求的合并所合并审理的几项诉讼请求由于系同一诉讼标的所生,因而被合并审理的几项诉讼请求属于同一民事案件,诉的合并所合并审理的诉讼请求由于源于不同的诉讼标的或由不同的当事人提出,因而属于不同的民事案件。

诉就是一种审判请求,基于每个独立的诉讼标的而提出的审判请求,原则上都具有引起一个独立诉讼程序的功能,从这个意义上讲,每个独立的诉都构成一个独立的案件,因此,诉的合并其实质就是对不同案件的合并。对于一个独立的诉而言,可以只有一项具体的诉讼请求,也可以有几项具体的诉讼请求。即便一个诉之中存在几项具体的诉讼请求,但鉴于它们源于同一诉讼标的,因而只能引起一个独立的诉讼程序,法院将其一并审理和解决应是必然的诉讼规律,这种情况下应为诉讼请求的合并。①

2. 诉的合并的积极意义

(1)诉的合并制度具有提高民事诉讼效率的作用

提高司法效率,以便减少当事人诉累。提高司法效率,具体是

---

① 参见张晋红:《诉的合并有关问题的思考》,载《广东商学院学报》2002年第4期。

指司法活动主体在进行诉讼活动时的投入与产出之比,就是通过司法过程的经济合理性寻找最佳的方式,以最少的人力、物力和财力,在最短的时间内最大限度地满足人们对正义、自由和秩序等的需求,实现司法的目的。影响司法效率的要素主要有两个:一是司法成本的投入,即司法资源的投入。二是司法效益的产出。司法资源投入的产出或者说收益是司法公正。如何减少司法成本的投入,从而提高司法效率一直是近年来我国改革的重点,如对庭审程序的改革、对法庭审理的改革、对简易程序的改革等。但对在投入恒定的前提下如何增加司法效益的产出,却重视不够,而诉的合并制度正属于这一范畴。所谓诉的合并制度,就是将本来两个或两个以上原本分开的却有关联的诉,在一个审理程序中合并审理,将这些关联问题通过一个法律程序一并解决,从而减少案件当事人的诉累,使当事人不必分别就每个诉都历经一个完整的诉讼程序。②

(2)诉的合并制度有利于全面审查事实,统一裁判标准

将两个或两个以上有关联的诉合并在一起审理,不仅能提高司法效率,还能减少诉讼的错误,对提高司法公信力亦有积极意义。有关联的诉,在事实上必然有重合的地方,如果将其分开审理,不同的法院,不同的法官,对相同的事实,可能得出不同的结论,针对事实在适用法律问题上也可能出现分歧,最终可能出现相互矛盾的判决。如果将诉合并,放在一起由同一个法院,同一个法官审理,就可以全面审查案件事实,避免了对相同事实可能因为审理的角度不同而得出不同结论的情形。而后审判人员在全面了解事实的基础上,自然就会在适用法律问题上结合全案的全部事实

---

② 参见李玮恒:《诉之合并对审判实践的积极意义——兼评最高人民法院〈关于审理交通事故损害赔偿案件司法解释〉(征求意见稿)第一条》,载《辽宁公安司法管理干部学院学报》2012年第3期。

进行考量,从而也就避免了分开审理可能出现的错误。③

(三) 司法实务的做法及理由

最高法院在(2014)民一终字第 11 号判决书中认为,《民事诉讼法》第 52 条第 1 款规定:"当事人一方或者双方为二人以上,其诉讼标的是共同的,或者诉讼标的是同一种类、人民法院认为可以合并审理并经当事人同意的,为共同诉讼。"

诉讼标的共同是指共同诉讼人对争议的实体法律关系有共同的权利义务,这种权利义务所具有共同性和不可分性决定了所有权利人、义务人必须一同起诉、应诉,共同参加诉讼,由此,导致诉讼主体必须合并,这种共同诉讼是必要共同诉讼。

诉讼标的同一种类是指共同诉讼人与对方当事人之间争议的法律关系属于同一种类型,即法律关系性质相同,人民法院可以按照诉讼标的作为独立之诉审理,也可以经审查在符合法定条件的情况下,将同一种类的几个诉讼标的合并在一个诉讼程序中审理。这种共同诉讼实际上既存在诉讼主体的合并也存在诉讼客体的合并,是普通共同诉讼。

对于普通共同诉讼,受诉法院在决定合并审理前需要考量该院对各独立之诉是否享有管辖权及要合并的案件是否属于同一诉讼程序,需要征得本无共同权利义务的当事人同意才能合并审理。

对于不同法律关系构成相互独立的诉讼标的,当事人之间没有不可分的共同权利义务关系,当事人亦不同意合并审理的,不宜合并审理。

---

③ 参见李玮恒:《诉之合并对审判实践的积极意义——兼评最高人民法院〈关于审理交通事故损害赔偿案件司法解释〉(征求意见稿)第一条》,载《辽宁公安司法管理干部学院学报》2012 年第 3 期。

案件诉争多位当事人之间存在多个法律关系,且法律关系基于相互独立的法律事实而形成,并非同一诉讼标的,也非同一种类的诉讼标的,当事人也反对法院合并审理的,法院合并审理于法无据。

对于诉讼标的为同一种类,原告将多个主体列为共同被告提起诉讼,各被告应诉后亦未对此提出异议,应认定其同意进行合并审理。

基于同一事实发生的纠纷,当事人以不同的诉讼请求向人民法院起诉的,原告可以在起诉时申请人民法院合并审理,以利于诉讼经济、避免矛盾判决。

三、管辖权

我国各级法院之间和同级法院之间在受理第一审民事案件时有着不同的分工和权限。因此,当事人选择通过诉讼处理纠纷后,首先应当明确的是应该到哪一地区的哪一级别法院起诉,法院受理案件后,也应当明确本院是否具有管辖权。

(一) 改革前级别管辖的规定

我国基层、中级、高级和最高四个层级组成的3 000多个法院中,确定某一民商事案件具体由哪个法院受理及审理,首先需要考虑该案件应由哪个层级的法院管辖,即"级别管辖"。管辖是2012年《民事诉讼法》修改的重点内容,主要体现在限制了管辖权转移、强化了协议管辖等。管辖权转移是指上下级人民法院之间相互转移管辖权的行为,其实质是对级别管辖的一种变通性规定。

《民事诉讼法》第17条规定:"基层人民法院管辖第一审民事案

件,另有规定的除外。"第 18 条规定:"中级人民法院管辖下列第一审民事案件:(一)重大涉外案件;(二)在本辖区有重大影响的案件;(三)最高人民法院确定由中级人民法院管辖的案件。"第 19 条规定:"高级人民法院管辖在本辖区有重大影响的第一审民事案件。"

通常除了案件标的金额这个因素外,基层与中级人民法院直接划分级别管辖的标准还包括案件类型。20 世纪 80 年代曾规定所有的涉外民事案件均由中级以上法院管辖。随着处理涉外民商事案件经验的成熟,最高人民法院出台司法解释,在基层和中级人民法院之间重新划分对涉外民事案件的管辖。目前,一般涉外案件由基层人民法院管辖,标的金额高,案情复杂,一方当事人人数众多等重大涉外案件由中级人民法院管辖。最高人民法院根据《民事诉讼法》第 18 条的规定,通过司法解释等文件确定由中级人民法院管辖的其他主要案件类型包括:专利纠纷案件、著作权纠纷案件、证券虚假陈述民事赔偿案件、驰名商标认定案件等。

"琼瑶诉于正案"涉及的被告共五方,分别处于不同省市。《民事诉讼法》第 21 条规定,"对法人或者其他组织提起的民事诉讼,由被告住所地人民法院管辖。同一诉讼的几个被告住所地、经常居住地在两个以上人民法院辖区的,各该人民法院都享有管辖权"。该案是涉台知识产权案件,一审应由中级人民法院审理。被告万达公司住所地位于北京市朝阳区,因此北京市第三中级人民法院对案件具有管辖权。

(二) 管辖权异议的理由

管辖权异议指人民法院受理案件后,当事人依法提出该人民法院对本案无管辖权的主张和意见。《民事诉讼法》第 127 条第 1 款规定:"人民法院受理案件后,当事人对管辖权有异议的,应当在提交答辩状期间提出。人民法院对当事人提出的异议,应当审查。异议成立的,裁定将案件移送有管辖权的人民法院;异议不成立的,裁定驳回。"

"琼瑶诉于正案"一审被告湖南经视公司曾向一审法院提出管辖权异议申请,请求将该案移送至湖南省长沙市中级人民法院审理。湖南经视公司的申请理由是:①被告于正先生的户籍所在地及经常居住地均非北京市第三中级人民法院所辖区域,其户籍所在地为浙江省海宁市,且琼瑶女士未提供被告于正先生经常居住地及居住时间起算点的证据材料,没有证据表明被告于正先生在北京市朝阳区已连续居住满一年。②被告万达公司未参与过剧本创作和摄制,不是电视剧《宫锁连城》及其剧本的著作权人,不是该案的适格被告,其住所地不应成为北京市第三中级人民法院取得管辖权的依据。③被告湖南经视公司的住所地为湖南省长沙市,东阳欢娱公司和东阳星瑞公司的住所地为浙江省东阳市,均不属于北京市第三中级人民法院管辖区域。④该案所涉争议的侵权行为地不在北京市第三中级人民法院管辖区域,也没有证据表明相关剧本的创作和摄制是在北京,因此北京市第三中级人民法院管辖区域不是被控侵权行为的实施地和结果发生地。故该案应当由被告湖南经视公司的住所地湖南省长沙市中级人民法院审理。

被告于正先生请求将该案移送至浙江省嘉兴市中级人民法院审理。其理由是:①该案不属于必要共同诉讼,原告琼瑶女士应分别起诉。《宫锁连城》剧本著作权属于被告于正先生,《宫锁连城》电视剧著作权属于被告湖南经视公司、东阳欢娱公司及东阳星瑞公司。琼瑶女士应分别以两诉起诉各自的被告确定管辖法院。②被告于正先生的住所地不在北京,北京市第三中级人民法院依法不享有管辖权。③被告湖南经视公司、东阳欢娱公司及东阳星瑞公司是《宫锁连城》电视剧的著作权人,其住所地均不在北京;被告万达公司不是《宫锁连城》电视剧的著作权人,不应以万达公司的住所地确定管辖法院,北京市第三中级人民法院不享有管辖权。被告湖南经视公司住所地湖南省长沙市中级人民法院对涉及电视剧《宫锁连城》著作权纠纷的部分有管辖权。故该案应由浙江省嘉兴市中级人民法院审理。

被告东阳欢娱公司请求将该案移送至湖南省长沙市中级人民法院审理,其理由参照被告于正先生管辖异议的申请理由。

被告东阳星瑞公司请求将该案移送至浙江省金华市中级人民法院审理,其理由是:①琼瑶女士应针对剧本及电视剧分别提起诉讼,《宫锁连城》剧本与《宫锁连城》电视剧系不同作品,且剧本创作行为与电视剧摄制、发行行为不属于所谓的共同侵权行为。②就《宫锁连城》电视剧而言,北京市第三中级人民法院对本案不具有管辖权。电视剧由被告湖南经视公司、东阳欢娱公司及东阳星瑞公司三家出资、共同完成摄制,并作为电视剧的著作权人共同发行电视剧,而上述三家公司的住所地均不在北京。被告万达公司既不是电视剧的摄制方,也不是电视剧著作权人,琼瑶女士以被告万达公司的住所地确定管辖法院于法无据。此外,电视剧的摄制地和发行地也不在北京。因此,北京市第三中级人民法院不是被告住所地法院和侵权行为实施地法院。被告东阳星瑞公司住所地浙江省金华市中级人民法院对该案有管辖权,故该案应由浙江省金华市中级人民法院审理。

(三) 适格被告与管辖权确定的逻辑关系

1. "琼瑶诉于正案"的适格被告

于正先生、湖南经视公司、东阳欢娱公司、万达公司、东阳星瑞公司共同作为"琼瑶诉于正案"的被告具有合理性。

(1)于正先生为《宫锁连城》剧本著作权人

一审被告于正先生在《宫锁连城》电视剧中以其笔名署名"编剧于正";于正先生于该案一审阶段经琼瑶女士申请后提交的《宫锁连城》剧本所附《作品登记证书》上也有记载:"著作权人:余征。"据此,于正先生确系《宫锁连城》剧本的著作权人。

(2)湖南经视公司、东阳欢娱公司、万达影视公司、东阳星瑞公司为《宫锁连城》电视剧制片者

根据《著作权法》第15条的规定,电影作品和以类似摄制电影的方法创作的作品的著作权由制片者享有。该案一审被告湖南经视公司、东阳欢娱公司、万达公司、东阳星瑞公司为《宫锁连城》电视剧署名出品公司,即该剧制片者。被告万达公司虽在一审诉讼过程中向法院及一审原告琼瑶女士出具《联合投资摄制电视剧协议书》,证明其仅仅是《宫锁连城》电视剧的投资人,不享有该剧版权,但该合同正本及复印件内容大部分内容被遮盖,并不能有效查实其就电视剧《宫锁连城》的完整权利义务关系。此外,该合同系被告万达公司与该案被告东阳欢娱公司之间的内部约定。被告万达公司于该剧署名"出品公司",即具有关于万达公司作为该剧制片者对外承担责任的公示效力,其与东阳欢娱之间的内部约定仅在双方之间形成效力,不能作为对抗该公示效果的依据并要求除合同双方以外的第三人遵照认知。如在案件审理中,支持被告万达公司的上述抗辩理由而将万达公司排除在电视剧《宫锁连城》之外,则将导致后续同类型争议的被告方相继以此为参照,进而摆脱法律追究,署名安排的公示效力将不复存在,争议他方将无法就侵权电视剧找到合适的责任主体,影视行业市场的规范化操作也将被整体打乱。

更为重要的是,在被告万达公司出具的《联合投资摄制电视剧协议书》可见内容部分,"鉴于"条款第 2 款明确约定"甲乙双方在公平、平等、自愿基础上,经友好协商,就联合投资摄制电视剧的有关事宜签订本协议",该表述已经明确被告万达公司是电视剧《宫锁连城》联合投资摄制单位。另外,该合同第 4 条显示被告万达公司"在电视剧中作为出品方之一署名,除该署名权和第三条第 1 项所述优先收回投资和获取收益的权利外,乙方对电视剧不享有其他著作权"。该条款明确显示,被告万达公司作为电视剧《宫锁连城》的联合投资摄制单位及出品方,享有就该剧署名及收益的权利,万达公司与东阳欢娱公司两被告之间的约定仅仅是就双方共享的电视剧《宫锁连城》著作权进行了进一步分配,分配的基础是"共享",分配的结果是明确双方如何"共享"。被告万达公司作为电视剧《宫锁连城》制片者的地位不容置疑。

(3)于正先生、湖南经视公司、东阳欢娱公司、万达公司、东阳星瑞公司共同完成了《宫锁连城》剧本的创作及《宫锁连城》电视剧的制作

《著作权法》第 15 条关于剧本用了这样表述"电影作品和以类似摄制电影的方法创作的作品中的剧本"。从该表述上来看,著作权法认可剧本是"电影作品和以类似摄制电影的方法创作的作品中的"一个具有可独立作品性的产物,剧本的产生事实上是"电影作品和以类似摄制电影的方法创作的作品"创作的过程性产物。剧本创作的根本动因,是"电影作品和以类似摄制电影的方法创作的作品"的创作需求;剧本创作的目的,是为了"电影作品和以类似摄制电影的方法创作的作品"的摄制;剧本创作的实际执行,是开发"电影作品和以类似摄制电影的方法创作的作品"的重要阶段。

从剧本创作与电视剧摄制的关系上来看,剧本创作属于电视

剧制作的一项重要前期筹备工作,是电视剧制作的一个前期必备环节,剧本创作经费通常由电视剧制作成本支出,剧本创作的文稿也需要制片者审定、修改直至定稿。电视剧制片者实际深度参与剧本的创作活动,编剧也以其剧本创作实际深度参与电视剧的摄制工作。

该案中,一方面,被告湖南经视公司、东阳欢娱公司、万达公司、东阳星瑞公司作为《宫锁连城》电视剧的制作者,在这个意义上已经深入剧本创作的实际工作,各方之间对剧本内容有启动的合意、创作合意、确定内容的合意,并以支付剧本酬金等方式为剧本创作提供资金帮助。另一方面,剧本《宫锁连城》创作的目的是为了用于电视剧《宫锁连城》的拍摄,于正先生基于创作剧本并以其剧本为依据拍摄电视剧的目的,打造电视剧《宫锁连城》剧本。剧本《宫锁连城》的创作和电视剧《宫锁连城》的拍摄是于正先生与湖南经视公司、东阳欢娱公司、万达公司、东阳星瑞公司共同完成的。

制片者与编剧就剧本创作的合作方式通常包括:制片者受让获得剧本权利,或者制片者委托编剧创作剧本两种情况,而无论剧本以何种方式产生,前述剧本创作与电视剧制作的内在关系均不受影响。该案中,特别需要注意的是:湖南经视公司曾于一审期间向法院及琼瑶女士出示一份《授权声明书》,该声明书是于正先生于2012年6月5日向其出具的,其中提及"根据贵我双方剧本购买合同约定,本人同意将该作品的电视剧摄制权独占性的授权给贵公司"。此外,被告于正先生、湖南经视公司、东阳欢娱公司、东阳星瑞公司曾于一审期间出示证据3《余征于2012年5月30日完成的〈宫锁连城〉故事梗概》、证据4《国家广播电影电视总局关于〈宫锁连城〉的电视剧拍摄制作备案公示表》、证据5《国家广播电影电视总局备案的〈宫锁连城〉故事梗概》。

经一审原告琼瑶女士比较,四被告出示的该3项证据显示,2012年6月,被告湖南经视公司获得于正先生《授权声明书》之后向国家广播电影电视总局主管部门备案之时所用的电视剧《宫锁连城》的故事梗概(包括人物设置、人物关系、故事情节等)与最终形成的《宫锁连城》剧本完全不一致,换言之,在被告于正先生向被告湖南经视公司授权之前,根本不存在电视剧《宫锁连城》据以拍摄的剧本,真正的《宫锁连城》剧本形成于被告于正先生向被告湖南经视公司授权之后。而据《授权声明书》看来,被告于正先生与被告湖南经视公司之间形成剧本合同的时间早于上述《授权声明书》的时间。因此,事实上一审被告于正先生是在与被告湖南经视公司签署了剧本合同及《授权声明书》后,才开始《宫锁连城》电视剧的实际剧本创作活动,被告于正先生与被告湖南经视公司之间,显然不属于编剧先创作完成剧本,之后由制片者向其购买剧本的情形。虽然被告于正先生在其《授权声明书》中称剧本合同为"剧本购买合同",但此处的称谓并不代表合同的真实名称,更不代表合同的真实内容或合同性质。一审原告琼瑶女士虽于一审期间多次要求被告方出示剧本合同,但被告方始终拒不提供,因此也无法最终核实双方合作中的具体工作分配。但不可否认的是,以被告湖南经视公司为代表的制作者并非如其所称的,向被告于正先生购买了已经创作完成的剧本而与剧本创作全无关联。

2. 管辖权异议

管理权异议系指人民法院受理案件后,当事人依法提出该人民法院对本案无管辖权的主张和意见。《民事诉讼法》第127条第1款规定:"人民法院受理案件后,当事人对管辖权有异议的,应当在提交答辩状期间提出。人民法院对当事人提出的异议,应当审查。异议成立的,裁定将案件移送有管辖权的人民法院;异议不成立的,裁定驳回。"根据该规定,人民法院裁定驳回管辖权异议的前提是当事人所提异议属于管辖权异议。如果异议内容本身不属于管辖权异议,则不符合该条文规定的裁定驳回的条件。以被告不适格为由提出管辖权异议的,是对其自身是否为适格被告的异议,万达公司是否为该案适格被告,需要进入实体审判,进一步审理后作出判断,在管辖异议阶段不应对此进行判断。在民事诉讼案件中,当事人对管辖异议权的行使日益增多,以"主体不适格"等不属于管辖权异议的理由提出的管辖权异议亦多有发生。当事人滥用管辖权异议,以期拖延结案时间而提出无理的管辖权异议的现象日益严重。这不仅使管辖权异议制度偏离了设计初衷,违背了民事诉讼的效率原则,也造成了司法资源的浪费。

3. 管辖的依据

《民事诉讼法》第 21 条规定:"对公民提起的民事诉讼,由被告住所地人民法院管辖;被告住所地与经常居住地不一致的,由经常居住地人民法院管辖。对法人或者其他组织提起的民事诉讼,由被告住所地人民法院管辖。同一诉讼的几个被告住所地、经常居住地在两个以上人民法院辖区的,各该人民法院都有管辖权。"同时第 28 条规定:"因侵权提起的诉讼,由侵权行为地或者被告住所地人民法院管辖。"

"琼瑶诉于正案"中,被告万达公司作为电视剧《宫锁连城》的出品单位之一,在电视剧《宫锁连城》的字幕署名具有对外公示效力,至于万达公司与其他各被告之间的实际合作关系、权利义务安排,均应为其各方内部约定,不应对抗上述公示效果,也不应对抗其基于电视剧出品单位身份需要对外承担的法律责任。因此,在该案中,万达公司应属此案适格被告,结合前述法律规定,法院最终裁定驳回各被告对该案管辖权提出的异议。

我国法律对于管辖的确定原则进行了明文规定,有着地域和级别的双重限制。

地域管辖,是指确定同级人民法院之间,在各自的辖区内受理第一审民事案件的分工和权限,它是以人民法院的辖区和案件的隶属关系为标准来确定案件的一审管辖的,故又称为土地管辖或区域管辖。根据我国民事诉讼法的规定,地域管辖又可分为一般地域管辖、特殊地域管辖和专属管辖。一般地域管辖,是指根据当事人所在地来确定案件的管辖法院,确立了"原告就被告"的原则,并规定了该原则的例外。特殊地域管辖,是指根据诉讼标的所在地或者引起诉讼法律关系发生、变更、消灭的法律事实所在地确定案件的管辖法院。专属管辖,是指根据某些案件的特殊性,法律规定它们只能由特定人民法院管辖,其他人民法院无权管辖。

就级别管辖而言,我国确定级别管辖基本上采用了三个标准,即从案件的性质、繁简程度和影响范围来确定级别管辖,从而划定上下级法院之间受理一审案件的权限范围。

因此,级别管辖是从纵向来确定各级人民法院对案件的管辖权限,它所解决的是案件由哪一级人民法院作为第一审法院的问题;而地域管辖则是从横向来确定同级人民法院作为第一审法院的问题。

从地域管辖上看,根据法律规定,著作权纠纷案件由侵权行为的实施地、侵权复制品储藏地或者查封扣押地、被告住所地人民法院管辖。对涉及不同侵权行为实施地的多个被告提起的共同诉讼,原告可以选择其中一个被告的侵权行为实施地人民法院管辖;仅对其中某一被告提起的诉讼,该被告侵权行为实施地的人民法院有管辖权。

从级别管辖上看,根据最高人民法院《关于审理著作权民事纠纷案件适用法律若干问题的解释》第2条的规定,著作权民事纠纷案件由中级以上人民法院管辖,各高级人民法院根据本辖区的实际情况,可以确定若干基层人民法院管辖第一审著作权民事纠纷案件。

2010年1月28日,最高人民法院发出通知调整地方各级人民法院管辖第一审知识产权民事案件标准。根据该通知,高级人民法院实行统一的管辖标准,即管辖诉讼标的额在2亿元以上的第一审知识产权民事案件,以及诉讼标的额在1亿元以上且当事人一方住所地不在其辖区或者涉外、涉港澳台的第一审知识产权民事案件;原则上具有知识产权案件管辖权的基层人民法院可以管辖诉讼标的额在500万元以下的第一审一般知识产权民事案件,以及诉讼标的额在500万元以上1 000万元以下且当事人住所地均在其所属高级或中级人民法院辖区的第一审一般知识产权民事案件,但具体标准由有关高级人民法院自行确定并报最高人民法院批准;中级人民法院管辖应由高级、基层人民法院管辖以外的第一审一般知识产权民事案件。

四、相关程序问题

(一) 专家辅助人的引入

2002年最高人民法院《关于民事诉讼证据的若干规定》第一次提出了"专家辅助人"概念,其中第61条规定:"当事人可以向法院申请由一至二名具有专门知识的人员出庭就案件的专门性问题进行说明。人民法院准许其申请的,有关费用由提出申请的当事人负担。审判人员和当事人可以对出庭的具有专门知识的人员进行询问。经人民法院准许,可以由当事人各自聘请的具有专门知识的人员就案件中的问题进行对质。具有专门知识的人员可以对鉴定人进行询问。"

2007年1月最高人民法院《关于全面加强知识产权审判工作为建设创新型国家提供司法保障的意见》中提出"注重发挥人民陪审员、专家咨询、专家证人、技术鉴定人员在解决知识产权审判的专业技术和事实认定难题中的作用……"

2009年12月23日,最高人民法院公布《对网民意见建议的答复情况》中第17点"关于知识产权审判中的技术和事实认定"也作出了进一步的解释,并根据知识产权案件的需求,将广义的"专家"分作四类:第一类是对专门性问题进行鉴别、分析、判断,并给出鉴定意见的鉴定人;第二类是受当事人聘请而出庭,并负责对案件中涉及的专门性问题进行说明的专家辅助人;第三类是向法官提供专家咨询的技术顾问;第四类是同时具有专业知识优势和一定法律知识的专家陪审员。

2012年修订的《民事诉讼法》正式确立了专家辅助人制度,将司法解释中的规定上升至法律。《民事诉讼法》第79条规定:"当事人可以申请人民法院通知有专门知识的人出庭,就鉴定人作出的鉴定意见或者专业问题提出意见。"

随着科学技术的发展,以及各个行业的专业化,在面对一些专门性和技术性问题时,具有普通认知水平的诉讼参与人与专门机关的办案人员都无法独自解决这些问题。就这些专门性问题进行鉴定并出具鉴定意见的鉴定制度便诞生了。而在我国就民事诉讼而言,现行鉴定制度具有两大特点:一是,是否启动鉴定最终由法院决定。二是,国家对司法鉴定结构和鉴定人实行登记管理制度,但真正能由鉴定来解决的专门性问题,仅局限于"法医类""物证类""声像资料类"。在司法实践中就出现了可能因为其他专门性问题无法鉴定而影响定案的情形。因此,在鉴定申请被驳回,或者无法用现行法律框架下的鉴定机构、鉴定人来解决专门性问题的诉讼当事人可以申请法院通知专家辅助人出庭,就涉案专门性问题进行阐释说明,出具专家意见,履行己方举证责任。

专家辅助人制度设立是对审判权的制约。尽管我国的鉴定制度强调鉴定人在专业问题上的中立,而且关于鉴定程序的启动也以当事人申请为主、法院启动为补充,但为了防止法官对鉴定人的过分依赖或是鉴定人过度介入诉讼而成为实际的事实审理者,专家辅助人制度的建立有利于法官综合各方面的因素对诉讼中的专业问题作出更客观的判断。同时,专家辅助人制度也是对诉权的保障。诉权的根本特性是平等性,诉讼权利平等原则是民事诉讼的基本原则。专家辅助人是赋予当事人在专门性问题上的武器,不仅一方可以申请,双方当事人都可以各自申请。④ 专家辅助人的具体价值主要体现在如下四个方面:

1. 弥补现行鉴定制度的不足,保障当事人履行举证责任

如上所述,国家对从事司法鉴定业务的鉴定机构和鉴定人实行登记管理制度,即鉴定机构只有经过相关的行政管理部门审查,获得批准后才能开展鉴定业务,鉴定人只有经过资质审核才拥有对专门性问题的鉴定权。随着社会分工的精细化,相关技术、理论等的复杂化、多样化,以及这些复杂、多样的技术、理论、知识、经验在诉讼中衍生出的专门性问题的多态化,导致这种"事前许可"式的鉴定管理制度难以将所有可能需要鉴定的鉴定事项囊括其中。⑤

---

④ 参见洪冬英:《以审判为中心制度下的专家辅助人制度研究——以民事诉讼为视角》,载《中国司法鉴定》2015年第6期。
⑤ 参见李学军、朱梦妮:《专家辅助人制度研析》,载《法学家》2015年第1期。

2. 发挥质证的实质功效

如何避免证据被任意采纳为定案根据，如何为证据转化为定案根据设定必要的条件，属于证据法所要解决的头号问题。如果从动态的角度考虑，质证就是解决这一问题的最佳答案。根据我国诉讼法和相关司法解释的规定，质证是诉讼证明的基本环节，是各种证据转化为定案根据的必经程序。而具体到诉讼中的专门性问题，无论是鉴定人根据科学原理、采用科学方法、借助科学仪器设备进行检验鉴定后得出的鉴定意见，还是其他专业人士通过经验判断、推理论证以分析报告和业务说明等形式给出的书证或其他证据，都不过是具有专门知识的专家对涉案的专门性问题的一种主观看法、评判或推断，绝非必然正确、毋庸置疑的唯一定论。所以，本质为专家意见而具体表现载体为鉴定意见及分析报告、检测报告等其他专家意见的这些证据，并不能跳过质证步骤而理所当然地具有证明效力。它们不过是普通证据，对其证明价值的肯定和利用，同样要以审查判断为基础，要经质证程序的过滤或评判。由于这些鉴定意见或其他专家意见涉及五花八门的专门知识，专业的难度给围绕其展开的质证活动设置了重重难以逾越的屏障。当事人及其诉讼代理人、辩护人由于对专业知识的不了解往往在质证时只能针对这些鉴定意见或其他专家意见问几个不痛不痒的问题，根本触及不到鉴定意见或其他专家意见的形成依据、科学原理、技术方法，以及具体的可能左右最终专家意见的操作环节或处理过程等实质性问题。而专家辅助人，恰恰可以胜任"弹劾"鉴定人或其他专门知识者的工作，其参与诉讼的主要任务，从立法本意来看，正是站在对立的角度，全方位审核针对诉讼中专门性问题而作出的鉴定意见或其他专家意见的"短板"所在。专家辅助人在质证环节往往能准确攻击它们的破绽，削弱或直接否定鉴定意见或其他专家意见之证明价值。⑥

3. 帮助法官解决专门性问题,为认定证据奠定基础

当争议事实本身是某专门性问题时,或者对争议事实的认定需要以某专门性问题的解决为基础时,为了公正裁判,法官不得不依赖相关的鉴定意见,或者具有专门知识的专家给出的其他专家意见。但该鉴定意见或者其他专家意见是否具有证据资格,具有多大的证明力,却不是法官本人自行就可以简单作答的。事实上,法官在认定是否采纳,或者在多大程度上采信指向专门性问题的鉴定意见或其他专家意见时唯有进一步依赖具有专门知识的人才有出路。专家辅助人的出现可以帮助法官完成对其鉴定意见或其他专家意见的认证。

4. 充实当事人的诉讼权利,均衡双方的诉讼力量

就诉讼中的专门性问题而言,当事人很难都拥有以科学为基础的专门知识,很难理解相关的科学原理、技术手段为自己的诉讼服务。因此,鉴定人和专家辅助人的出现,可以弥补诉讼当事人在知识储备上的缺乏。⑦

"琼瑶诉于正案"在专业技术问题的事实查明方面有所突破。知识产权案件中的自然科学技术类案件往往通过勘验、鉴定、技术辅助人这些方式来进行查明,因为法官并不是技术专家。而该案中的技术问题实际上不是一种自然科学的技术问题,而是一种社会科学的技术问题,就是编剧这个行业中通行的规则以及对通行规则的认识。为了查明这些编剧行业的专门性问题,法院曾建议双方当事人都委托专家辅助人出庭。

该案一审中,琼瑶女士向法院申请由编剧汪海林担任专家辅

---

⑥ 参见李学军、朱梦妮:《专家辅助人制度研析》,载《法学家》2015 年第 1 期。
⑦ 参见李学军、朱梦妮:《专家辅助人制度研析》,载《法学家》2015 年第 1 期。

助人,这是首次在著作权纠纷案件审理中引入专家辅助人。汪海林为中国作家协会会员、中国电影文学学会常务理事、中国电影家协会电影文学创作委员会委员,曾经创作多部知名影视剧剧本,符合专家辅助人的资格要求。庭审中汪海林就编剧工作流程、剧本创作一般规律、剧本等问题向法庭作出说明和解释并回答法庭及被告方提问,就其中所涉及的行业内专业的问题协助法庭调查了解案件背景及事实。

(二) 举证期限

1. 举证期限的法律规定

我国民事诉讼中的举证期限制度源于最高人民法院《关于民事诉讼证据的若干规定》,在此以前不管是庭审前还是庭审中,无论一审、二审还是再审,都可以随时提出新证据。2012年《民事诉讼法》修订时,对举证期限作出了规定,将举证期限制度由司法解释上升为法律。《民事诉讼法》第65条规定:"当事人对自己提出的主张应当及时提供证据。人民法院根据当事人的主张和案件审理情况,确定当事人应当提供的证据及其期限。当事人在该期限内提供证据确有困难的,可以向人民法院申请延长期限,人民法院根据当事人的申请适当延长。当事人逾期提供证据的,人民法院应当责令其说明理由;拒不说明理由或者理由不成立的,人民法院根据不同情形可以不予采纳该证据,或者采纳该证据但予以训诫、罚款。"提高诉讼效率是举证制度最明显和最重要的功能,首先是促使当事人在一定期限内将证据提交至法院,避免双方当事人拖延诉讼或多次开庭浪费司法资源。其次是双方当事人集中提出证据,便于法官明确案件争议焦点,便于法院集中审理。

除《民事诉讼法》第65条外,最高人民法院《关于适用〈中华人民共和国民事诉讼法〉的解释》(以下简称《民诉法解释》)第 99 条规定:"人民法院应当在审理前的准备阶段确定当事人的举证期限。举证期限可以由当事人协商,并经人民法院准许。人民法院确定举证期限,第一审普通程序案件不得少于十五日,当事人提供新的证据的第二审案件不得少于十日。举证期限届满后,当事人对已经提供的证据,申请提供反驳证据或者对证据来源、形式等方面的瑕疵进行补正的,人民法院可以酌情再次确定举证期限,该期限不受前款规定的限制。"

《民诉法解释》第 100 条规定:"当事人申请延长举证期限的,应当在举证期限届满前向人民法院提出书面申请。申请理由成立的,人民法院应当准许,适当延长举证期限,并通知其他当事人。延长的举证期限适用于其他当事人。申请理由不成立的,人民法院不予准许,并通知申请人。"

《民诉法解释》第 101 条规定:"当事人逾期提供证据的,人民法院应当责令其说明理由,必要时可以要求提供相应的证据。当事人因客观原因逾期提供证据,或者对方当事人对逾期提供证据未提出异议的,视为未逾期。"

《民诉法解释》第 102 条规定:"当事人因故意或者重大过失逾期提供的证据,人民法院不予采纳。但该证据与案件基本事实有关的,人民法院应当采纳,并依照民事诉讼法第六十五条、第一百一十五条第一款的规定予以训诫、罚款。当事人非因故意或者重大过失逾期提供的证据,人民法院应当采纳,并对当事人予以训诫。当事人一方要求另一方赔偿因逾期提供证据致使其增加的交通、住宿、就餐、误工、证人出庭作证等必要费用的,人民法院可予支持。"

在《民事诉讼法》确立举证期限制度的基本框架的同时,最高人民法院的司法解释对这一制度的适用明确了具体的规则,对《民事诉讼法》规定中较为模糊的部分进行了细化。但在司法实践中,审理法院仍然拥有较大的自由裁量权。

2. 逾期举证的法律后果——证据失权理论

证据失权即逾期举证的法律后果,是指当事人在法院指定的举证期限内未向法院提交证据,且不存在举证期限的延长或举证期限重新指定之情形的,丧失提出证据的权利,丧失证明权。然而,证据失权具有两面性,一方面,它能够使当事人因担心、害怕失权而在举证时限内积极提交证据;另一方面,它也可能把重要的证据排除在诉讼之外而对裁判的实体公正造成根本性的损害。⑧ 基于"最大限度地增加和谐因素,最大限度地减少不和谐因素"的社会效果考虑,最高人民法院逐步引导司法实践在证据失权问题上采取保守、慎重的思路。此后,作为缓冲装置的"新证据"便成为我国民事诉讼司法解释中出现频率最多的概念之一,也是司法实践中剪不断理还乱的热点和难点问题。⑨

在大陆法系国家及地区,对于违反适时提出义务之当事人,法院欲驳回其所提的证据,除了满足逾期提出的要求外,还需具备以下两项要件⑩:

(1)当事人逾期提出与诉讼延滞具有因果联系

判断有无诉讼延滞,在德、日有两种理论,即绝对理论与相对理论。不论采取绝对理论还是相对理论,均必须以当事人的逾期提出造成诉讼迟滞为前提,才可制裁该当事人,即在当事人之迟延

---

⑧ 参见李浩:《民事判决中的证据失权:案例与分析》,载《现代法学》2008 年第 5 期。
⑨ 参见龙兴盛、王聪:《契合与超越:我国证据失权制度的司法审慎适用——以 2012 年〈民事诉讼法〉及其司法解释为对象》,载《证据科学》2016 年第 1 期。
⑩ 参见占善刚、张博:《关于民事诉讼中"新的证据"之思考》,载《湖北警官学院学报》2016 年第 5 期。

提出行为并非诉讼延滞之唯一原因时,不能认为逾期提出的行为当然遭受失权的效力。若诉讼迟延另由法院的失误行为(违反法院阐明义务)或者其他第三者的行为(例如证人不到庭)所致,则不得驳回当事人逾期提出的证据。因为基于程序不利禁止原则,不应将法院之责任或者其他第三者之责任归之于当事人,使其负担程序上的不利。另须注意的是,即使当事人在法院规定的适当期间内提出,亦可能导致诉讼迟延。例如,对于多数人皆知之事实证据,当事人放弃其中就近可出庭之人,却偏以现已远行之人为证人;又如,当事人早已知晓某一事实证据,却于多次言词辩论期日皆不主张,等最后言词辩论期日已至始行提出。⑪

(2)当事人逾时提出具有可归责性

通常所说可归责性即指当事人逾期提出有故意或重大过失。判断逾期提出有无重大过失,在我国实践中乃是选择一般人作为参照物。如果在同样的条件下,一般人能发现这一证据,但是案件当事人却未能发现,就足以推测当事人未能审慎收集证据,表明当事人存在重大过失。而我国台湾地区学者则认为,对于可归责性,还应该结合当事人本人及诉讼代理人之法律知识来考量,应当关注各个当事人之期待可能性及其能力,如在法官善尽阐明义务、指明适时提出之必要性后,若当事人本人或代理人依旧怠于适时提出,则并不必然被认定具有可归责性,因为当事人并未认识到适时提出之可能性及必要性。只有当事人认识到适时提出之可能性及必要性,才能认定其逾期提出具有重大过失。⑫

---

⑪ 参见占善刚、张博:《关于民事诉讼中"新的证据"之思考》,载《湖北警官学院学报》2016年第5期。
⑫ 参见占善刚、张博:《关于民事诉讼中"新的证据"之思考》,载《湖北警官学院学报》2016年第5期。

综合上述,逾期提出的当事人遭受失权的制裁,不仅需要满足逾期提出作为条件,还须具备当事人逾期提出与诉讼迟延之间具有因果联系以及当事人逾期提出具有可归责性。若当事人逾期提出却未遭受失权之拘束,那么当事人逾期提出必然与诉讼迟延缺乏因果关系或者当事人逾期提出必然不具有可归责性。⑬

3. 司法态度

在司法实务界,对于超过举证时限举证是否导致证据失权存在不同的观点。第一种观点认为,应严格适用最高人民法院《关于民事诉讼证据的若干规定》的观点,当事人的证据在举证期限内不提交的,视为放弃举证权利,法院不再另行组织质证,除非对方当事人同意质证或者所举的证据是新证据。第二种观点认为,最高人民法院《关于民事诉讼证据的若干规定》对新证据进行了严格限定,不利于保护当事人的合法权益。最高人民法院《关于民事诉讼证据的若干规定》仅为司法解释,而《民事诉讼法》的效力高于前者,因此,还应依照《民事诉讼法》的规定对超过举证期限所举的证据组织质证、认证。如果严格按照最高人民法院《关于民事诉讼证据的若干规定》所规定的举证期限举证,在司法实务中会引发大量因未及时举证而出现证据失权的现象,这将损害当事人的合法权益,激化社会矛盾,产生不良社会效果。⑭

有学者从具体案例中归纳出法官在处理当事人逾期举证的一般裁判思路。⑮

---

⑬ 参见占善刚、张博:《关于民事诉讼中"新的证据"之思考》,载《湖北警官学院学报》2016年第5期。

⑭ 参见宋晓明、张雪梅:《民商事审判若干疑难问题———民事诉讼程序、诉讼时效》,载《人民法院报》2006年10月25日,第5版。

⑮ 参见龙兴盛、王聪:《契合与超越:我国证据失权制度的司法审慎适用——以2012年〈民事诉讼法〉及其司法解释为对象》,载《证据科学》2016年第1期。

(1)当事人对逾期举证理由的"疏明责任"

当事人未在举证期限内提交证据就属于未"及时"举证,对于逾期举证的当事人,法官应当责令其说明理由,必要时法官可以要求其提供相应的证据,这是不能遗漏的程序事项,应当记入庭审笔录,并且法官在裁判文书中应当写明认证的理由。自不待言,这种说明区别于对实体性事项的"证明责任",而只是一种对程序性事项予以大致证明的"疏明责任","疏明"的证明标准较为宽松即法官大致相信当事人的陈述为真实即可。[16]

(2)主观可归责性的"正当理由"判断

在当事人说明其逾期提交证据的理由后,法官需要判断当事人逾期举证是否存在可归责性,即是否具有"正当理由"。至于何为"正当理由",《民诉法解释》第388条就再审当事人提交新的证据,认定逾期举证的"正当理由"成立的情形进行了规定,即,①在原审庭审结束前已经存在,因客观原因于庭审结束后才发现的;②在原审庭审结束前已经发现,但因客观原因无法取得或者在规定的期限内不能提供的;③在原审庭审结束后形成,无法据此另行提起诉讼的;④在原审中已经提供,原审人民法院未组织质证且未作为裁判根据的,视为逾期提供证据的理由成立。这一规定确立的判断标准是当事人逾期举证存在非自身的客观原因,这种标准无疑对法官判断当事人一审、二审逾期举证的"正当理由"具有参考作用。当事人逾期提交证据的理由是多方面的,除了非自身的客观原因外,还有可能是基于疏忽大意的过失,如没有意识到该证据的价值,有可能是客观上没有发现该证据等主观原因。基于宽待失权的考量,这些主客观原因应该都属于"正当理由"的范畴。对

---

[16] 参见龙兴盛、王聪:《契合与超越:我国证据失权制度的司法审慎适用——以2012年〈民事诉讼法〉及其司法解释为对象》,载《证据科学》2016年第1期。

于当事人因这些一般过失逾期举证,都应当训诫后予以采纳,只有当事人存在故意或者重大过失逾期举证时,才能考虑失权制裁。需要指出的是,由于我国未实行律师强制代理制度,普通老百姓的法律意识尤其是证据意识水平较低,在大量当事人没有委托代理人而自己诉讼的案件中,普通民众的举证能力、证据意识都相对较低,而且与国外民事诉讼对当事人收集证据的权利赋予充分保障,因而证据总是能在诉讼中提出,几乎不会发生失权的现实不同,在我国,当前当事人收集证据的手段及能力都极为有限。因此,法官在判断当事人逾期举证的主观可归责性时尤其不能忽视这一客观现实环境。"在我国当前的社会背景下,许多人甚至根本不知道举证时限是什么意思。如果法官不行使释明权,举证时限等制度的运行必然会出现问题。"[17]

(3)证据重要性的判断

当事人逾期举证即使存在故意或者重大过失,但如果该证据与案件基本事实有关,即对证明案件基本事实(即要件事实)具有重要的、决定性影响的,则不能采取失权制裁,而只能予以训诫或者罚款。证据重要性的考量实质上意味着法官不会简单以程序公正为由而对影响案件实体处理的证据熟视无睹。[18]

(三) 二审新证据

"琼瑶诉于正案"二审阶段,诉讼各方提交了新的证据。对于二审新证据的审查可以从判断当事人是否因故意或者重大过失逾

---

[17] 龙兴盛、王聪:《契合与超越:我国证据失权制度的司法审慎适用——以 2012 年〈民事诉讼法〉及其司法解释为对象》,载《证据科学》2016 年第 1 期。
[18] 参见龙兴盛、王聪:《契合与超越:我国证据失权制度的司法审慎适用——以 2012 年〈民事诉讼法〉及其司法解释为对象》,载《证据科学》2016 年第 1 期。

期提供证据等方面进行考量。2012年《民事诉讼法》的修订及2015年《民诉法解释》的出台,增加了证据时限制度,对逾期提供的证据进行了更为细化的规定,对于二审中新证据的认定与审查更加倾向于案件实体。

1. 二审中的新证据的认定

根据最高人民法院《关于民事诉讼证据的若干规定》的规定,二审程序中的新的证据包括两种:一是一审庭审结束后新发现的证据;二是当事人在一审举证期限届满前申请人民法院调查取证未获准许,二审法院经审查认为应当准许并依当事人申请调取的证据。

但2012年《民事诉讼法》及其司法解释对逾期证据予以放宽,不必然发生证据逾期的失权后果,其实质上是扩大了新证据的范围。《民诉法解释》第101条规定:"当事人逾期提供证据的,人民法院应当责令其说明理由,必要时可以要求其提供相应的证据。当事人因客观原因逾期提供证据,或者对方当事人对逾期提供证据未提出异议的,视为未逾期。"逾期的证据是否符合新的证据的条件,需经过人民法院审查,作出判断。

同时,《民诉法解释》规定人民法院确定一审普通案件的举证期限不得少于15日,第二审案件提供新证据的举证期限不得少于10日,修改了此前人民法院确定一审普通案件的举证期限不得少于30日,二审案件没有举证期限,若提供新证据,除不开庭应当在人民法院指定的期限内提出以外,其他应在开庭前或开庭审理时提出的旧规定。《民诉法解释》规定在缩短庭审前准备阶段法院指定的举证期限的同时,又给当事人提供了在之后提供反驳证据或补正证据的机会:举证期限届满后,当事人对已经提供的证据,申请提供反驳证据或者对证据来源、形式等方面的瑕疵进行补正的,人民法院可以酌情再次确定举证期限,该期限不受前款规定的限制。

2. 二审中的新证据的审查

最高人民法院《关于民事诉讼证据的若干规定》对于逾期举证采取了证据失权为原则的立场,只有在例外的情况下才不发生失权的后果。在2012年《民事诉讼法》修改的过程中,采取了"负担额外的证明责任",即当事人逾期提供证据确有正当理由的,该证据作为失权后果的例外,但当事人就逾期举证的正当理由存在负担证明责任。《民诉法解释》也贯彻了这一思想,保障诉讼公平,规范诉讼秩序。

在二审中,对于新的证据的审查处分,主要是考虑当事人逾期提供证据的主观过错程度,判定其是否存在故意或者重大过失。根据其过错程度,适用不同的责任和后果。根据《民诉法解释》第102条的规定,具体审查如下:

(1)当事人因故意或者重大过失逾期提供证据的。原则上发生证据失权后果,但该证据涉及基本事实的证明的,不导致失权后果,但要训诫、罚款。

(2)当事人非因故意或者重大过失逾期提供证据的。此类情形不发生证据失权后果,人民法院均应采纳,同时,应当对当事人予以训诫。

(3)当事人逾期提供证据的,均不能免除对方当事人要求其赔偿相应损失的责任。对方当事人要求其赔偿因逾期提供证据致使其增加的交通、住宿、就餐、误工等费用的,人民法院可予支持。

"琼瑶诉于正案"中,被告湖南经视公司在二审庭审中提交了我国台湾地区"经济部智慧财产局"函及所附"经济部智慧财产局"著作权登记簿誊本的传真件,庭审后提交了该函及附件的公正认证件。其中,"经济部智慧财产局"著作权登记簿载有:"著作名称:梅花三弄第一部——梅花烙,著作人:陈喆","壹、登记事项:

一、著作财产权登记著作财产权人:怡人公司,登记原因:让与,发生时间:1992/09/7,权利范围:全部。二、著作财产权让与登记让与人:陈喆,受让人:怡人公司,登记原因:让与,发生日期:1992/09/7,权利让与之范围:全部"。

琼瑶女士认为,上述证据是在二审诉讼中当庭提交的证据,提交时间超出了法院指定的举证期限,且不属于新证据,不应予以采信。同时并主张,1992年9月《梅花烙》剧本当时还处于创作过程,为了电视剧《梅花烙》的拍摄进行了上述转让登记。琼瑶女士主张的《梅花烙》剧本是1992年10月创作完成并作为电视剧《梅花烙》拍摄使用的剧本,即原审诉讼中提交的剧本,该剧本是根据拍摄使用的剧本进行计算机录入制作电子版后打印出来的。琼瑶女士创作的剧本在实际拍摄过程中不会发生实质变化。琼瑶女士主张权利的剧本于上述登记证书记载的剧本可能存在阶段性微小调整但不会有太大的调整。

琼瑶女士在二审诉讼中新提交了两份证据,分别是(2015)京方圆内民证字第00470公证书和(2015)京方圆内民证字第00471公证书。该两份公证书对于于正先生的网易博客和新浪博客的相关内容进行了公证。于正先生于2006年11月7日在其网易博客发表了一篇名为《美人如花隔云端(一)》的博客,写道:"楚楚可怜的陈德容真的算是少年时期的梦中情人,一部《梅花烙》翻来覆去看了几百遍,每一遍都惊叹不已,虽然美女如今还是活跃在银幕上,去年在横店还有过一面之缘,但是总是找不到当年的那种感觉了,吟霜,已经绝唱……"于正先生于2007年3月20日在其新浪博客发表了一篇名为《两个时代,一种美丽》的文章,其中写道:"我曾经一度迷恋琼瑶剧,特别是《梅花烙》,觉得无论是故事还是造型还是演员都非常一流。"

琼瑶女士用上述证据证明，于正先生在其博客中表明了其十分喜爱其原创作品《梅花烙》，并多次赏阅，人物形象、作品故事情节已深入其心。鉴于于正先生对其作品特别是《梅花烙》的熟悉，对其作品人物、故事情节的烂熟于心，将琼瑶女士作品的相关内容用于其日后编写的剧本中，绝不可能构成"巧合"和"误伤"。

二审法院补充查明，2014年7月2日，琼瑶女士出具《声明书》，声明：其本人系剧本《梅花烙》的作者，自始完成拥有该剧本著作权及相关权利，创作该剧本完成时间为1992年10月。《声明书》附有剧本《梅花烙》打印文本。

怡人公司于2014年9月24日出具《确认书》，主要内容为："怡人公司系电视剧《梅花烙》(《〈梅花三弄〉之〈梅花烙〉》)的唯一制片方。该剧系本公司根据琼瑶原创剧本，于西元1992年10月至西元1993年3月期间独立摄制完成，于西元1993年10月在台湾地区电视台(台湾中视综合台)首播，于西元1994年4月在中国大陆电视台(湖南电视一台)首播。本公司在此证明：该剧原创故事及剧本均由琼瑶创作完成，琼瑶为剧本的作者，琼瑶的助手林久愉提供了创作辅助与文稿整理工作，根据琼瑶老师的要求并经林久愉同意，为了提携新人，在电视剧《梅花烙》剧集的署名中，将林久愉署名为'编剧'，将琼瑶署名为'编剧指导'。本公司确认：琼瑶自始完整享有该剧原创剧本的全部著作权及相关权益，并有权根据该剧本改编创作、发表小说《梅花烙》。如本公司依据世界任何国家或地区的法律及规定，可全部或部分享有此类权利，本公司确认，此类权利自始即不可逆转地无偿转归琼瑶独立享有，琼瑶有权独立支配及处理此类权利，包括著作权维权权利。"

二审法院认为，林久愉和怡人公司分别出具的《声明书》《确认书》中的部分内容涉及该案的案件事实，如林久愉关于协助琼瑶女士创作剧本的陈述、怡人公司拍摄电视剧《梅花烙》及该剧播出的陈述,对于上述内容,由于林久愉和怡人公司并未到庭作证,因此不能作为单独认定案件相关事实的依据,需要结合其他在案证据予以佐证。但其中的以下内容,"如本人/本公司依据世界任何国家或地区的法律及规定,可全部或部分享有此类权利,本人/本公司确认,此类权利自始即不可逆转地无偿转归琼瑶老师独立享有。琼瑶老师独立支配、处置与维护此类权利",是对相关权利的处分,已经不属于对客观事实陈述的证人证言,故对该部分内容的认定不适用证人证言的相关认证规则,只要系处分者的真实意思即可。

第八章 剧本《梅花烙》著作权的归属

一、琼瑶女士提交的剧本《梅花烙》文本是否确系电视剧《梅花烙》的拍摄剧本

剧本是电视剧拍摄的依据,以文字形式呈现电视剧的拍摄内容,电视剧的拍摄过程是对剧本内容的影像化。实践中,虽电视剧拍摄过程中可能对剧本进行适当调整,最终的剧本也随着电视剧拍摄的完成而固定下来,但也不乏剧本与电视剧内容高度一致的情形,确实有一些编剧的剧本文稿可以被以严格"遵照执行"的标准落实进电视剧,而"未经编剧首肯不得擅自改变"。比如:"琼瑶诉于正案"的被告于正先生在一审庭审时即表示《宫锁连城》剧本内容与电视剧《宫锁连城》内容高度一致;专家辅助人汪海林也提到,行业中诸如于正先生、琼瑶女士这样的编剧事实上对电视剧的拍摄内容是有着充分的话语权,甚至可以严格要求"剧本不许改"。因此,《梅花烙》剧本与电视剧内容的高度一致,仅仅是因为一审原告琼瑶女士的创作水准及专业程度受到充分认可及尊重,以剧本与电视剧内容高度一致为由来否认剧本内容真实性无法构成不具有任何合理性。

根据前述阐明的事实情况,电视剧本身的内容呈现即为剧本内容的最终状态,那么,剧本内容的固定及呈现事实上并不以文字版本的形式为必要,事实上,文字版本也仅仅是剧本内容承载的一种载体形式而已。就该问题,在司法实践中已经得到肯定和确认。比如,"朱心等诉北京东方影视乐园侵犯著作权纠纷案"中,原告朱心等作为电影《马路天使》编剧袁牧之先生的继承人,以电影《天涯歌女》侵犯《马路天使》剧本著作权为由,将《天涯歌女》剧本创作

者及电影制片者告上法庭,但并未提交袁牧之先生创作的《马路天使》文字版剧本,而法院在该案的审理中,并未以原告朱心提交袁牧之先生所创剧本为案件审理的必要条件,而基于电影《马路天使》的内容即确认了袁牧之先生所创的剧本内容,并以此为基础认定被告各方构成对电影《马路天使》剧本的著作权,进而判令各被告赔偿原告朱心经济损失、赔礼道歉并停止电影《天涯歌女》的发行活动。因此,打印装订成册的剧本实物是剧本内容的物理载体,剧本物理载体这一实体形式的变化并不意味着剧本内容的变化。

在"琼瑶诉于正案"中,琼瑶女士提交的剧本《梅花烙》内容并未超出电视剧《梅花烙》的剧情表达,且与电视剧《梅花烙》的影像视听内容形成基本一致的对应关系。尽管琼瑶女士在一审期间并未主动提交电视剧《梅花烙》作为证据,但被告于正先生、湖南经视公司、东阳欢娱公司、东阳星瑞公司已经在其证据中列明并向法院及琼瑶女士提交电视剧《梅花烙》光盘。在案件审理中,被告方并以电视剧《梅花烙》光盘所承载的剧集内容作为比较基础进行举证、质证,对于剧本与剧集内容的一致性也是承认的。结合琼瑶女士小说《梅花烙》的"创作后记"中关于剧本创作完成在先的原始记载,一审法院对琼瑶女士提交的《梅花烙》剧本内容真实性应予以认可。

二、剧本《梅花烙》的著作权归属

著作权权利主体即著作权人,是指对作品享有著作权的人。著作权人可以许可他人以特定方式利用作品,也可以在其著作权受到侵害时提起诉讼或申请诉前措施等救济办法。

《著作权法》第9条规定:"著作权人包括:(一)作者;(二)其

他依照本法享有著作权的公民、法人或者其他组织。"第11条规定，"著作权属于作者，本法另有规定的除外。创作作品的公民是作者"。《著作权法实施条例》第3条第1款规定："著作权法所称创作，是指直接产生文学、艺术和科学作品的智力活动。"据此，只有那些实际参与创作活动，对最终的作品作出了独创性贡献的人才能成为作者；仅仅为创作提供咨询意见、物质条件、素材或其他辅助劳动的人并非作者。① 对于一些合作作品、汇编作品等多人创作的作品，有些人并没有付出智力创作劳动，只是承担一般的物质上的辅助工作，即使在作品上署了名，本质上也不是作者。②

另外，《著作权法》第11条第4款规定："如无相反证明，在作品上署名的公民、法人或者其他组织为作者。"最高人民法院《关于审理著作权民事纠纷案件适用法律若干问题的解释》第7条第1款规定："当事人提供的涉及著作权的底稿、原件、合法出版物、著作权登记证书、认证机构出具的证明、取得权利的合同等，可以作为证据。"可见，以署名情况认定作者身份仅为作品创作关系的初步推定证明，而作为相反证明的依据则有多种方式。

在"琼瑶诉于正案"中，电视剧《梅花烙》字幕虽有"编剧林久愉"的署名安排，但是林久愉于2014年6月20日出具经公证认证的《声明书》，声明其仅作为助手配合、辅助琼瑶女士完成剧本《梅花烙》，期间其负责全程记录琼瑶女士的创作讲述，执行剧本的文字部分统稿整理工作，并称剧本《梅花烙》系由琼瑶女士独立原创形成，琼瑶女士自始独立享有剧本的全部著作权及相关权益。

同时，电视剧《梅花烙》制片者怡人公司出具的《电视剧〈梅花烙〉制播情况及电视文学剧本著作权确认书》也明确表述"电视剧

---

① 参见王迁:《著作权法》,中国人民大学出版社2015年版,第233页。
② 参见吴水兰:《作品著作权人的认定》,中国政法大学2014年硕士论文。

《梅花烙》的原创故事及剧本均由琼瑶创作完成,琼瑶为剧本的作者,琼瑶的助手林久愉提供了创作辅助与文稿整理工作,根据琼瑶老师的要求并经林久愉同意,为了提携新人,在电视剧《梅花烙》剧集的署名中,将林久愉署名为'编剧',将琼瑶署名为'编剧指导'"。怡人公司并确认:"琼瑶自始完整享有该剧原创剧本的全部著作权及相关权益,并有权根据该剧本改编创作、发表小说《梅花烙》。如本公司依据世界任何国家或地区的法律及规定,可全部或部分享有此类权利,本公司确认,此类权利自始即不可逆转地无偿转归琼瑶独立享有,琼瑶有权独立支配及处理此类权利,包括著作权维权权利。"

以上两份证据充分表明,林久愉在电视剧《梅花烙》的剧本创作过程中,仅仅根据琼瑶女士的口述、具体的创作讲述以记录方式实现剧本的整理工作。而林久愉作为助手的记录整理行为,与著作权法意义上可形成独创成果,进而可使整理者享有作品一定著作权权利的情形是明显不同的,因为林久愉的记录整理不具有任何创造性,不能形成任何具有独创意义的作品。

五被告均认为,林久愉在剧本《梅花烙》的创作过程中执行了相关整理工作,林久愉应基于其整理工作享有剧本《梅花烙》的作者身份,并享有剧本著作权;剧本《梅花烙》至少为林久愉与琼瑶女士的合作作品,林久愉应享有该剧本的合作作者身份,与琼瑶女士共同享有剧本《梅花烙》的著作权。

就上述问题,一审法院认为,著作权法意义上的整理是指,对一些散乱作品或者材料进行删节、组合、编排,经过加工、梳理使其具有可欣赏性,强调的是整理需融入行为人的独创性智力成果,并最终以其独创贡献造就了作品的形成;就合作作品而言,合作作者须为参与了作品创作的主体,需要对作品创作付出创造性智慧劳动。执笔者是否属于作品的创作者,应以执笔者是否在这一过程中提供了具有独创性的智力劳动加以确认。如作品的具体故事、情节等均由他人创作并以口述表达,执笔者仅以辅助记录的方式将相关口述转换为文字形式加以记载,那么,这种执笔并不属于著作权法意义上的合作作者。

在该案中,林久愉根据琼瑶女士的口述整理剧本《梅花烙》,是一种记录性质的执笔操作,并非著作权法意义上的整理行为或融入独创智慧的合作创作活动,故林久愉并不是剧本《梅花烙》作者。因此,一审法院认定剧本《梅花烙》的作者及著作权人均为该案原告琼瑶女士。

第九章 小说《梅花烙》与剧本《梅花烙》的关系

小说《梅花烙》是否与剧本《梅花烙》构成同一作品从而不具有独立的著作权，取决于小说《梅花烙》是否具有不同于剧本《梅花烙》而存在的独创性。独创性是指作品系作者独立创作产生，融入了作者的原创智慧。独创性在概念上强调独立完成及创作性。独立完成，即作品由作者通过独立思考、创作产生，而不是单纯模仿、抄袭他人作品；创作性，强调作品应融入作者的创作个性，即作者个人所特有的创作表达。独立创作不要求作品是独一无二的或与之前的作品不同，劳动成果可以是从无到有进行独立创作，也可以是以已有作品为基础进行再创作，由此产生的劳动成果与原作品之间存在着可以被客观识别的、并非太过细微的差别。因此，在著作权法保护的维度上，独创性，强调作品系作者个人，而非他人的独创智慧成果。但也不能仅仅因为是同一作者创作就否定其独创性。

关于小说《梅花烙》是否与剧本《梅花烙》构成同一作品从而不具有独立的著作权的问题，一审原告琼瑶女士主张小说《梅花烙》是在剧本《梅花烙》的基础上改编而成的。《著作权法》第12条规定："改编、翻译、注释、整理已有作品而产生的作品，其著作权由改编、翻译、注释、整理人享有……"所谓改编，是一种根据已创作出的文学、艺术、科学作品进行的一种再创作，这种创作主要利用了已有作品的独创性成分。[①]《伯尔尼公约》第2条规定："翻译作品、改编作品、改编乐曲以及某件文学或艺术作品的其他改变，应

[①] 参见国家版权局版权管理司编：《著作权法执行实务指南》，法律出版社2013年版，第127页。

得到与原著同等的保护,而不损害原著作者的权利。"著作权法意义上的改编,是指改变作品,创作出具有独创性的新作品。从改编本质内涵上讲,改编是在保留原作品基本表达的基础上改变原作品创作出新作品的行为。相较于原作品,改编作品具有独创性,构成了新作品,同时,由于改编作品在原著作品基础上进行的创作,不可避免地大量借鉴了原著作品的表达,改编作品与在先作品之间又必须具有表达上的实质性相似,只有在保留在先作品基本表达的情况下通过改变在先作品创作出新作品,才能构成《著作权法》意义上的改编。② 根据《著作权法》的规定,无论是变更作品的内容、用途还是表现形式,只要新创作的作品具有独创性,均为行使改编权的方式。③

剧本《梅花烙》及小说《梅花烙》故事情节基本一致,剧本《梅花烙》梗概为:

> 清朝,京城富察氏硕亲王府,福晋已连生三女,王爷无子嗣。现福晋再度怀胎,烧香拜佛盼得一男孩。王爷新纳回女翩翩为妾,并封为侧室,翩翩也怀有身孕,对福晋地位造成威胁。福晋与姐姐暗中酝酿,一旦再生女孩,则偷换成男孩。三个月后,福晋临盆,未能如愿,生下女儿。偷龙转凤前,福晋用梅花簪在女儿肩头烙下印痕,苏嬷嬷趁乱掉包。女婴被送走,遗弃溪边。而侧福晋最终也得一男孩儿。
>
> 江湖艺人白胜龄夫妇膝下无子女,这天在溪畔练唱,偶然听见婴儿啼哭,拾得王府弃婴,甚为喜爱,收为女儿,

---

② 参见上海市第一中级人民法院(2012)沪一中民五(知)终字第112号判决书。
③ 参见张玲玲、张传磊:《改编权相关问题及其侵权判定方法》,载《知识产权》2015年第8期。

取名吟霜,并发现弃婴肩头的梅花烙印。

偷龙转凤所得男婴为王爷府长子,取名皓祯,被福晋视为唯一的儿子。皓祯少年英雄,文武双全,且善齐射,深得人心,是王爷一家的骄傲。少年皓祯陪同王爷狩猎,骑射精湛,大展身手,获将士爱戴及王爷喜爱,福晋倍感欣慰,但想到亲生女儿,仍会心酸落泪。皓祯孝心可嘉,宽慰福晋,誓为母亲争气。

吟霜在龙源楼遭吏部侍郎之子、纨绔子弟多隆调戏,拒绝后被多隆及其手下欺辱,二十岁的皓祯以寡敌众,出手相救。皓祯与多隆实为相识,且看不惯多隆做派。此后,皓祯再来听吟霜唱曲,渐生情愫。

王爷次子(皓祯弟弟皓祥,侧福晋翩翩之子,王爷亲子)怨叹自己庶出,嫉妒长兄皓祯。此次从多隆处听说皓祯市井救美人并差人护花,暗生心计,决定告知王爷惩罚皓祯。王爷从皓祥处得知皓祯率人市井救美,严刑杖责皓祯贴身随从小寇子侍主误主,无奈皓祯与小寇子主仆情深,以身相互抵挡杖刑,为小寇子解难。

皓祯与吟霜一月未见。无奈吟霜已是情愫暗生,相思成苦。养亲发现,提醒吟霜两人身份悬殊,盼望吟霜熄灭萌生的情感。面对养亲的劝慰,吟霜否认对皓祯的爱意。

多隆趁皓祯及随从守卫空虚,再带一众手下来到龙源楼强抢吟霜。养亲见女儿遭受欺辱,奋起反抗,反遭毒手,当场重伤。吟霜求医无门,养亲不治身亡。养亲临终前提及当年拾得吟霜的经过。吟霜无枝可依,破庙容身。皓祯再度救吟霜于危难,获知吟霜遭遇强抢及养亲身亡,代吟霜处理养亲丧葬。皓祯贴身随从小寇子献计将吟霜安置于其亲戚家的院落,皓祯为吟霜打点住所,吟霜终得落脚。吟霜外出为皓祯制作白狐绣屏作为礼物。皓祯来小院见吟霜,寻人不着,疑心再遇恶人,倍感焦虑。吟霜冒雨归来,皓祯情急之下训斥,后得知吟霜辛苦为其准备礼物,心生感动。两人当时互诉衷肠,私订终身。皓祯无意中发现吟霜肩上的梅花烙。

福晋得知皓祯心仪吟霜,答应赴小院会见。因皇上已赐婚皓祯,为保平安,福晋试图用金钱收买吟霜远离皓祯,被吟霜拒绝,福晋深受感动,亦认可吟霜为人。福晋与贴身嬷嬷均隐约发觉吟霜正像年轻时的福晋。

皓祯获皇上赞赏及恩赐,皇上赐婚兰馨公主许配皓祯。阖府欢庆,王爷及福晋更觉荣光,王爷感激福晋生了一个好儿子。皓祯得知后心系吟霜,闷闷不乐。婚后皓祯屡次托词,多日不肯与公主圆房。为安抚皓祯,福晋安排吟霜入府,身份为小寇子远亲。吟霜入府后,被安置福晋身边伺候。

一日,公主在府内撞见皓祯与吟霜共处一室,发觉暧昧,两人私情暴露。公主醋意大发,接受贴身嬷嬷的建议,决定对吟霜动用手段。此后,公主向福晋索要吟霜于自己房中伺候,借机动用阴狠手段欺凌吟霜(如:日常中,公主多命吟霜奉水、奉粥,并反复且借口打翻于吟霜身上)。皓祯再救吟霜于危难,公主与皓祯冲突回宫。皓祯趁机向全家宣布纳吟霜为妾,公主再度回府,吟霜已正式成为皓祯的妾室。

皇上得知皓祯与公主相处不睦,特宣皓祯觐见。皓祯慷慨陈词，皇上深受感动，未加责罚，规劝皓祯善待公主。吟霜被污不洁，争执间逃脱，衣袖不慎被撕裂，梅花烙显现，恰被福晋见到，认出吟霜原是福晋多年前抛弃的生女。福晋认出吟霜为亲生女儿，再向吟霜打探生平过往，发誓保护女儿。

公主称吟霜为狐妖，请法师来王府作法捉妖。吟霜再被施虐，备受羞辱。公主经贴身嬷嬷劝导，认同与吟霜和睦相处方能缓解与皓祯的关系，于是亲自率人为吟霜送汤，以期和解。不料被皓祯误以为公主在再次下毒暗害。公主羞愤之下自行试吃，以证清白。

福晋说破当年偷龙转凤的真相，王爷得知后并未迁怒皓祯，依然将皓祯视为自己的骄傲。皓祥得知偷龙转凤的真相，心有不甘，其母侧福晋翩翩向公主告密。

在"琼瑶诉于正案"中，小说故事情节与主要内容与剧本基本一致，如男女主人公仍是被掉包后分别成长于王府和江湖，随后相识相恋的青年男女；同样，男女主人公之间的感情需要面对"第三者"公主这个阻碍；男主人公有一个"同父异母"的弟弟，并对男主人公极为嫉妒。但在少数人物名称和少数情节上略有差异，如在小说《梅花烙》中，福晋名为倩柔；在剧本《梅花烙》中福晋名为雪如。人物名称的变化并不影响人物设置功能的变化，福晋仍然是连生三女面临失宠压力最终同意"偷龙转凤"推动整个故事发展的核心人物。就情节改变而言，"女婴被拾，收为女儿""次子告状""面圣陈情""公主求和遭误解"等桥段存在于剧本中，小说《梅花烙》无上述桥段，以及在小说中进宫告密的是侧福晋翩翩和皓祥，而在剧本中却是侧福晋翩翩向公主告密，小说中皇上赐婚至吟霜入府的情节安排的顺序也与剧本不同。另外，小说主要以叙述和描写为主要表达手段,而剧本却是以台词和场景的结合为主要表达手段;小说主要以阅读为主要目的,剧本却以拍摄、排练为影视剧或话剧为主要目的,两者天然具有不同的表达形式和存在目的。也有观点认为,法律在改编权中没有再明确规定改编方式时,改编的理解应包含将作品由一种类型变成另一种类型。④ 即便原告琼瑶女士为剧本《梅花烙》的创作者,在其将剧本改编为小说时也另外融入了自己的思考、智慧,小说《梅花烙》在由剧本改编而来的过程中已经实际上完成了改编的要求,体现出了小说的独创性。

小说《梅花烙》与剧本《梅花烙》的作者均为原告琼瑶女士,从"独创"的人身依附性本质而言,同一作者创作的两个作品,并不能以在先作品中相关内容的先行独创完成和使用而稀释该同一作者在其后续作品中再次使用相关内容的合法性、合理性,也不能否认相关内容是该同一作者的独创劳动成果。小说《梅花烙》中虽然在故事内容上与剧本《梅花烙》存在高度关联性、相似性,但却具有不同于剧本《梅花烙》而存在的独创性,不能仅仅因为故事内容的高度关联及相似而否定小说《梅花烙》的独创性。故小说《梅花烙》应为剧本《梅花烙》的改编作品,依法享有著作权。鉴于小说《梅花烙》的署名为"琼瑶",且未有任何相反证明,一审法院认定小说《梅花烙》的作者及著作权人均为琼瑶女士。

---

④ 参见胡康生主编:《中华人民共和国著作权法释义》,法律出版社2002年版,第72页。

第十章 执行阶段的相关问题

根据《民事诉讼法》第 224 条的规定,发生法律效力的民事判决、裁定,以及刑事判决、裁定中的财产部分,由第一审人民法院或者与第一审人民法院同级的被执行的财产所在地人民法院执行。

"琼瑶诉于正案"终审判决生效后,进入案件执行阶段。对于金钱给付的判项部分,各被告及时向琼瑶女士完成支付。就该部分的判决执行,原告琼瑶女士及各被告并无异议;对于停止电视剧《宫锁连城》的复制、发行和传播行为的判项部分,因有案件生效判决为依据,原有电视剧发行渠道已经陆续对电视剧进行下架及停止传播处理;就赔礼道歉的判项部分,被告于正先生并没有按照判决执行。

一、赔偿金的执行

侵权损害赔偿的执行作为著作权侵权案件中的最后一步,也是极为关键的一环,可以被称为著作权侵权案件的"最后一公里"。

(一) 执行启动方式

执行的启动主要有申请执行和移送执行。申请执行是指权利人根据已经发生法律效力的法律文书,向有管辖权的人民法院申请执行。移送执行是一种人民法院依职权开始的执行方式,指由审理案件的审判人员在裁判发生法律效力后交付执行人员进行执行。

其中申请执行的前提条件为:

①申请或移送执行的法律文书已经生效;

②申请执行人是生效法律文书确定的权利人或其继承人、权利承受人;

③申请执行人在法定期限内提出申请;

④申请执行的法律文书有给付内容,且执行标的和被执行人明确;

⑤义务人在生效法律文书确定的期限内未履行义务;

⑥属于受申请执行的人民法院管辖。①

申请执行,应向人民法院提交下列文件和证件:

①申请执行书。申请执行书中应当写明申请执行的理由、事项、执行标的,以及申请执行人所了解的被执行人的财产状况。申请执行人书写申请执行书确有困难的,可以口头提出申请。人民法院接待人员对口头申请应当制作笔录,由申请执行人签字或盖章。外国一方当事人申请执行的,应当提交中文申请执行书。当事人所在国与我国缔结或共同参加的司法协助条约有特别规定的,按照条约规定办理。

②生效法律文书副本。

③申请执行人的身份证明公民个人申请的,应当出示居民身份证;法人申请的,应当提交法人营业执照副本和法定代表人身份证明;其他组织申请的,应当提交营业执照副本和主要负责人身份证明。

④继承人或权利承受人申请执行的,应当提交继承或承受权利的证明文件。

⑤其他应当提交的文件或证件。②

---

① 参见最高人民法院《关于人民法院执行工作若干问题的规定(试行)》"18"。
② 参见最高人民法院《关于人民法院执行工作若干问题的规定(试行)》"20"。

移送执行,是指对于发生法律效力的具有给付赡养费、扶养费、抚育费内容的法律文书、民事制裁决定书,以及刑事附带民事判决书、裁定书、调解书,由审判庭移送执行机构执行。

(二) 著作权侵权案件拒不执行赔偿的应对措施

1. 启动强制执行与委托执行程序

对于著作权侵权案件中侵权人未按生效的法律文书履行赔偿义务时,被侵权人可依据《民事诉讼法》启动强制执行程序与委托执行程序。《民事诉讼法》第252条规定:"对判决、裁定和其他法律文书指定的行为,被执行人未按执行通知履行的,人民法院可以强制执行或者委托有关单位或者其他人完成,费用由被执行人承担。"第253条规定:"被执行人未按判决、裁定和其他法律文书指定的期间履行给付金钱义务的,应当加倍支付迟延履行期间的债务利息。被执行人未按判决、裁定和其他法律文书指定的期间履行其他义务的,应当支付迟延履行金。"

2. 将其纳入失信人员名单

被侵权人还可以依据最高人民法院《关于公布失信被执行人名单信息的若干规定》主张将其纳入失信人员名单,对其信用进行相应惩罚。该规定第1条规定:"被执行人未履行生效法律文书确定的义务,并具有下列情形之一的,人民法院应当将其纳入失信被执行人名单,依法对其进行信用惩戒:(一)有履行能力而拒不履行生效法律文书确定义务的;(二)以伪造证据、暴力、威胁等方法妨碍、抗拒执行的;(三)以虚假诉讼、虚假仲裁或者以隐匿、转移财产等方法规避执行的;(四)违反财产报告制度的;(五)违反限制消费令的;(六)无正当理由拒不履行执行和解协议的。"

二、赔礼道歉

（一）相关法律规定

《著作权法》第 47 条规定："有下列侵权行为的，应当根据情况，承担停止侵害、消除影响、赔礼道歉、赔偿损失等民事责任：（一）未经著作权人许可，发表其作品的；（二）未经合作作者许可，将与他人合作创作的作品当作自己单独创作的作品发表的；（三）没有参加创作，为谋取个人名利，在他人作品上署名的；（四）歪曲、篡改他人作品的；（五）剽窃他人作品的；（六）未经著作权人许可，以展览、摄制电影和以类似摄制电影的方法使用作品，或者以改编、翻译、注释等方式使用作品的，本法另有规定的除外；（七）使用他人作品，应当支付报酬而未支付的；（八）未经电影作品和以类似摄制电影的方法创作的作品、计算机软件、录音录像制品的著作权人或者与著作权有关的权利人许可，出租其作品或者录音录像制品的，本法另有规定的除外；（九）未经出版者许可，使用其出版的图书、期刊的版式设计的；（十）未经表演者许可，从现场直播或者公开传送其现场表演，或者录制其表演的；（十一）其他侵犯著作权以及与著作权有关的权益的行为。"

从法条列举的侵权形态来看，需要承担消除影响、赔礼道歉民事责任的情形，既包括侵害著作人身权，也包括著作财产权的情形。其中第（六）项明确指向了"未经著作权人许可，以类似摄制电影的方式使用作品，或者以改编等方式使用作品的"侵权行为，即侵犯"改编权、摄制权"的行为。就改编权的侵权责任承担而言，原作品的著作权人可以禁止非法演绎作品的传播和利用。

(二) 赔礼道歉如何强制执行

侵权人拒不执行赔礼道歉时,绝大多数法院采取的方法是将判决书的主要内容予以公布,然后要求被告负担其费用。费用执行完毕就视为对赔礼道歉的判决执行完毕。除极个别例外,执行法院通常不对被告采取拘留、罚款的措施或者追究其刑事责任。不仅在判决登报道歉时法院会如此执行,在判决要求口头道歉时也可能这样做。

目前,我国赔礼道歉的强制执行主要有两类——三种做法。③

1. 间接强制执行方式

间接强制执行,是指执行机关不直接以强制力实现权利人之利益,而是对义务人的财产或者人身处以一定程度的不利益,如拘留、罚款等,来形成对义务人的心理强制,从而迫使义务人履行判决所确定的义务的一种执行方式。这种方式主要适用于不可替代行为的给付及容忍义务的执行,它以强制义务人的财产和人身作为威慑迫使义务人为一定的行为,与义务人的自由存在较大冲突。所以说对间接强制执行的适用必须有严格的适用程序,注意比例原则,应遵循"间接执行补充性"原则。间接执行相较其他执行方式而言,对被执行人的权利损害程度最为严重。一般情况下,当事人面对民事拘留、限制居住这种严格的强制措施时都会低头认错。此外,赔礼道歉的强制执行还存在违宪的问题。故司法实践中对其适用应尤为慎重。这也是间接强制执行在我国目前赔礼道歉的强制执行实践中不常见的原因之一。④

---

③ 参见宁阳:《论赔礼道歉的强制执行》,载《法制与社会》2016 年第 15 期。
④ 参见宁阳:《论赔礼道歉的强制执行》,载《法制与社会》2016 年第 15 期。

2. 替代强制执行方式

替代强制执行,指执行机关命令或者授权第三人或权利人代替义务人履行义务,实现执行名义的内容,而其履行义务所发生的一切费用由义务人承担的执行方法。一般对于行为的请求权可以适用此方式,在适用替代强制执行方式时应注意以下两点:其一,执行行为具有可替代性;其二,替代执行的效果与义务人自己履行的效果相当。只有同时满足以上执行要求时才可适用替代强制执行方式。具体而言,目前我国赔礼道歉的替代强制执行方式主要有两种:刊登判决书和代为刊登道歉公告。[5]

(1)刊登判决书

刊登判决书是法院在大众媒体上公布判决书是目前实务中应用最多的方式。例如李振盛诉冯骥才等三被告侵犯著作权纠纷一案中,法院判决三被告在《新闻出版报》上刊登道歉声明,逾期不履行,法院将在报纸上公告本判决内容。[6]

根据最高人民法院《关于审理名誉权案件若干问题的解答》"十一"的规定,侵权人拒不执行生效判决,不为对方恢复名誉、消除影响的,人民法院可以将判决书内容公布于众。从文义解释角度来看,该解答仅规定不执行恢复名誉、消除影响的可采取公告、登报方式,而对于不赔礼道歉的,法律并未明确规定可以采用判决书公告、登报的方式。对于受害人来说,赔礼道歉的功能主要为填补损害;消除影响和恢复名誉的性质更倾向于恢复原状。例如在"庄羽诉郭敬明抄袭案"中,由于郭敬明坚决不道歉,法院即在《中国青年报》上刊载了郭敬明侵权的主要内容及判决主文。[7]

---

[5] 参见宁阳:《论赔礼道歉的强制执行》,载《法制与社会》2016年第15期。
[6] 参见宁阳:《论赔礼道歉的强制执行》,载《法制与社会》2016年第15期。
[7] 参见宁阳:《论赔礼道歉的强制执行》,载《法制与社会》2016年第15期。

（2）代为刊登道歉公告

法院以被执行人的名义撰写道歉声明刊登在媒体上是极为特殊的方式。例如，在一起名誉权纠纷的案件中，因为被告不主动道歉，法院便以被告的名义撰写一封《道歉函》，以电子邮件的方式向曾经接受侵权邮件的人群发送，并且要求《道歉函》在互联网上保留 15 天。虽然目前法院创造性地用这种方式来对赔礼道歉进行强制执行，但是代为撰写道歉声明是否真正具有可替代性仍值得商榷。⑧ 下文笔者将着重对我国赔礼道歉的强制执行方式进行分析。

法院以道歉人的名义刊登道歉声明于大众媒体，虽然不能保证侵权人真正悔改道歉，但是仍有一定的公告和宣示作用，有助于教育侵权人自觉执行赔礼道歉，维护法律权威。但是，道歉声明是由法院或者受害人拟定的，并不是侵害人的真实意思表示，道歉声明虽然刊登在大众媒体上，但我们并不知道侵害人内心真实想法。赔礼道歉的立法原意在于道歉者的真诚悔过。替代强制执行并不能保证侵权人是真心悔过，因而不能完全达到赔礼道歉的效果，甚至会加重社会和当事人之间的矛盾。

赔礼道歉具有人身属性，对其是否可替代执行，理论界争论不休。通说认为，刊登判决书具有可替代性，而刊登道歉声明是不可以替代的。因为在没有获得道歉者同意的情况下法院以其名义刊登道歉声明，侵犯了道歉者的基本人权，所以刊登道歉声明不具有可替代性。思想和良心的自由包括表达的自由和沉默的自由，不赔礼道歉属于沉默的自由，强制赔礼道歉这种公开思想和良心的行为假如违反比例原则也有上文提及违宪的可能，所以刊登道歉

---

⑧ 参见宁阳：《论赔礼道歉的强制执行》，载《法制与社会》2016 年第 15 期。

声明应该慎重适用。⑨

  "琼瑶诉于正案"社会关注度较高,案件已产生公开社会影响,结合一审原告琼瑶女士遭受的精神压力,主张消除影响、赔礼道歉,于法有据。但一审原告琼瑶女士就该项诉讼请求仅针对被告于正先生提出,一审法院视为一审原告琼瑶女士自愿放弃对其余被告提出该项主张。结合一审原告琼瑶女士的诉讼请求,一审法院判决被告于正先生于判决生效之日起10日内在新浪网、搜狐网、乐视网、凤凰网显著位置刊登道歉声明,向一审原告琼瑶女士公开赔礼道歉、消除影响,致歉声明的内容须于判决生效后5日内送法院审核,逾期不履行,一审法院将在《法制日报》上刊登该案判决的主要内容,所需费用由被告于正先生承担。

---

⑨ 参见宁阳:《论赔礼道歉的强制执行》,载《法制与社会》2016年第15期。

附件

附件1　琼瑶诉于正等侵害著作权纠纷一审民事判决书

北京市第三中级人民法院

民事判决书

(2014)三中民初字第07916号

原告陈喆(笔名:琼瑶),女,汉族,19××年××月××日出生,作家、编剧,住台湾地区×市×区×里×邻×路×段×巷×弄×号。

委托代理人王军,北京市盈科律师事务所律师。

委托代理人王立岩,北京盈科(上海)律师事务所律师。

被告余征(笔名:于正),男,汉族,19××年××月××日出生,编剧、制作人,住浙江省×市×镇×街×号。

委托代理人马晓刚,北京市浩天信和律师事务所律师。

委托代理人陶鑫良,北京大成(上海)律师事务所律师。

被告湖南经视文化传播有限公司,住所地湖南省长沙市×区×影视文化城×楼×楼×房。

法定代表人何瑾,执行董事。

委托代理人李向农,上海普世律师事务所律师。

委托代理人邱鹏飞,上海普世律师事务所律师。

被告东阳欢娱影视文化有限公司,住所地浙江省金华市×影视产业实验区××-××××-×。

法定代表人马金萍,执行董事。

委托代理人马晓刚,北京市浩天信和律师事务所律师。

委托代理人韩颖,北京大成(上海)律师事务所律师。

被告万达影视传媒有限公司,住所地北京市朝阳区×路×号院×号楼×号。

法定代表人丁本锡,执行董事。

委托代理人于军,北京市道和律师事务所律师。

委托代理人谢彤,北京市道和律师事务所律师。

被告东阳星瑞影视文化传媒有限公司,住所地浙江省金华市×影视产业实验区××-×××-×。

法定代表人詹娜,经理。

委托代理人俞蓉,北京市浩天信和律师事务所律师。

委托代理人朱玉子,北京市浩天信和律师事务所律师。

原告陈喆诉被告余征、湖南经视文化传播有限公司(以下简称湖南经视公司)、东阳欢娱影视文化有限公司(以下简称东阳欢娱公司)、万达影视传媒有限公司(以下简称万达公司)、东阳星瑞影视文化传媒有限公司(以下简称东阳星瑞公司)侵害著作权纠纷一案,本院于2014年5月28日受理后,依法组成合议庭对本案进行了审理。被告余征、湖南经视公司、东阳欢娱公司、东阳星瑞公司在答辩期内分别提出了管辖权异议申请,经本院开庭审理认定,被告万达公司系电视剧《宫锁连城》的出品单位之一,其住所地位于北京市朝阳区,在本院辖区内。因此,本院对本案具有管辖权。本院据此裁定驳回了被告余征、湖南经视公司、东阳欢娱公司、东阳星瑞公司对本案管辖权提出的异议。在该民事裁定书作出后的法定上诉期限内,本案当事人均未提出上诉,本院关于管辖权异议的裁定发生法律效力。

本案进入实体审理程序后,本院分别于2014年9月15日、2014年10月15日组织原被告进行了庭前质证,在正式开庭前,本院建议各方当事人分别委托具备影视剧本创作专门知识的人作为本方的专家辅助人,原告陈喆委托了职业编剧汪海林出庭。本案于2014年12月5日公开开庭进行了案件审理。原告陈喆的委托代理人王军、王立岩,被告余征及被告东阳欢娱公司共同委托的代理人马晓刚,被告余征的委托代理人陶鑫良,被告东阳欢娱公司的委托代理人韩颖,被告湖南经视公司的委托代理人李向农、邱鹏飞,被告万达公司的委托代理人于军、谢彤,被告东阳星瑞公司的委托代理人俞蓉、朱玉子到庭参加了诉讼。本案现已审理终结。

原告陈喆起诉称:原告陈喆(笔名琼瑶)于1992年至1993年间创作完成了电视剧本及同名小说《梅花烙》,并自始完整、独立享有原告作品著作权(包括但不限于改编权、摄制权等)。原作品在中国大陆多次出版发行,拥有广泛的读者群与社会认知度、影响力。2012年至2013年间,被告余征(笔名于正)未经原告许可,擅自采用原告作品核心独创情节进行改编,创作电视剧本《宫锁连城》,被告湖南经视公司、东阳欢娱公司、万达公司、东阳星瑞公司共同摄制了电视连续剧《宫锁连城》(又名《凤还巢之连城》),原告作品全部核心人物关系与故事情节几乎被完整套用于该剧,严重侵害了原告依法享有的著作权。在发现被告侵权之前,原告正在根据其作品《梅花烙》潜心改编新的电视剧本《梅花烙传奇》,被告的侵权行为给原告的剧本创作与后续的电视剧摄制造成了实质性妨碍,让原告的创作心血毁于一旦,给原告造成了极大的精神伤害。而被告却从其版权侵权行为中获得巨大收益,从该剧现有的电视频道及网络播出情况初步判断,该剧已获取了巨大的商业利益。在原告通过网络公开发函谴责被告余征的侵权行为后,被告余征不但不思悔改,竟然妄称"只是巧合和误伤",无视原告的版权权益。因此,原告陈喆提起本案诉讼,请求法院:1.认定五被告侵害了原告作品剧本及小说《梅花烙》的改编权、摄制权;2.判令五被告停止电视剧《宫锁连城》的一切电视播映、信息网络传播、音像制售活动;3.判令被告余征在新浪网、搜狐网、乐视网、凤凰网显著位置发表经原告书面认可的公开道歉声明;4.判令五被告连带赔偿原告2 000万元;5.判令五被告承担原告为本案支出合理费用共计313 000元;6.判令五被告承担本案全部诉讼费用。

被告余征及被告东阳欢娱公司共同答辩称:第一,对于原告的著作权人身份存疑,电视剧《梅花烙》的编剧署名是林久愉,林久愉应为剧本《梅花烙》的作者及著作权人,原告在本案中的诉讼主体不适格。剧本《梅花烙》从未发表过,被告不存在与该剧本内容发生接触的可能,电视剧《梅花烙》的播出也不构成剧本《梅花烙》的发表。第二,原告所主张的著作权客体混乱,所谓《梅花烙》"剧本""小说""电视剧"既无法证明各自的著作权归属,也不能证明被告曾有过接触,因此原告的指控没有事实和法律基础。原告提交的剧本《梅花烙》是在本案起诉后才进行认证,这个剧本有可能是在电视剧《宫锁连城》播映后,比照该剧进行的修改,这样比对下来相似度肯定非常高。因此,剧本《梅花烙》内容的真实性存疑。第三,原告指控被告侵权的人物关系、所谓"桥段"及"桥段组合"属于特定场景、公有素材或有限表达,不受著作权法保护。这一点已经有了大量案例,不能因为本案原告写过言情戏这样的主题,这样的表达就被原告垄断。这些桥段被告不承认是作为作品的表达,在本案中这些桥段也是原告根据自己的想象归纳出的思想,不是作品的表达。第四,原告指控的被告改编原告作品的事实根本不存在,被告的作品是独立创作。被告有证据证明,余征是在自己的大量创作素材的基础上,独立创作出来的《宫锁连城》剧本,是受法律保护的作品。原告主张的作品主题、思想不是著作权法保护的对象。综上，原告主张的人物关系、相关情节、情节整体均不受著作权法保护；剧本及电视剧《宫锁连城》的具体情节表达与剧本及小说《梅花烙》并不相似，情节顺序与原告诉称也不一致；即便有相似之处，也不属于著作权法保护范畴，或另有创作来源。另外，被告注意到，原告在起诉前和起诉后，大量利用了舆论和媒体。因此，原告的所有诉讼请求均没有事实和法律基础，应予驳回。

被告湖南经视公司答辩称：首先，原告作为剧本《梅花烙》的著作权人身份存疑，理由与被告余征及被告东阳欢娱公司的相应答辩意见相同。此外，编剧与影视剧制作方就剧本的著作权归属问题应有合同约定，但原告并未提供过这类证据证明剧本著作权归属问题。因此，原告作为本案诉讼主体不适格。剧本《梅花烙》的创作早于小说，小说并不具有独创性。原告提交的剧本《梅花烙》真实性存疑，理由与被告余征及被告东阳欢娱公司的相应答辩意见相同。第二，被告湖南经视公司并没有参与《宫锁连城》剧本创作，没有侵害原告起诉的改编权。第三，被告湖南经视公司作为电视剧《宫锁连城》的联合摄制方，已经尽到了合理注意义务，依法向广电行政主管部门办理了全部行政许可，且被告湖南经视公司是得到被告余征授权拍摄电视剧《宫锁连城》，原告认为被告湖南经视公司侵权缺乏依据。第四，原告的作品对比方式不科学，对于剧本及电视剧《宫锁连城》概括的桥段不准确，原告是按照自己的诉讼需要进行任意的拼凑，无法还原两部作品的真实原貌。实际上，剧本及电视剧《宫锁连城》的台词设置等与剧本及小说《梅花烙》都不相同。第五，原告从未明确其著作权保护的边界，滥用权利。只有独创性的表达才能得到保护，明确其权利界限和保护范围，是本案审理的基础，其列举的21个桥段概括不符合法律规定。第六，原告人为扩大了相似点的范围。此类题材有其惯用的方式。第七，原告总结的人物关系、桥段等，都属于思想和事实层面，不应受到著作权法的保护。任何人都可以用自己的思想情感创作出自己的作品，任何作者都有权利选择自己感兴趣的主题和题材进行创作。且剧本及电视剧《宫锁连城》在人物关系、情节表达、故事线索等方面均比剧本及小说《梅花烙》更加复杂，对应在原告作品及《宫锁连城》中的具体表达均不相似。第八，即使剧本《宫锁连城》的创作侵害了原告就剧本及小说《梅花烙》的改编权，被告湖南经视公司也没有侵害原告的摄制权，因为改编作品也是独立的新的作品，根据我国相关法律规定，三被告根据剧本《宫锁连城》进行电视剧摄制，没有侵权。拍摄一部好的电视剧，剧本只是一个因素，其中会有几百个桥段，即使使用其中21个桥段，要求停止发行和赔偿损失也是不合理的,这将严重影响文化的发展。从理论上讲,原告应从改编侵权方获得赔偿,但是无过错方已经支付了相应的对价给改编侵权人,再从无过错方处要求赔偿,显然要求了过大的保护。因此,原告的所有诉讼请求均没有事实和法律基础,应予驳回。

被告万达公司答辩称:第一,万达公司仅对电视剧《宫锁连城》进行了投资,不享有该剧的著作权,也没有参加该剧的报批宣传等,主观和客观上都没有侵权故意和事实。这在被告方的投资协议中已经有了明确的约定。电视剧拍摄中对故事梗概的调整,万达公司无从得知,不应承担侵权连带责任。第二,剧本及电视剧《宫锁连城》与原告作品存在很多差异,虽然其中的偷龙转凤等桥段有巧合,但是人物塑造等明显区别于原告作品《梅花烙》。原告凄凉婉转的作品更符合(二十世纪)九十年代的风格,而电视剧《宫锁连城》是多线索的作品,具有明显区别于《梅花烙》文字作品的独创性。第三,《宫锁连城》明显具有独创性的特点,不构成侵害原告作品的著作权。相似之处应剔除思想再判断是否是惯常表达,之后再进行比对看是否构成相似。且这种相似影响到权利人的人身权、财产权的时候才涉及侵权,电视剧《宫锁连城》的情节创意来源于公有领域,《梅花烙》的作品只有十二万字,电视剧《宫锁连城》中的人物关系属于清宫戏中的惯常使用,万达公司认为,该部分情节在公有领域也有很多相仿。即使法院认定这些桥段构成相似,也只占到了《宫锁连城》剧的七十多分钟。因此,万达公司认为电视剧《宫锁连城》具有明显的独创性,没有侵害原告的著作权。原告称侵害其改编权和摄制权,没有事实和法律依据,应予驳回。

被告东阳星瑞公司答辩称:首先,同意被告余征、湖南经视公司、东阳欢娱公司、万达公司的答辩意见。其次,原告指称需要保护的是剧本及小说《梅花烙》的人物关系、故事情节、故事脉络。关于人物关系,《梅花烙》仅仅是爱人关系、主仆关系等,这些并不受著作权法保护。再次,原告主张的 21 个情节根本不是著作权法中的情节,只是高度概括的思想层面的东西。即使有些部分相似,也是不受著作权法保护的思想,且二者在整体上也不相似。《梅花烙》写情之后还写了缘,始终是爱情单线,而《宫锁连城》是多线。二者的表达方式也是不同,原告归纳的桥段也只是时间发展顺序,不具有独创性,在具体表达上与《宫锁连城》剧本也不同。因此,原告的所有诉讼请求均没有事实和法律依据,应予驳回。

经审理查明:

一、关于《梅花烙》剧本与小说、电视剧创作及发表的事实

剧本《梅花烙》于 1992 年 10 月创作完成,共计 21 集,未以纸质方式公开发表。依据该剧本拍摄的电视剧《梅花烙》内容与该剧本高度一致,由怡人传播有限公司拍摄完成,共计 21 集,于 1993 年 10 月 13 日起在我国台湾地区首次电视播出,并于 1994 年 4 月 13 日起在中国大陆(湖南电视一台)首次电视播出。电视剧《梅花烙》的片头字幕显示署名编剧为林久愉。林久愉于 2014 年 6 月 20 日出具经公证认证的《声明书》,声明其仅作为助手配合、辅助原告完成剧本。期间,林久愉负责全程记录原告的创作讲述,执行剧本的文字部分统稿整理工作。林久愉在其声明中称,剧本《梅花烙》系由原告独立原创形成,原告自始独立享有剧本的全部著作权及相关权益。

小说《梅花烙》系根据剧本《梅花烙》改编而来,于 1993 年 6 月 30 日创作完成,1993 年 9 月 15 日起在我国台湾地区公开发行,同年起在中国大陆公开发表,主要情节与剧本《梅花烙》基本一致。小说《梅花烙》作者是本案原告。

二、关于《梅花烙》剧本与小说相关内容的事实

1. 关于剧本《梅花烙》的剧情梗概

清朝乾隆年间,京城富察氏硕亲王府,福晋倩柔连生三女,王爷一直没有儿子。现倩柔再度怀胎,烧香拜佛盼得一男孩。回女翩翩是王爷寿辰接受的赠礼,深得王爷喜爱并被王爷纳为侧福晋。倩柔在府中的地位受到严重威胁。倩柔的姐姐婉柔于是向倩柔献计,一旦此胎再生女孩,则不惜偷龙转凤换成男孩。三个月后,倩柔临盆,生下女儿,偷龙转凤。送走女儿前,倩柔用梅花簪在女儿肩头烙下梅花烙,以便未来相认。新生的女婴在生产当夜被婉柔遗弃杏花溪边。江湖艺人白胜龄夫妇以卖唱为生,这天在溪畔练唱,偶然听见婴儿啼哭,寻着哭声找到被遗弃的女婴,发现女婴肩头的梅花烙印,又对女婴的身世无迹可寻。白胜龄夫妇二人非常喜欢这个孩子,于是收为女儿,取名白吟霜。偷龙转凤所得男孩为王爷府长子,取名皓祯。侧福晋翩翩后生一子,取名皓祥。皓祯长大后文武双全,出类拔萃,又有捉白狐放白狐的经历,宅心仁厚,是王府的骄傲。倩柔一边为皓祯感到欣慰,一边又时常惦记生产当夜被自己遗弃的亲生女儿。

二十年后,皓祯来到一家叫龙源楼的酒楼,恰遇吟霜随白胜龄在龙源楼卖唱。贝子多隆见吟霜年轻貌美,便来调戏。皓祯路见不平出手相救,打退了多隆及其手下。此后,皓祯便常来听吟霜唱曲,渐渐萌生对吟霜的爱意。

皓祯的弟弟皓祥一直对自己的庶出身份深有怨怼，嫉妒并怨恨长兄皓祯。皓祥偶然从多隆处听说皓祯为救吟霜与多隆发生冲突，便告知王爷，以致王爷大怒，责骂皓祯的侍从小寇子带坏皓祯，并对小寇子严刑杖责，皓祯与小寇子主仆情深，情急之下以身相护，为小寇子抵挡杖刑。倩柔见皓祯挨打，心痛难当，央求王爷停手，得以解难。

皓祯与吟霜未能相见的日子里，白胜龄发现吟霜的心事，提醒吟霜与皓祯身份悬殊，劝吟霜熄灭萌生的情感，吟霜则否认了对皓祯的爱意。而多隆则又带一众手下来到龙源楼强抢吟霜。白胜龄见吟霜遭受欺辱，奋起反抗，反遭毒手，重伤当场。吟霜求医无门，白胜龄不治身亡，并于临终前提及当年拾得吟霜的经过。白胜龄死后，吟霜被赶出龙源楼，带着白胜龄的尸体寄身破庙。

皓祯再度路过龙源楼，获知吟霜遭遇强抢及白胜龄身亡的经过，携随从去天桥寻找卖身葬父的吟霜，并再度逼退多隆一干人，救起吟霜，代吟霜办理完毕白胜龄的丧葬。面对无依无靠的吟霜，皓祯听取小寇子献计，将吟霜安置于小寇子远亲三婶婆的院落，吟霜终得落脚。此后皓祯便时常来探望吟霜。府内舞女蕊儿被皓祥奸污，投湖自尽。皓祯烦闷中来找吟霜，闲聊中说起捉白狐放白狐的过往，吟霜便要下皓祯的白狐毛穗子。这天，吟霜外出为皓祯制作白狐绣屏作为礼物。皓祯来小院见吟霜，寻人不着，疑心再遇恶人，倍感焦虑。吟霜冒雨归来，皓祯情急之下训斥，后得知吟霜出门实为辛苦准备礼物，心生感动。二人当日互诉衷肠，私订终身。皓祯就在这一天发现了吟霜肩上的梅花烙。皓祯回府后，遇到倩柔，逼问下告知倩柔自己与吟霜之事，倩柔于是答应赴小院见吟霜。倩柔的会见，原本是试图用金钱收买吟霜远离皓祯，却被吟霜拒绝，并不惜以死明志，皓祯更是心痛。倩柔深受感动，同意日后接吟霜入府。倩柔与秦嬷嬷均隐约发觉吟霜正像年轻时的倩柔。

皇上赐婚，将兰馨公主配皓祯。阖府欢跃，王爷及倩柔更觉荣光，皓祯得知后心系吟霜，闷闷不乐。婚后皓祯屡次托辞，多日不肯与兰馨圆房。为逼皓祯就范，倩柔同意以接吟霜入府作为条件，要求皓祯与公主圆房。于是，吟霜被接进王府做丫鬟，身份为小寇子三婶婆的干女儿，安排在倩柔身边服侍。一日，兰馨在府内撞见皓祯与吟霜共处一室，二人私情暴露，兰馨于是接受崔嬷嬷的建议，向福晋索要吟霜于自己房中伺候，借机欺凌吟霜。一日，兰馨对吟霜动用私刑，皓祯忍无可忍，便向全家正式宣布纳吟霜为妾，并意外发现吟霜已有身孕。皇上得知皓祯与兰馨相处不睦，特宣皓祯觐见。皓祯慷慨陈词，皇上深受感动，未加责罚，规劝皓祯善待兰馨。后吟霜被污不洁，争执间逃脱摔倒，皓祯救扶,吟霜衣袖不慎撕裂,梅花烙显现,恰被倩柔见到,认出吟霜就是自己多年前抛弃的亲生女儿,后倩柔再向吟霜打探生平过往,发誓保护女儿。兰馨经崔嬷嬷劝导,明白与吟霜和睦相处方能缓解与皓祯的关系,于是亲自为吟霜送补品,以期和解,不料被皓祯误以为下毒暗害。兰馨羞愤之下自行喝下补品,以证清白。府内传言吟霜为当年皓祯狩猎放生的白狐,如今化身为人找皓祯报恩,兰馨便请法师来王府作法捉妖,吟霜再被施虐,备受羞辱。倩柔率人救出吟霜,情急之下告知吟霜真实身份,但吟霜为保护皓祯,始终拒绝与倩柔相认。皇上得知皓祯为吟霜而与兰馨不睦,以及兰馨精神濒临崩溃的状况,龙颜大怒,下令吟霜削发为尼。倩柔不忍看吟霜年华葬送,情急之下说破当年偷龙转凤的真相。王爷得知后,预备秘密护送皓祯与吟霜逃离;皓祥得知偷龙转凤的真相,心有不甘,为免宣扬,王爷将皓祥软禁。翩翩悲愤之下向兰馨告密,以致皇上降罪整个王府,并下令处死皓祯。吟霜赴法场见皓祯最后一面,相约午时钟响共赴黄泉。皓祯行刑时刻,公主带圣旨前来法场,赦免皓祯死罪,吟霜却已在午时钟响时悬梁自尽。皓祯对尘世再无眷恋,携吟霜尸体远走山野。

2. 关于小说《梅花烙》与剧本《梅花烙》的内容差异

小说《梅花烙》的故事梗概除不含白胜龄夫妇溪边拾婴、白胜龄劝慰吟霜放弃皓祯、小寇子因皓祥告状被王爷责罚、兰馨听取崔嬷嬷劝告向吟霜求和而遭误解的情节外,与剧本《梅花烙》基本一致,但剧本《梅花烙》中的福晋倩柔及姐姐婉柔,在小说《梅花烙》中分别名为雪如、雪晴。小说《梅花烙》在皇上赐婚至吟霜入府的情节安排上,顺序如下:皓祯在龙源楼打退多隆及手下后,常来听吟霜唱曲,并对吟霜渐渐萌发感情。之后,皇上便指婚兰馨公主与皓祯,阖府欢跃,王爷与雪如更觉荣光,皓祯得知后心系吟霜,闷闷不乐。在皓祯与吟霜私订终身并发现吟霜肩上的梅花烙之后,三月十五日,皓祯奉命与兰馨完婚。婚后皓祯屡次托辞,多日不肯与兰馨圆房,并在情急之下,将自己与吟霜之事告诉了雪如。雪如于是去小院见吟霜,原本打算用钱收买吟霜并劝吟霜离开皓祯,但吟霜用情至深,不惜以死明志。小寇子更是献计,假称吟霜为自己三婶婆的干女儿接入府中做丫鬟。雪如深受吟霜感动,接受了小寇子的计策,吟霜于是被接进王府做丫鬟,安排在雪如身边服侍。在小说《梅花烙》中,偷龙转凤的真相公开后,是皓祥与翩翩共同进宫告密。

三、关于《宫锁连城》剧本及电视剧创作、发表过程的事实

被告余征系剧本《宫锁连城》(又名《凤还巢之连城》)《作品登记证书》载

明的作者,系电视剧《宫锁连城》的署名编剧,剧本共计20集。《作品登记证书》载明的剧本创作完成时间为2012年7月17日,首次发表时间为2014年4月8日,余征于2012年6月5日向被告湖南经视公司出具《授权声明书》。另外,被告余征及东阳欢娱公司称,余征创作《宫锁连城》剧本的时间是2012年6月前后完成故事梗概,7月完成3集分场草稿和故事线草稿,其后开始分场大纲创作。2012年10月开始具体的剧集创作,2012年年底基本定稿。

电视剧《宫锁连城》根据剧本《宫锁连城》拍摄,电视剧《宫锁连城》片尾出品公司依次署名为:湖南经视公司、东阳欢娱公司、万达公司、东阳星瑞公司。电视剧《宫锁连城》完成片共分为两个版本,网络播出的未删减版本共计44集,电视播映版本共计63集,电视播映版本于2014年4月8日起,在湖南卫视首播。

四、关于《宫锁连城》剧本及电视剧相关内容的事实

1. 剧本《宫锁连城》的梗概

清朝乾隆年间,富察将军府的福晋纳兰映月已经生了三个女儿,将军膝下无子,而此时更恰逢将军宠幸侍女如眉,并将已有身孕的如眉纳为侧福晋。映月在府中的地位受到威胁。映月为了保住在府中的地位,和贴身服侍的郭嬷嬷一起策划了"偷龙转凤"的计划,生产当夜映月生下女婴,即用买来的男孩换走了自己的女儿,新生的女婴当夜被郭嬷嬷遗弃溪边。而女婴被遗弃之前,映月发现女婴肩头有一个朱砂记。迎芳阁的老鸨宋丽娘没有孩子,这一日带众姐妹在溪边排练歌舞,听闻婴儿啼哭,循声拾得将军府弃婴,十分喜爱,收为女儿,取名连城,丽娘并发现连城肩头的朱砂记。

映月偷换来的儿子取名富察恒泰,是富察家的长子,如眉继后也为将军生下儿子,取名富察明轩,是富察家的次子。恒泰在将军府长大,二十岁时,已是智勇双全,做了神机营的少将军。映月一边庆幸自己当年的选择,一边也对遗弃的亲生女儿心存惦念。

一日,恒泰正在巡街,与连城意外邂逅在闹市街道,连城称自己被哥嫂卖到妓院,恒泰欲帮连城出钱赎身,后得知自己被骗。大盗王胡子为害百姓,恒泰欲捉拿王胡子。这天却在街上再遇连城假扮新娘,恒泰便请连城假扮舞女,协助捕获王胡子。

吏部侍郎佟阿贵之子佟家麟这日来到迎芳阁,调戏连城未果,欲教训连城泄愤,却被恒泰遇见,恒泰在街市上助连城打败佟家麟及一干手下,家麟和恒泰、连

城都结下了梁子。为防止佟家麟再来闹事,恒泰为连城安排护卫把守迎芳阁,而恒泰则常来听连城唱曲。两人并在交往中,情愫暗生。

恒泰被朝廷派去剿匪,匪徒溃退,恒泰擒住匪首江逸尘,得到皇上赏赐。皇上与皇后见恒泰年轻有为,商议将醒黛公主许配恒泰,醒黛用圆底玉碗存心刁难恒泰,被恒泰轻松化解,并识破醒黛身份,醒黛于是默默倾心恒泰。

得到皇上的赏赐,富察家上下十分高兴。明轩对自己的庶出身份心存怨念,妒忌兄长恒泰。习武途中,明轩遇佟家麟耻笑,并从佟家麟处获知恒泰为保护青楼女子与家麟大打出手并派人守卫之事,于是欲陷害恒泰,将此事禀告了父亲富察将军。将军震怒之下,责骂郭孝教坏恒泰,下令鞭责郭孝,而恒泰与郭孝主仆情深,情急之下以身相护,为郭孝挡下鞭责,在映月央求下,将军方才罢手。

在恒泰出征剿匪的时间里,连城言语寡淡。丽娘发现女儿情愫,安排连城相亲却被连城搅局。丽娘于是告知连城与恒泰身份悬殊,劝连城放弃恒泰。

失去恒泰保护的连城再度陷入佟家麟的搅扰。一日,佟家麟率领一干手下再来迎芳阁,试图强抢连城。连城拒不相从,丽娘为保护连城被佟家麟一伙打成重伤,迎芳阁也在打斗中失火,而佟家麟则带人逃离了现场。丽娘伤情严重,虽经连城四处求医,最终仍不治身亡,孤单一人的连城则守着丽娘的尸体寄身破庙。

连城为母伸冤,只身一人来至顺天府状告佟家麟。哪知官官相护,连城被赶出顺天府,后被府尹污蔑讹诈投入大牢,于是认识了同在大牢的江逸尘。色心大发的佟家麟欲娶连城,江逸尘趁机施计,穿上嫁衣借助连城的身份逃脱,而连城则被带进了佟府。

恒泰得知连城境遇后,带人硬闯佟府,痛打佟家麟,将连城救出,并打点了丽娘的丧事。连城与恒泰消除误会,恒泰接受郭孝献计,将连城安置在郭孝远房亲戚闲置的宅院中,并为连城打点好生活所需。

另一边,佟家麟的妹妹佟毓秀自认武功高强,欲为哥哥出头,女扮男装挑衅恒泰比武,反败于恒泰。毓秀刁蛮无理,要嫁给恒泰,被恒泰拒绝,于是写信约恒泰夜半相见,不料,第二天毓秀发现身边人却是明轩。后毓秀意外发现怀上了明轩的骨肉,将军府与佟家万般无奈之下结成亲家。大婚在即,与明轩早有私情的丫鬟春喜成了明轩结亲最大的障碍,为了解决问题,明轩将她卖给了人贩。娶亲当日,从人贩手中逃出的春喜大闹将军府,恒泰奉将军之命处理此事,不料春喜竟然自尽。新人进,旧人亡,恒泰心中一阵难过,来找连城倾诉,于是被江逸尘发现恒泰与连城关系密切。

为促成醒黛公主与恒泰,皇上招恒泰进官当差。岂料明轩想与恒泰争差事,佟毓秀便设计诬陷恒泰非礼,逼他让出这个差事,却被恒泰化解。

恒泰再来找连城,却未见连城在家,情急之下四处奔走寻找,寻人不着,再回小院等待。连城出门实为给恒泰赶制衣服。连城傍晚回到小院被恒泰训斥,倍感委屈,恒泰得知连城外出是为自己准备礼物的实情后,感动欢喜,两人当夜互诉衷肠,连城以身相许。次日,恒泰发现连城肩头的朱砂记。

江逸尘为了除掉恒泰,设计利用连城引诱恒泰进入布满火药的陷阱,又被恒泰化解,江逸尘遁逃。恒泰把进官的差事让给了明轩,明轩却遭到醒黛公主率人恶整,不堪其扰,恒泰只得入宫当差。醒黛公主的刁难,被恒泰一一化解,后渐渐与醒黛公主熟络,为醒黛出主意,救出其因与戏子良工有私情而被打入冷宫的母亲慧妃。醒黛对恒泰更生情愫。

连城征得恒泰同意,到佟家染坊做工,再次遇到江逸尘。江逸尘被毒蛇咬伤,连城吮毒相救。江逸尘入染坊实为偷盗,阴差阳错,连城被误认为偷盗之人。江逸尘听闻佟家染坊要处置连城,折返回来搭救连城。恒泰得知连城身陷险境,也赶来营救,佟毓秀要求恒泰破案,作为放人的交换条件。恒泰率人一举剿灭一众匪徒,救走连城。江逸尘回来,发现老巢都已被官兵所灭,誓要恒泰血债血偿。

回到官中的恒泰获知自己已被皇上指婚醒黛公主,将军府阖府欢庆,恒泰记挂连城,闷闷不乐,明轩则更嫉妒大哥,在旁煽风点火。恒泰与郭孝说起连城,被映月听到,于是恒泰便告知映月心仪连城之事,映月答应赴小院会见连城。映月和郭嬷嬷来到小院,实为劝说连城离开恒泰,连城不为所动。二人回程途中说起连城,均认为连城恰似年轻时的映月。

江逸尘得知恒泰要做额驸的消息,混迹刺杀,出手却将目标定为富察将军,打斗中,江逸尘露出手上的伤疤,使富察将军想起了以前的爱人杏雨,认出江逸尘是自己的义子。侥幸逃脱的江逸尘联合百乐再将连城掳走,向连城讲明自己与富察将军的仇恨系因其干娘杏雨被富察将军谋害。恒泰得知连城有危险,从迎亲队伍中急离去,与江逸尘决斗悬崖之上,削断了江逸尘的一只手臂,江逸尘坠入悬崖。恒泰救下连城,称病暂缓与醒黛的婚礼。

映月得知恒泰心系连城,有碍公主婚事,同意把连城接进将军府,并谎称是郭嬷嬷的远亲,安排连城在映月房里做丫鬟。恒泰与醒黛完婚。

毓秀、明轩设计接管账房,偷走将军府钱庄的 1 000 两银票,嫁祸连城。恒泰为保护连城,谎称是自己拿了银票。后醒黛与连城联手,涉险查明真相,佟毓秀才向将军承认实情。

恒泰与醒黛大婚后,始终拒绝与醒黛圆房。醒黛四处求教方法想获得恒泰青睐,均不奏效。醒黛贴身李嬷嬷发觉恒泰与连城关系暧昧,道出对连城的怀疑,两人设计试探。另一边,连城百般努力调查杀死杏雨的凶手,后从将军处得知当年与杏雨联手设计骗取映月感情的真相,便怀疑映月杀死了杏雨。连城的试探被映月察觉,于是设计陷害连城,却意外令追踪连城而来的李嬷嬷堕入圈套。跟踪失败的李嬷嬷被醒黛公主训斥,后威胁与连城同屋的丫鬟小雪,诬陷嫁祸连城。恒泰将计就计,用小雪李代桃僵,以致醒黛误认为与恒泰有染的人是小雪。连城得知,埋怨恒泰,后目睹恒泰祭奠小雪,原谅了恒泰。

毓秀对明轩恨铁不成钢,在一次争吵中,明轩失手导致毓秀流产,伤愈重返的江逸尘救下了毓秀,并开始利用毓秀对富察一家进行复仇。毓秀重新回到将军府,江逸尘也借助毓秀混入将军府,伺机寻找复仇的机会。

醒黛怀疑自己搞错了对象。李嬷嬷利用不同荷包凭香味找到真正勾搭恒泰的女人。连城和恒泰的事情败露。醒黛公主知道后,气恼不堪,于是从映月处将连城要来服侍自己,并且对连城百般折磨,实施报复。

江逸尘和百乐谎称克扣粮饷搅乱军营,使得富察将军和恒泰被停职查办。为了进一步摧毁富察家,江逸尘唆使毓秀用毒花暗算醒黛,醒黛得知自己中毒,疑心是连城所为,连城被李嬷嬷推入水中,却被江逸尘所救。李嬷嬷暗中调查,发现了毓秀和江逸尘的合谋,被江逸尘杀死,又被佟家麟瞧见。毓秀于是将杀害李嬷嬷的罪名加到了连城头上。连城被关押起来。江逸尘火上浇油,放走醒黛回宫告状,醒黛和皇后商议,立刻处斩连城,以绝恒泰的念想。恒泰孤注一掷,设下圈套,终于破案。就在毓秀百口莫辩之时,江逸尘将佟家麟当做替死鬼丢了出来。恒泰赶赴法场,救下连城。

回到府中,恒泰宣布正式纳连城为妾。皇上为了解决恒泰和醒黛的问题,特召恒泰入宫叙话,却被恒泰说服,未予责罚。公主满怀怨恨回到将军府,百般搅扰恒泰与连城的婚礼。

佟家麟被投入大牢后,其父佟阿贵设计安排佟家麟越狱逃匿。江逸尘设计使得恒泰与连城将佟家麟带回法场,监斩的佟阿贵无奈下令处斩家麟,并将杀子之仇算在了恒泰和连城头上。

映月和郭嬷嬷疑心毓秀早就流产,并予试探。毓秀假装从楼梯上摔倒落胎嫁祸连城。恒泰粗鲁训诫,连城愤怒之下夺门而出,江逸尘适时出现,排解了连城的苦闷。佟阿贵为报杀子之仇,设计举荐富察将军府押运赈济银两再行劫掠。将军父子料到事情有诈,早有防范,不料百乐突然出现,用化金水将银子全部化去。恒泰发觉此事必与佟家有关,毓秀被恒泰软禁了起来。阖府上下一起寻找对策,恒泰为保护连城,故意冷落。

江逸尘又一次将连城从府中带了出来,指望连城能和自己远走高飞,但连城却执意要与恒泰同甘共苦,并答应在三天内调查出杏雨之死的真相。连城为了破解谜案,以郭嬷嬷为切入口,却发现了郭嬷嬷去李记绣花铺秘会李甲。在连城盘问下,李甲说出映月害死杏雨的真相,连城于是力劝李甲向将军和江逸尘吐露实情。与此同时,富察家的自救行动也在展开。佟阿贵中计说出陷害忠良、卖官鬻爵的真相,哪知恒泰却从内室请出皇上,将军府冤案得雪,佟家被查抄,而毓秀也被明轩休掉。无家可归的毓秀去找江逸尘,却得知自己只是一个被利用的棋子,愤怒的毓秀发誓要报复恒泰、连城以及江逸尘。

连城和江逸尘在江边等待李甲,来的却是恒泰带兵围剿江逸尘,江逸尘入水逃遁,连城被恒泰带回了将军府,映月向连城坦言自己杀害杏雨的真相,并警告连城就此收手。江逸尘后混入了军营假扮厨子,准备行刺富察将军,却被恒泰擒住。得知江逸尘被擒,连城偷了钥匙想要放跑江逸尘,却被恒泰捉了个正着。富察将军单独审讯江逸尘,并认江逸尘为义子,阖府上下皆大不满,而醒黛针对连城的措施,也被江逸尘一一破坏。

府中频现事端,醒黛请法师作法,诬陷连城狐妖附体,对连城百般羞辱,连城后被江逸尘救下。

醒黛要除去连城,映月要除去江逸尘及连城,两人暗中连手欲对付连城和江逸尘。皇后为了帮助醒黛解决家事,将连城召进宫中学规矩。连城在宫中化解各种难题,结识了秦湘姑姑和皇上,并帮助皇上与慧妃重归于好,于是获准月底出宫。与此同时,军营之中,江逸尘和百乐私发银两引发军士骚动,恒泰突出奇谋,化解了军营危机。江逸尘则不断逼问将军害死杏雨的原因。映月和郭嬷嬷策划制造江逸尘对醒黛公主不恭敬的局面而令其触犯大罪,醒黛洞悉,决定将计就计。

寺庙中,连城与江逸尘被关在房间,江逸尘受药物控制逐渐丧失心性,醒黛和映月带着恒泰和将军闯了进来。正当连城百口莫辩的紧要关头,连城衣袖被撕破,映月看到连城肩上的朱砂记,认出连城就是自己的亲生女儿,于是救连城于危急。恒泰识破醒黛陷害连城,意欲休掉醒黛。回程路上,映月与连城谈心,了解连城的过往。回府后,映月更是与郭嬷嬷商议此事,发誓保护连城。

极度伤心的醒黛整日寻死。皇后派秦湘过来劝慰醒黛。秦湘劝说醒黛与连城休好,以缓解与恒泰的关系,醒黛于是准备点心送与连城意图求和,却遇映月怀疑下毒。醒黛羞愤之下吃掉点心以示清白。

将军为化解江逸尘的仇恨,立江逸尘为长子。江逸尘在军营中重伤了明轩,明轩央求恒泰为自己出头。江逸尘和恒泰领兵押运粮草,恒泰令江逸尘捉拿贼匪白毛归案,江逸尘说服白毛,完成了任务。秦湘的丈夫钟保在将军府偶遇郭嬷嬷,而钟保正是恒泰的亲生父亲。钟保以此得到大量钱财,秦湘于是怀疑自己的儿子就在将军府中。在连城的帮助下,秦湘取得了郭孝及府内其他男子的血来验证,均不是秦湘的儿子,却独缺恒泰的一滴血。失望的秦湘回去质问钟保,争执中,钟保头部受伤,秦湘惊慌逃离。江逸尘查得映月送钱给钟保,于是到钟保家调查,发现钟保死于瓦砾中。在连城说服之下,恒泰终于同意滴血认亲,然而顺天府派人前来捉拿秦湘,秦湘被打入大牢。映月怕秦湘说出真相而督促顺天府迅速结案,江逸尘则牢中会见秦湘,蛊惑其说出恒泰身世真相。为了保护恒泰,秦湘选择了自尽。

将军洞悉了江逸尘的复仇,向江逸尘讲述了关于杏雨的全部真相:年轻时的富察将军与杏雨是一对眷侣,但那时的富察将军还只是无功无名的富察翁哈岱。为了前途,两人故意设计让年轻俊朗的富察翁哈岱接近老将军的女儿映月,赢得映月的青睐,从而入赘将军府,达到荣华富贵的目的。

在恒泰的逼问下,映月讲出当年偷龙转凤的全部真相,偷听到真相的富察将军并未责怪映月,并告知映月,自己已经在栖霞峰埋下了炸药,将江逸尘和连城一并炸死,从此将军府归于平静。当映月说明连城就是自己与将军的亲生女儿,将军方寸大乱,恒泰则火速赶往营救连城,江逸尘消失在火海里。

连城醒来后无法接受自己的身世,明轩与如眉则偷听得知偷龙转凤的真相。明轩知道自己才是富察家唯一的儿子,心有不平,于是与如眉一同将偷龙转凤的事密告醒黛。将军得知后急火攻心中风瘫痪。

连城对富察家心灰意冷,欲要离开,恒泰答应连城一起离去,却被云儿撞见并告知醒黛。醒黛向恒泰分析一家形势以威胁恒泰,并告知已怀上了恒泰的骨肉,恒泰无奈只得放弃私奔。连城在湖畔等待恒泰,不料来的却是云儿,云儿谎称恒泰要连城自己上路,并趁势将连城推下了冰窟,生死未卜。看透世情的映月带着瘫痪的将军离开了将军府回奉天府老家安度晚年。醒黛掌管富察家大局,整顿阖府事宜,将明轩母子赶出了将军府。

三年后,公主与恒泰的女儿小格格已经长得十分可爱,恒泰则陷入对连城的思念,终日沉浸在摄心术营造的梦幻中。醒黛请皇后将接待蒙古使臣的差事交给了恒泰,岂料蒙古使臣竟然就是江逸尘。江逸尘以小格格为要挟,要求恒泰交出连城。恒泰索性将小格格交由江逸尘看管,反而让江逸尘无法下手。

一方面,江逸尘和恒泰在皇上面前操演阵法之时大打出手,被醒黛制止,并宣布了连城的死讯;另一方面,百乐混入军营,协助解决军营粮草短缺的燃眉之急,博得了郭孝的信任。得知连城的死讯,恒泰陷入悲伤,更加迷恋摄心术,最终身心俱伤。太医孙合礼为恒泰医治,却不料孙合礼当年救下毓秀,并被毓秀控制、利用。

朝廷得知多隆贝勒在西北谋反,派恒泰去剿灭,而此时郭孝对百乐已经情根深种,不能自已。西北战场上,关键时刻恒泰鸣金收兵,准备和多隆和谈。在百乐的怂恿下,郭孝带兵奇袭,歼灭多隆部队,事后被恒泰处罚。百乐就此挑拨郭孝与恒泰,称恒泰与叛军勾结,众将士也都觉得郭孝做得对,郭孝的心开始动摇。百乐安排一名叛军高喊连城的名字,恒泰即令押解此人到行帐中审问。百乐再在郭孝耳边扇风,挑拨郭孝禀明皇上,称恒泰与叛军勾结,引发龙颜震怒,下旨捉拿恒泰,并命郭孝接管军营。

百乐和郭孝日久生情,准备向江逸尘摊牌,却被郭嬷嬷发现。郭孝深深忏悔自己的轻信,呈上血书为恒泰鸣冤,终因失血而死。郭嬷嬷悲痛至极悬梁自尽,恒泰沉冤得雪。

毓秀借助孙合礼令连城听命于她,将恒泰视为仇人,并安排连城到恒泰身边伺机报复。江逸尘与恒泰意外间共同发现并救下失忆的连城,恒泰将连城带回家,试图借助巫术唤醒连城的记忆。恒泰街头偶遇混迹市井的明轩,得知他和如眉生活不如意便接回府中。醒黛则质疑二人,设计赶走,未能成功。心寒的醒黛夜晚街头偶遇戏班老板步青云。

连城回府后,醒黛察觉其中有诈,设计试探连城,在恒泰带连城去筑梦所之际,买通法师骗连城带钱救恒泰,岂料连城识破醒黛计谋,上门求助并甘愿喝下毒酒,获得恒泰的信任。醒黛的提示及试探令恒泰无法接受,甚至出手打了醒黛。醒黛愤然离家回宫。连城被恒泰的真情打动,恨意渐渐动摇。

恒泰再开迎芳阁为酒楼,请步青云坐镇。明轩在发现步青云骑马撞人后,献计解决迎芳阁声誉危机,之后力劝恒泰置地,连城根据毓秀的安排给明轩提供帮助。明轩骗得将军府的当家印鉴,将府内财产占为己有,并将恒泰净身赶出将军府,原来明轩是受江逸尘指示回府陷害恒泰。后来,恒泰带着连城回到将军府,原来一切都在恒泰与醒黛设下的计谋,意在令明轩及幕后主使暴露狐狐尾巴。连城才发现自己也被算计其中,恒泰并不是表面看起来的简单的好人。

明轩因为之前的交易而找来一身麻烦,于江逸尘处求助未果,并在街上发现毓秀和连城在一起,偷听到毓秀的复仇计划被灭口。恒泰却收到装着明轩尸首的箱子,认为是江逸尘痛下毒手,找江逸尘理论。恒泰因为明轩的死而郁郁寡欢,连城失手打碎一只竹制鱼形盏,发现了恒泰写给自己的装载着过去回忆的信件,勾起了连城的大部分记忆。

醒黛得知连城中了小天狼花毒,于是在官中寻得100粒缓解的丹药,最终选择与连城和平共处。毓秀和孙合礼正为无法控制连城伤脑筋之际,江逸尘来向孙合礼求助失忆症的救治方法,毓秀决定利用江逸尘继续自己的计划。如眉受江逸尘挑唆,找恒泰报杀子之仇。如眉回到了将军府装疯卖傻,拐走小格格,为救小格格,连城跳入水中,全部回忆起来。江逸尘带走落水的连城送到太医处医治,连城被换心香控制,再次将恒泰视为仇敌。

连城找到江逸尘帮忙,伙同江逸尘伪装成的玲珑混入将军府。小格格死亡,醒黛将仇恨归结于连城的回归,离家再遇步青云。恒泰因为女儿、兄弟、姨娘先后为自己枉死而心力憔悴病倒,连城和"玲珑"利用药物使恒泰的病情越来越严重。恒泰经常幻觉自己见到了女儿,醒黛在步青云的帮助下将装神弄鬼之事戳穿。

江逸尘后与连城计划用借刀杀人的法子,制造步青云与公主的不洁关系,除去公主。不料步青云是男扮女装,连城的阴谋没有得逞,恒泰身体日下,顺势驱赶醒黛及连城。毓秀做出连城的假脸,易容成连城的样子欲与江逸尘私奔,江逸尘识破毓秀伎俩,将计就计,将毓秀卖给船夫。

孙合礼的小徒弟在采摘灵芝的途中陷于沼泽丧命,给了毓秀算计恒泰的灵感,用连城引恒泰入沼泽。孙合礼良心不泯,关键时刻救下恒泰与连城,并以一个请求的许诺为恒泰医治。连城通过法师的作法恢复神智,联合江逸尘、恒泰、公主设计毓秀,关键时刻却是孙合礼控制连城,救出毓秀。毓秀与连城换脸,并借助连城身份接近恒泰伺机报仇。后连城遇险,被江逸尘所救。醒黛发现有异,多次试探毓秀,并劝说恒泰,但未能戳穿。而真正的连城前去警告恒泰,却被当做毓秀顶罪流放。流放路上,江逸尘再救连城。

另一边,慧妃去世,步青云趁机接近皇上,被封为贵人,恃宠而骄。皇上南巡,恒泰携醒黛及毓秀随行护驾,期间,醒黛再试毓秀,并设计令毓秀撞见其亲生父亲佟阿贵。情急间,毓秀亲手杀死佟阿贵。步青云的跋扈和挑唆令皇后遭受冷遇,被皇上遣返回京,而步青云则实为意图对皇上不利。皇后得知有人欲行刺皇上,即刻返程给皇上报信,步青云及其同伙谋害皇上的计划被搅乱,皇后则受重伤而死。毓秀发现步青云行刺意图后,被步青云强令服毒,控制毓秀。带着毓秀面容的连城设计逃离江逸尘,混入宫中假扮厨娘,化名素云陪伴恒泰。连城偷听得步青云欲在皇后葬礼之时谋害皇上的计划,试图通知恒泰,却被江逸尘阻止。毓秀因中毒只得听步青云摆布,在皇后棺椁中放置炸药刺杀皇上。后江逸尘替连城拆卸炸药,却被侍卫发现、追杀。最终,江逸尘为保护连城,吸引追兵,中箭掉入悬崖。

步青云的计划并未成功,皇上早有筹谋,并将刺客一网打尽。步青云自揭身份,在得知自己父亲当年背弃组织并与嫔妃产生私情的死亡真相后绝望自尽。

醒黛发现连城与毓秀之间的对话,疑心毓秀与连城互换面目,于是决心调查真相。当连城身陷牢狱,醒黛狱中会见连城,发现连城身上旧伤,认定二人互换身份的实情。恒泰觉查毓秀身份可疑,于是设计乱党逃逸的假象,毓秀身份败露。

孙合礼潜入大牢,用药迷倒并俘虏连城,用连城与毓秀交换,而毓秀则最终毒发身亡。孙合礼在毓秀死后为其与连城换回各自的脸,带着毓秀奔向沼泽殉情。

醒黛在经历如此周折后,看破红尘,每日佛堂诵经,意欲成全连城与恒泰,却不想连城最终选择离开。公主在恒泰劝说下走出佛堂,两人携手余生。

多年后,年迈的连城正给一群晚辈讲述自己年轻时的故事,却与年迈的恒泰不期而遇。

经查,电视剧《宫锁连城》剧情内容与剧本《宫锁连城》基本一致。

2. 原告主张的剧本《宫锁连城》与电视剧《宫锁连城》中涉嫌侵权内容的梗概

原告主张的剧本《宫锁连城》与电视剧《宫锁连城》侵权内容,集中于剧本及电视剧《宫锁连城》关于恒泰与连城之间身世、感情的情节,该部分情节概括如下:

清朝乾隆年间,富察将军府的福晋纳兰映月已经生了三个女儿,将军膝下无子,而此时更恰逢将军宠幸侍女如眉,并将已有身孕的如眉纳为侧福晋。映月在府中的地位受到威胁。映月为了保住在府中的地位,和贴身服侍的郭嬷嬷一起策划了"偷龙转凤"的计划,生产当夜映月生下女婴,即用买来的男孩换走了自己的女儿,新生的女婴当夜被郭嬷嬷遗弃溪边。而女婴被遗弃之前,映月发现女婴肩头有一个朱砂记。迎芳阁的老鸨宋丽娘没有孩子,这一日带众姐妹在溪边排练歌舞,听闻婴儿啼哭,循声拾得将军府弃婴,十分喜爱,收为女儿,取名连城,丽娘并发现连城肩上的朱砂记。

偷龙转凤所得男孩为将军府长子,取名恒泰。长大后的恒泰智勇双全,投身军营,做了神机营的少将军,映月也因为这个儿子得到了尊崇和荣光。映月庆幸自己当年的选择,同时也对被抛弃的女儿心存惦念。另一边,连城则在青楼市井长大。如眉也为将军生下一个儿子,取名明轩。

一日,恒泰带人巡街,与连城意外邂逅在闹市街道,连城谎称自己被哥嫂卖到妓院,恒泰便欲出钱帮连城赎身。后得知自己上当。恒泰在街市再遇连城行骗解救被逼婚的新娘,后请连城假扮舞女,帮助捉拿大盗王胡子。

吏部侍郎佟阿贵之子佟家麟在迎芳阁调戏连城未果,欲教训连城,追至街市,却被恒泰遇见,恒泰于是出手相救,打败佟家麟及一干手下,家麟和恒泰与连城都结下了梁子。而恒泰此后则派人把守迎芳阁,并常来听连城唱歌,两人情愫暗生。

恒泰被朝廷派去剿匪,两人久未见面。明轩对自己的庶出身份一直心存怨念,妒忌恒泰。一日,明轩学武遭到佟家麟耻笑,并从佟家麟处听说恒泰保护连城与佟家麟大打出手并派人把守妓院之事,于是禀告给将军。将军震怒之间责骂恒泰的随从郭孝带坏恒泰,动用家法施以鞭责,而恒泰与郭孝主仆情深,情急之下以身护仆,为郭孝挡下鞭责,映月央求之下,将军方才罢手。

不见恒泰的日子里,连城情绪低落。丽娘发现后,便为连城安排相亲却被连城搅局,丽娘于是提醒连城与恒泰身份悬殊,劝连城放弃恒泰。

失去恒泰保护的连城再度陷入佟家麟的搅扰。一日,佟家麟率领一干部下再来迎芳阁,强抢连城。连城拒不相从,再度与佟家麟发生争执。丽娘为保护连城身受重伤,迎芳阁也在打斗中失火,而佟家麟则带人逃离了现场。丽娘伤情严重,虽经连城四处求医,最终仍不治身亡。孤单一人的连城则守着丽娘的尸体寄身破庙。

连城被佟家麟施计带进了佟府。恒泰得知后,带人硬闯佟府,痛打佟家麟,并将连城救出。连城记恨恒泰爽约多日未见,后经说明情况,得知恒泰打点了宋丽娘的丧事,与恒泰消除误会。后恒泰听得郭孝献计,将连城安置在郭孝远房姑妈闲置的宅院中。连城便得到落脚之地。

恒泰前往小院来找连城,却未见人,情急之下四处奔走寻找,恒泰寻人不着,再回小院等待。连城傍晚回到小院被恒泰训斥,满腹委屈。后告知自己是去城里为恒泰赶制衣服。恒泰得知实情后,感动欢喜,两人当夜互诉衷肠,连城以身相许。次日,恒泰发现连城肩头的朱砂记。

宫中的醒黛公主到了婚配的年纪,恒泰被选定为额驸。恒泰获知自己已被皇上指婚醒黛公主,一心记挂连城,回到家中。将军府因皇上指婚一事阖府欢庆,只有恒泰一人闷闷不乐。明轩则更是嫉妒大哥,在旁煽风点火。无奈之下,恒泰告知映月心仪连城之事,映月答应赴小院会见连城。

映月和郭嬷嬷来到小院,实为收买、劝说连城离开恒泰,哪知连城竟不为所动。二人回程途中说起连城,均认为连城恰似年轻时的映月,而映月也对连城为人深深认可。

映月得知恒泰心系连城,有碍与醒黛的婚事,于是同意把连城接进将军府,谎称是郭嬷嬷的远亲,安排在映月房里做丫鬟,恒泰终于与醒黛完婚。连城在将军府有意躲避恒泰,仍被醒黛及李嬷嬷发觉两人似有微妙。

恒泰与醒黛大婚后,始终拒绝圆房。醒黛四处求教方法想获得恒泰青睐,均不奏效。李嬷嬷利用不同荷包凭香味找到真正与恒泰有染的女人,连城和恒泰的事情败露。醒黛知道后,气恼不堪,于是听从李嬷嬷献计,从映月处将连城要来服侍自己,并且对连城百般折磨。

李嬷嬷被杀,连城遭嫁祸,被捉拿到顺天府择日处斩。恒泰破案后,飞马赶赴法场,救下了连城。

回到府中,恒泰宣布正式纳连城为妾室。皇上为了解决恒泰和醒黛的问题,特召恒泰入宫,却反被恒泰说服,不予责罚,并劝恒泰回府与醒黛好好过日子。醒黛满怀怨恨回到富察府,百般搅扰恒泰与连城的婚礼。

府中频现事端,醒黛遂针对连城称家里出了妖孽,于是请法师作法,指认连城狐妖附体,对连城百般羞辱。后为陷害连城,醒黛联合映月将连城与江逸尘关在寺庙房间,正当连城百口莫辩的紧要关头,争执中连城衣袖被撕破,映月看到连城肩上的朱砂记,认出连城就是自己的亲生女儿。回程路上,映月与连城谈心,了解连城的成长过往。回府后,映月更是与郭嬷嬷合计认定女儿之事,决计保护连城。

皇后派秦湘姑姑陪伴公主。经秦湘劝解,醒黛终想通了夫妻共处之道,明白只有与连城休好才能挽回恒泰,于是准备点心送与连城意图求和,却遭遇映月怀疑下毒。醒黛羞愤之下自吃点心以示清白。

后来恒泰从映月口中得知偷龙转凤的全部真相。偷听到真相的富察将军并未责怪映月,并告知映月,自己已经在栖霞峰埋下了炸药,预备将江逸尘和连城一并炸死,从此富察府归于平静。映月情急之下说明连城就是自己与将军的亲生女儿,富察将军方寸大乱,恒泰则火速赶往营救连城。屋外,明轩与如眉一直在偷听,得知偷龙转凤的真相,将偷龙转凤之事密告给醒黛。

五、关于原告主张的剧本及电视剧《宫锁连城》中相关内容与剧本及小说《梅花烙》的关系

原告为说明剧本《宫锁连城》、电视剧《宫锁连城》与剧本《梅花烙》及小说《梅花烙》在人物设置、人物关系、具体情节及情节整体创编上的相似性,向本院提交了人物关系对比图(附图)、"《宫锁连城》电视剧及剧本与《梅花烙》小说及剧本相似情节比对表"(附表)。经查,上述图表中的人物设置、人物关系及情节在剧本《宫锁连城》、电视剧《宫锁连城》与剧本《梅花烙》、小说《梅花烙》中均存在对应内容。

六、关于原告专家辅助人的庭审陈述

原告委托的专家辅助人汪海林就剧本创作问题当庭发表意见,剧本的核心创作价值体现于精彩的情节段落设计,而就具体情节基于特定的串联及编排将成为剧本的最终表达。对在先剧本的内容使用,仅通过观看其电视剧的内容即可实现。从人物设置与影视作品情节关联上来看,用于比较的两部作品男女主人公的关系及情节安排如果呈现出一定程度的相似性,则可以作为两部作品相似的判断基础,具体的人物设置、人物关系、具体情节及桥段,以及由情节串联而成的剧情均可作为剧本的创作表达。而对于相关情节,如用于比较的两部作品在部分细微环节存在差异,则需要考虑发生差异的部分是否仍保持着同样的戏剧功能,如戏剧功能未发生实质变化,则不能简单排除前后作品的相似关系。

七、关于原告要求各被告承担侵权责任的事实

原告主张本案各被告共同侵害了原告作品改编权及摄制权,各被告应就侵权行为共同承担连带责任,其中关于经济损失赔偿的问题,原告主张以被告违法所得为请求赔偿的基础。

原告主张,余征担任编剧的单集稿酬约为每集20万元,电视剧《宫锁连城》在湖南卫视播出的版本长达63集,余征就剧本《宫锁连城》获得的稿酬可达1 260万元;电视剧《宫锁连城》授权湖南卫视播映的版权许可费应不低于每集

180万元,且该剧在湖南卫视、天津卫视、乐视网等多家电视及网络平台均有播出,被告湖南经视公司、东阳欢娱公司、万达公司、东阳星瑞公司通过该剧获得的播映权许可使用费用的现有收益已经可以高达上亿元。

就各被告收益情况及各被告就剧本《宫锁连城》、电视剧《宫锁连城》的合作关系、收益分配情况,原告于诉讼之初即已提出要求各被告提供余征就剧本《宫锁连城》的编剧合同、电视剧《宫锁连城》联合摄制合同及电视剧《宫锁连城》发行合同。

被告万达公司向原告提交了其与被告湖南经视公司签署的《联合投资摄制电视剧协议书》,但该协议书正本及复印件均存在大量条款遮蔽。在未遮蔽的部分,第6.2条约定,该剧剧本的内容由东阳欢娱公司、湖南经视公司、东阳星瑞公司三方共同审查,经三方书面确认通过后才能进行拍摄;第6.5条约定,由湖南经视公司全权负责完成剧本的立项、报批、审批环节的相关事宜,三方均有权了解本剧前期筹备、拍摄制作、送审、宣传、发行的计划安排以及实际进度。

在本案中,原告申请各被告提交剧本《宫锁连城》编剧合同及电视剧《宫锁连城》发行合同以及关于电视播映权许可使用和信息网络传播权许可使用的合同等,各被告均未提交。

八、关于原告支出合理费用的事实

原告主张,因本案维权支付律师费30万元、公证认证费1 000元、公证费12 000元,共计313 000元。

以上事实,有原告陈喆提交的电视剧剧本《梅花烙》及作者琼瑶权利声明书、电视剧《梅花烙》剧本摘录、小说《梅花烙》、小说《梅花烙》摘录、电视剧《宫锁连城》剧本及作品登记证书、电视剧《宫锁连城》完成片DVD(乐视网,www.letv.com网络下载视频)、电视剧《宫锁连城》完成片剪辑版、电视剧《宫锁连城》演员戴娇倩"我就是这么直接"媒体采访视频、(2014)京方圆内经证字第20573号公证书、(2014)京方圆内经证字第20572号公证书、(2014)京方圆内经证字第20571号公证书、电视剧《梅花烙》署名编剧林久愉声明书、电视剧《梅花烙》制片方怡人传播有限公司出具的《电视剧〈梅花烙〉制播情况及电视文学剧本著作权确认书》、小说《梅花烙》首发出版方皇冠文化出版有限公司出具的《证明书》及"2014年度北院民公麟字第221531号"公证书、原告书证《写给广电总局的一封公开信》、律师委托代理合同书、律师费发票、律师费支出的代付款说明、我国台湾地区公证费用《声明书》及《公证费支出明细单》、公证费发票,被告余征、被告湖南经视公司、被告东阳欢娱公司、被告东阳星瑞公司提交的电视剧《梅花烙》VCD、封面、内容截图、电视剧《宫锁连城》、剧本《宫锁连城》、余征2012年5月30日完成的《宫锁连城》故事梗概、国家广播电影电视总局关于《宫锁连城》的电视剧拍摄制作备案公示表、国家广播电影电视总局备案的《宫锁连城》故事梗概、张庭新浪微博网页、《乾隆皇帝全传》节选、《九小姐与乾隆》节选、连环画《九公主与乾隆》、黄梅戏《公主与皇帝》、电视剧《还君明珠》、电视剧《绝色双娇》、电视剧《青天衙门Ⅱ之望子成龙》、《西游记》节选、《西厢记》节选、《水浒传》节选、《红楼梦》节选、《清史十六讲》节选、《试论〈红楼梦〉中嬷嬷的形象及其审美价值》《试论小厮茗〈红楼梦〉中的作用——以茗烟、兴儿为例》、电视剧《一剪梅》、《清史稿》节选、《乾隆幼女和孝公主》、《解说老北京》节选、《鲁迅新婚之夜与妻子同房未同床伤心流泪》《明清长篇世情小说妻妾斗争与"歇斯底里"特质》、《红颜倾君》节选,被告一余征及被告三东阳欢娱公司提交电视剧《大清后宫》、电视剧《游龙真太子》、电视剧《换子成龙》、电视剧《凤凰血》、电视剧《爱在离别时》、电视剧《爱情风暴美丽99》、电视剧《赵氏孤儿案》、电视剧《新施公案》、电视剧《菩提树下》、电视剧《情迷海上花》、电视剧《璀璨人生》、电视剧《错爱一生》、电视剧《风中百合》、电视剧《金玉良缘》、电视剧《雍正王朝》、电视剧《红楼梦》、电视剧《京华烟云》、电视剧《打金枝》、电视剧《真假驸马》、《宫3》人物关系图、《梅花烙》人物关系图、《宫3》主要故事脉络情节、《梅花烙》主要故事脉络情节、相关案例,被告湖南经视公司提交的《授权声明书》,被告万达公司提交的《联合投资摄制电视剧协议书》,以及相关笔录在案佐证。

本院认为:

本案的焦点问题为:一、剧本《梅花烙》著作权的归属;二、小说《梅花烙》与剧本《梅花烙》的关系;三、原告主张被改编和摄制的内容能否受著作权法保护;四、《宫锁连城》剧本是否侵害了《梅花烙》剧本及小说的改编权;五、《宫锁连城》剧本是否侵害了《梅花烙》剧本及小说的摄制权;六、侵害改编权及摄制权主体及民事责任的认定。以下分别进行论述。

一、剧本《梅花烙》著作权的归属

1. 原告提交的剧本《梅花烙》文本是否确系电视剧《梅花烙》的拍摄剧本

剧本是电视剧拍摄的依据,以文字形式呈现电视剧的拍摄内容。实践中,虽电视剧拍摄过程中可能对剧本进行适当调整,也不乏剧本与电视剧内容高度一致的情形。打印装订成册的剧本实物是剧本内容的物理载体,剧本物理载体这一实体形式的变化并不意味着剧本内容的变化。在本案中,原告陈喆提交的剧本《梅花烙》内容并未超出电视剧《梅花烙》的剧情表达,且与电视剧《梅花烙》的影像视听内容形成基本一致的对应关系,结合原告小说《梅花烙》"创作后记"中关于剧本创作完成在先的原始记载,原告提交剧本《梅花烙》内容的真实性,本院予以认可。

2. 剧本《梅花烙》的著作权归属

《中华人民共和国著作权法》第十一条规定,如无相反证明,在作品上署名的公民、法人或者其他组织为作者。《最高人民法院关于审理著作权民事纠纷案件适用法律若干问题的解释》第七条规定,当事人提供的涉及著作权的底稿、原件、合法出版物、著作权登记证书、认证机构出具的证明、取得权利的合同等,可以作为证据。

可见,以署名情况认定作者身份仅为作品创作关系的初步推定证明,而作为相反证明的依据则有多种方式。在本案中,电视剧《梅花烙》字幕虽有"编剧林久愉"的署名安排,但林久愉本人出具的《声明书》已明确表示其并不享有剧本《梅花烙》著作权的事实;电视剧《梅花烙》制片者怡人传播有限公司出具的《电视剧<梅花烙>制播情况及电视文学剧本著作权确认书》也已明确表述剧本《梅花烙》的作者及著作权人均为本案原告。本院对此予以确认。

五被告均认为,林久愉在剧本《梅花烙》的创作过程中执行了相关整理工作,林久愉应基于其整理工作享有剧本《梅花烙》的作者身份,并享有剧本著作权;剧本《梅花烙》至少为林久愉与原告的合作作品,林久愉应享有该剧本的合作作者身份,与原告共同享有剧本《梅花烙》的著作权。就这一问题,本院认为,著作权法意义上的整理是指,对一些散乱作品或者材料进行删节、组合、编排,经过加工、梳理使其具有可欣赏性,强调的是整理需融入行为人的独创性智力成果,并最终以其独创贡献造就了作品的形成;就合作作品而言,合作作者须为参与了作品创作的主体,需要对作品创作付出创造性智慧劳动。执笔者是否属于作品的创作者,应以执笔者是否在这一过程中提供了具有独创性的智力劳动加以确认。如作品的具体故事、情节等均由他人创作并以口述表达,执笔者仅以辅助记录的方式将相关口述转换为文字形式加以记载,那么,这种执笔并不属于著作权法意义上的合作作者。

在本案中,林久愉根据原告口述整理剧本《梅花烙》,是一种记录性质的执笔操作,并非著作权法意义上的整理行为或融入独创智慧的合作创作活动,故林久愉并不是剧本《梅花烙》作者。因此,本院认定剧本《梅花烙》的作者及著作权人均为本案原告陈喆。

二、小说《梅花烙》与剧本《梅花烙》的关系

关于小说《梅花烙》是否与剧本《梅花烙》构成同一作品从而不具有独立的著作权的问题,原告陈喆主张小说《梅花烙》是在剧本《梅花烙》的基础上改编而成的。

本院认为,该问题取决于小说《梅花烙》是否具有不同于剧本《梅花烙》而存在的独创性。独创性是指作品系作者独立创作产生,融入了作者的原创智慧。独创性在概念上强调独立完成及创作性。独立完成,即作品由作者通过独立思考、创作产生,而不是单纯模仿、抄袭他人作品;创作性,强调作品应融入作者的创作个性,即作者个人所特有的创作表达。因此,在著作权法保护的维度上,独创性,强调作品系作者个人,而非他人的独创智慧成果。

根据本院查明的事实,小说《梅花烙》中虽然在故事内容上与剧本《梅花烙》存在高度关联性、相似性,但却具有不同于剧本《梅花烙》而存在的独创性,故小说《梅花烙》应为剧本《梅花烙》的改编作品,依法享有著作权。鉴于小说《梅花烙》的署名为原告陈喆,故本院认定小说《梅花烙》的作者及著作权人均为原告陈喆。

三、原告主张被改编和摄制的内容能否受著作权法保护

1. 著作权的客体

著作权的客体是作品,著作权对作品的保护,其保护的不是作品所体现的主题、思想、情感及科学原理等,而是作者对这些主题、思想、情感及科学原理的表达或表现。著作权法保护的表达或表现不仅指文字、图形等最终形式,当作品的内容成为作者表达思想、主题的表现形式时,作品的内容亦受著作权法的保护;当这种表达是公知的,或是唯一的形式时,则不受著作权法的保护。

小说、剧本等文学作品作为著作权法意义上的作品,受著作权法保护,而作品的表达元素,包括足够具体的人物设置、人物关系、情节事件、情节发展串联、人物与情节的交互关系、矛盾冲突等,通常会融入作者的独创性智慧创作,凝结着整部作品最为闪光的独创表达,应当受著作权法保护。

文学作品的创作,以特定的人物关系设置为基础,搭配与人物融合的情节安排,基于特定的逻辑连贯、编排而成作品故事发展的整体,并最终形成作品的

全貌。人物设置和人物关系是文学作品展现人物冲突、推动情节发展的主要元素。但孤立的人物特征(身份、相貌、性格、爱好、技能等),或者概括性的人物关系(亲属关系、情侣关系、朋友关系等),更倾向属于公知素材,不能因存在在先使用而造成创作垄断的效果。然而,一部具有独创性的文学作品,通常以故事情节与人物的交互作用来呈现个性化的、具体的人物关系,人物关系基于特定情节的发展产生独创性的表现效果,此时特定作品中的这种特定人物关系就将基于作者的独创设计脱离公知素材的维度,而具有独创性并纳入作者对作品享有的著作权保护范畴。特别是在虚构的作品中,作者具有较大的自由创作空间与创作方向,通过描写,塑造鲜明的人物形象,并通过人物关系的发展推动故事情节,展现戏剧矛盾冲突与人物命运。

情节是文学作品的基础表达,受众欣赏和评判文学作品的创作内容,也以对情节的捕获为直观路径。基于特定的素材选择、事件设计、人物安排,以特定的因果关系及逻辑关联搭建具体故事情节的工作融入了作者独创智慧,对精彩情节的锻造,是作者创作优秀文学作品的基础前提,是作品为人津津乐道的重要因素,是经典作品长久流传的创作基石,甚至可称文学作品创作的灵魂。因此,对文学作品情节给予著作权保护具有重要意义。

就文学作品而言,对于一些不是明显相似或者可归于公知领域的情节及素材,如果仅仅就单一情节及素材进行独立比对,很难直接得出准确结论,但将这些情节及素材的创编作整体对比,则更有利于发现两部作品在创作结构上的相似性。对于文字作品而言,单一情节本身即使不具有足够的独创性,但情节之间的前后衔接、逻辑顺序等却可以将全部情节紧密贯穿为完整的个性化创作表达,并赋予作品整体的独创性。作品情节选择及结构上的巧妙安排和情节展开的推演设计,反映着作者的个性化的判断和取舍,体现出作者的独创性思维成果。基于相同的情节设计,配合不同的故事结构、情节排布、逻辑推演,则可能形成不同的作品。特定的故事结构、情节排布、逻辑推演可以赋予特定作品整体上的独创意义。如果用来比较的先后作品基于相同的内部结构、情节配搭等,形成相似的整体外观,虽然在作品局部情节安排上存在部分差异,但从整体效果看,则可以构成对在先作品的再现或改编。因此,足够具体的人物设计、情节结构、内在逻辑串联无疑是应受著作权法保护的重要元素。

2. 思想与表达及其区分

著作权法保护表达而不延及思想。一般来说,思想是指概念、术语、原则、客观事实、创意、发现等。表达则是指对于思想观念的各种形式或方式的表述,如文字的、音符的、数字的、线条的、色彩的、造型的、形体动作的表述或传达等。从这个意义上说,表达所形成的就是作品。

这就需要对思想与表达作出区分。本院认为,抽象概括法可以作为思想与表达的分析方法,即将一部文学作品中的内容比作一个金字塔,金字塔的底端是由最为具体的表达构成,而金字塔的顶端是最为概括抽象的思想。当文字作品的权利人起诉他人的文字作品侵害其作品的著作权时,需通过对比的方式予以确认,则可参照相似内容在金字塔中的位置来判断相似部分属于表达或思想:位置越接近顶端,越可归类于思想;位置越接近底端,越可归类于表达。

文学作品中的人物设置及人物关系,如果仅仅是"父子关系""兄弟关系""情侣关系"等,无疑处于金字塔的顶端,应属于思想范畴;如果就上述人物关系加以具体化:"父亲是王爷而儿子是贝勒但两人并非真父子""哥哥是偷换来的贝勒而弟弟是侧福晋的儿子""情侣双方是因偷换孩子导致身份颠倒的两个特定人物",则相对于前述人物关系设置而言,这样的具体设计无疑将处于金字塔结构的相对下层;如果再将特定事件安插在存在特定关系的人物之间,则无疑又是对人物设置及人物关系的更为具体化设计,这样的设计又会体现在金字塔更加底层的位置。如果人物身份、人物之间的关系、人物与特定情节的具体对应等设置已经达到足够细致具体的层面,那么人物设置及人物关系就将形成具体的表达。

文学作品中的情节,既可以被总结为相对抽象的情节概括,也可以从中梳理出相对具体的情节展现,因此,就情节本身而言仍然存在思想与表达的分界。区分思想与表达要看这些情节和情节整体仅属于概括的、一般性的叙事模式,还是具体到了一定程度足以产生感知特定作品来源的特有欣赏体验。如果具体到了这一程度,足以到达思想与表达的临界点之下,则可以作为表达。

原告就小说《梅花烙》及剧本《梅花烙》分别列举的17个桥段及21个桥段,基本构成了有因果联系的连续性事件,因此,上述"桥段"应归类为具体的"情节"。

3. 特定情境、有限表达及公知素材的关系

所谓特定情境,更准确地说,应为场景原则,是指在文学作品中,如果根据历史事实、人们的经验或者读者及观众的期待,在表达某一主题的时候,必须描述某些场景或使用某些场景的安排和设计,那么这些场景即使是由在先作品描述的,在后作品以自己的表达描写相同场景也不构成侵权。所谓有限表达是指,当表达特定构想的方法只有一种或极其有限时,则表达与构想合并,从而即

使作品之间构成实质相似,也不构成侵害著作权。但需要注意的是,即便是有限表达,事实上也存在着创作的空间,出现完全雷同的创作表达也是非常罕见的。所谓公知素材是指已经进入公有领域、不再受著作权法保护的作品、素材或客观事实。

本院认为,特定场景、有限表达、公知素材的使用虽不受著作权法限制,但并不意味着以其为基础,经作者独立创编形成的作品内容也会自动归入特定场景、有限表达或公知素材。利用这些素材创作出一个完整的剧情,其中包含人物设置、人物之间的关系、场景、情节、基于故事发展逻辑及排布形成的情节整体等许多要素,当然可以受著作权法的保护。创作者不能阻止他人使用特定情境、有限表达或公知素材,但当然可以阻止他人使用基于其独创成果产生的作品。因此,在考虑使用特定情境、有限表达及公知素材为基础形成的作品及内容是否属于著作权法保护时,应重点判断作者在使用相关素材时,是否加入了具有独创智慧的表达而赋予了相关成果特定的独创意义。在著作权侵权案件中,如果相关作品的内容足以认定为具体的表达,对于其是否属于特定情境、有限表达或公知素材,而非作者独立原创,这一举证责任应在被告。

四、《宫锁连城》剧本是否侵害了《梅花烙》剧本及小说的改编权

1. 被告是否接触了原告作品

侵害著作权的构成要件为接触加实质相似。可见,接触是侵害著作权的构成要件之一。接触可以分为两种情况:一是作品未发表但有证据证明被告实际接触了该作品;二是作品已发表,处于公之于众的状态。《最高人民法院关于审理著作权民事纠纷案件适用法律若干问题的解释》第九条规定,"公之于众"是指著作权人自行或者经著作权人许可将作品向不特定的人公开,但不以公众知晓为构成要件。据此,所谓公之于众,应理解为一种状态,即作品处于为不特定的人能够通过正常途径接触并可以知悉的状态,而并不要求必须存在有人已经实际知晓、接触的事实发生。也就是说,所谓"接触",不限于以直接证据证明实际获得他人作品内容,依社会通常情况被告应当具有"合理可能性"获得原告作品时,例如以展览、发表、发行、表演、放映、广播等方式实现作品公开的效果,即可以推定构成接触。

电视剧的公开播出即可推定为相应剧本的公开发表。在本案中,电视剧《梅花烙》的公开播出即可达到剧本《梅花烙》内容公之于众的效果,受众可以通过观看电视剧的方式获知剧本《梅花烙》的全部内容。因此,电视剧《梅花

烙》的公开播出可以推定为剧本《梅花烙》的公开发表。鉴于本案各被告具有接触电视剧《梅花烙》的机会和可能,故可以推定各被告亦具有接触剧本《梅花烙》的机会和可能,从而满足了侵害著作权中的接触要件。

2. 改编与合理借鉴的关系

改编、翻译、注译、整理、编辑已有作品产生的作品称演绎作品。未经许可演绎他人作品产生的演绎作品尽管对原作者来说是侵权作品,但它不是对已有作品的抄袭或复制,它本身是创作活动的产物,它的作者也付出了创造性的劳动,它本身是有著作权的,演绎作品作者有权禁止他人使用演绎作品。但由于这类作品毕竟是未经授权演绎产生的,在使用时应经原作者的许可,未经许可进行使用是侵权的。

在侵害改编权的案件中,认定是否侵权的基础前提是判断改编行为、改编来源关系是否存在。为查证这一基础事实,可以采用的方法通常是以前后两作品进行内容比对,基于相似的表达性元素来判断两部作品是否存在著作权法意义上的关联性,这一关联性是指,在作品表达层面,在先作品与在后作品之间是否存在着创作来源与再创作的关系。同时,就受众的欣赏体验而言,如果构成改编,则往往能够产生"两部作品近似或在后作品来源于在先作品"的感知。

而借鉴既可能是指单纯利用思想而非表达的行为,也可能是指合理使用。至于何种行为是侵权,何种行为是合理借鉴,实际上首先涉及的还是思想与表达的界限。思想上的借鉴尚未涉及侵害原创作者的独创成果,通常不涉及侵害著作权的情形;而具体表达上的借鉴,则需考量借鉴内容所占的比例,这包括借鉴内容在原创作者作品中的所占比例,及借鉴部分内容在新作品中的所占比例。而这个比例的衡量,不仅要进行量化考虑,也要从借鉴内容的重要性、表达独创性角度,即质的维度上考量。评判标准也需结合具体案件情况进行个案分析判断。

3. 侵害改编权的相似性判断标准

改编并不否认改编作品融入了改编者的独创性智慧成果而形成新的独创特征并成为著作权法意义上的新作品。

与原作品相比,改编作品在表达上将发生一定的变化,特别是针对具有特定功能的作品形式发生的改编行为。比如,根据文学作品改编剧本。剧本作为文字作品的一种,其基本创作目的是用于影视作品的拍摄,剧本与影视作品之间具有高度的关联性与附随性,在这一方面,剧本显然具有区别于小说、散文、诗歌等文学形式的作品功能。基于剧本的作品功能与创作目的,剧本在创作内容及表达方式上需要符合影视作品的拍摄及视听呈现需求——主要以场景及台词设置为作品内容的展现方式。因此,剧本虽具有文字作品的性质,但已经在一定程度上放弃了类似小说等文学作品创作的基础表达方式——以直观的情节叙述及情感渲染等作为基本展现手法。那么,在以小说为基础进行剧本改编的行为判断中,以小说为参照比对剧本,或以剧本为参照比对小说,如果单纯依照两者的直观文字表述为基础和判定依据进行比对,并在台词不同的情况下否定前后两作品之间的相似性是不恰当的,对比是为了判断是否存在改编来源关系,且改编本身也意味着在后作品在最终形成的表达上将与在先作品有所不同。人物台词之于剧本或之于影视作品而言,是情节表达、故事呈现的方式与手段,而情节往往凝聚着剧本及影视作品的更为主要的创作内容。

因此,在台词不同而情节却存在显著相似性、关联性的情况下,仅根据台词表达来否定作品之间的相似性,从而作出否定侵权的结论,对原作者而言是不公平的[1]——当然,这并不否认基于创作者语言风格不同而形成不同类型台词的艺术价值[2]——对于剧本与剧本之间的比较也应遵循这样的原则,因为台词会因作者创作风格的不同而存在重大差异,而情节则应作为相似性、关联性判断的基本着眼点。

从作品类型的角度看,虚构作品不同于真实历史题材作品,作者的创作空间相对比较大,可以对时间、地点、人物、事件等要素自由的创设,对公知素材进行个性化选择、编排,并按照作者的想法自由创作,因此,即便针对同类情节,不同作者创作的差异也通常较大,不同作者创作的作品内容相同或高度近似的可能性较小。

此外,不同的作者因所处年代、人生阅历、生活体验、写作风格、技巧与技法的不同,通过作品所要表达的主题思想也往往不甚相同,然而,在达到足够相似的比对结论时,思想维度上的差异并不直接导致比对结论的减弱或相似情形的消弭。

4. 本案中的具体情况

(1)人物设置与人物关系的比对

文学作品中,塑造典型人物关系的基础是特定情节的配搭,脱离情节而单独就人物关系进行比较,将可能构成在思想领域或公知素材维度上的比对,以此认定结论无论对于在先作品的作者还是在后作品的作者而言都是不公平的。但如果用于比对的作品中,人物关系结合基于特定人物发生的故事情节高度相似,则可以认定侵害著作权成立。

原告小说《梅花烙》、剧本《梅花烙》主要情节基于如下人物展开:硕亲王、福晋倩柔(雪如)、侧福晋翩翩、白吟霜、皓祯、皓祥、兰馨公主、崔嬷嬷、小寇子及阿克丹、秦嬷嬷、白胜龄、香绮、多隆、婉柔(雪晴)、苏嬷嬷、皇上、皇后等。

剧本《宫锁连城》中就原告主张的相关情节,主要在如下人物之间展开:富察翁哈岱将军、福晋纳兰映月、侧福晋如眉、连城、恒泰、明轩、醒黛公主、李嬷嬷、郭孝、郭嬷嬷、宋丽娘、佟家麟、皇上、皇后等。

将原被告作品的特定人物设置与特定情节之间的关联安排共同比对,呈现如下结果(剧本及小说《梅花烙》人物在前,剧本《宫锁连城》人物在后):

硕亲王(府中地位最高的家长,偷龙转凤的压力来源,福晋偷龙转凤前没有儿子且宠爱侧福晋翩翩,多年来以皓祯为骄傲,得知皓祯打架救吟霜时杖责小寇子……)——富察翁哈岱将军(府中地位最高的家长,偷龙转凤的压力来源,福晋偷龙转凤前没有儿子且宠爱丫鬟如眉,多年来以恒泰为骄傲,得知恒泰打架救连城时鞭笞郭孝……),福晋倩柔/雪如(府中地位最高的女主人,连生三女,怀孕后遭受侧福晋地位威胁,偷龙转凤保护自己在府中的地位,得知皓祯与吟霜之间的恋情后赴小院见吟霜,后安排吟霜入府,目击吟霜梅花烙而认出女儿……)——福晋纳兰映月(府中地位最高的女主人,连生三女,怀孕后遭受侧福晋地位威胁,偷龙转凤保护自己在府中的地位,得知恒泰与连城之间的恋情后赴小院见连城,后安排连城入府,目击连城朱砂记而认出女儿……),侧福晋翩翩[回疆舞女,作为王爷寿礼,后被王爷收为侧室,为王爷生下次子皓祥,得知偷龙转凤的真相后,向公主告密(剧本)/与皓祥一同进宫告密(小说)……]——侧福晋如眉(府中丫鬟,蒙受宠爱后被将军收为侧室,后为将军生下次子明轩,得知偷龙转凤的真相后,与明轩一同向公主告密……),白吟霜(倩柔/雪如亲生女儿,生产当夜因偷龙转凤被遗弃,后被拾得,江湖卖唱长大并与皓祯相恋,后以丫鬟身份入府,与皓祯感情暴露后遭受兰馨公主折磨,后被皓祯纳为妾室,并被认为是狐妖……)——连城(映月亲生女儿,生产当夜因偷龙转凤被遗弃,后被拾得,在迎芳阁市井长大,并与恒泰相恋,后以丫鬟身份入府,与恒泰感情暴露后遭受醒黛公主折磨,后被恒泰纳为妾室,并被诬陷为狐妖附体……),皓祯(偷龙转凤换得的男孩儿,在王府长大,与吟霜相爱,替吟霜葬父,将吟霜安置在侍从小寇子三婶婆的院落中居住,又被指婚兰馨公主……)——富察恒泰(偷龙转凤换得的男孩儿,在将军府长大,与连城相爱,替连城葬母,将连城安置在侍从郭孝远房姑妈院落居住,又被指婚醒黛公主……),皓祥[侧福晋翩翩之子,嫉妒大哥,怨怼出身,在王爷面前陷害皓祯,得知偷龙转凤的秘密欲公之于众却遭受王爷软禁(剧本)/得知偷龙转凤的秘密后进宫告发(小说)……]——明轩(侧福晋如眉之子,嫉妒大哥,在将军面前陷害恒泰,得知偷龙转凤的秘密后向公主告发……),兰馨公主(深受皇上宠爱,后被皇上指婚皓祯,深爱皓祯,得知皓祯与吟霜的恋情后折磨吟霜,后试图与吟霜和好却被误解,相信吟霜是狐妖而请法师作法驱妖……)——醒黛公主(深受皇上宠爱的公主,后被皇上指婚恒泰,并深爱恒泰,得知恒泰与连城的恋情后折磨连城,后试图与连城和好却被误解,诬陷连城是狐妖附体而请法师作法驱妖……),崔嬷嬷(从小带兰馨长大,随兰馨入王府,为兰馨不平,出主意陷害吟霜……)——李嬷嬷(从小带醒黛长大,随醒黛入将军府,为醒黛不平,出主意陷害连城……),小寇子(皓祯贴身侍从,为皓祯受王爷杖责,替皓祯出主意安置吟霜……)——郭孝(恒泰贴身侍从,为恒泰受将军鞭刑,替恒泰出主意安置连城……),秦嬷嬷(倩柔/雪如贴身嬷嬷,偷龙转凤计划的知情者,陪伴倩柔/雪如会见吟霜,发觉吟霜恰似年轻时的倩柔/雪如……)——郭嬷嬷(映月贴身嬷嬷,偷龙转凤计划的知情者,陪伴映月会见连城,发觉连城恰似年轻时的映月……),白胜龄(吟霜养父,江湖卖唱为生,溪边拾得吟霜后养大成人,为保护吟霜被多隆及手下打成重伤而死……)——宋丽娘(连城养母,妓院老鸨,溪边拾得连城后养大成人,为保护连城被佟家麟及手下打成重伤而死……),多隆(在龙源楼强抢吟霜不成,被皓祯痛打,后再抢吟霜,打伤白胜龄致死……)——佟家麟(吏部侍郎之子,纨绔子弟,在迎芳阁调戏连城不成,追至街市遭恒泰痛打,后再抢连城,打伤宋丽娘致死……)。

上述人物对应不仅体现为人物身份设置的对应以及人物之间交互关系的对应,更与作品的特定情节、故事发展存在不可分割的联系,而这种内在联系在被告提供的证据中是不存在的,可以认定为原告独创,并推定剧本《宫锁连城》在人物设置与人物关系设置上是以原告作品小说《梅花烙》、剧本《梅花烙》为基础进行的改编及再创作。

(2)原告主张的作品情节比对

原告就剧本《梅花烙》提出主张的21个情节包括:"偷龙转凤""女婴被拾,收为女儿""少年展英姿""英雄救美终相识,清歌伴少年""次子告状,亲信遭殃""弃女失神,养亲劝慰""恶霸强抢,养亲身亡,弃女破庙容身""少年相助,代女葬亲,弃女小院容身""钟情馈赠,私订终身,初见印痕""福晋小院会弃女,发觉弃女俊福晋""皇上赐婚,多日不圆房""弃女入府,安置福晋身边""公主发现私情,折磨弃女""纳妾""面圣陈情""福晋初见印痕""福晋询问弃女过往,誓要保护女儿""道士作法捉妖""公主求和遭误解""凤还巢""告密"。

原告就小说《梅花烙》提出主张的 17 个情节系为在上述剧本《梅花烙》情节中,去除"女婴被拾,收为女儿""次子告状,亲言遭殃""弃女失神,养亲劝慰""公主求和遭误解"后的其余情节。

根据本院查明情况,原告以附表形式所列的上述情节具体内容在剧本、小说《梅花烙》及剧本《宫锁连城》中,均有近似安排,并已构成具体表达。在此基础上,本院就原告主张的上述情节,以剧本《宫锁连城》与原告剧本《梅花烙》、小说《梅花烙》逐一比对,并结合被告举证情况认定如下:

①原告主张剧本《宫锁连城》改编自原告剧本《梅花烙》、小说《梅花烙》的相关情节属于公知素材,剧本《梅花烙》、小说《梅花烙》的相关情节安排不具有显著独创性,因而不受著作权法保护的内容:

情节 6. 弃女失神,养亲劝慰(该情节原告基于剧本《梅花烙》提出主张)

剧本《梅花烙》在该部分的情节安排为:皓祯一个月未见吟霜,白胜龄发觉吟霜对皓祯的情愫,劝说吟霜两人身份地位悬殊,吟霜羞涩否认对皓祯的感情。

剧本《宫锁连城》就该部分的情节安排:恒泰一个月未见连城,宋丽娘发觉连城对恒泰的情愫,安排连城相亲被拒绝后,劝说连城两人身份地位悬殊,连城羞涩否认对恒泰的感情。

情节 14. 纳妾(该情节原告基于剧本《梅花烙》及小说《梅花烙》共同提出主张)

剧本《梅花烙》在该部分的情节安排为:皓祯救下被兰馨动用私刑的吟霜,向全家宣布正式纳吟霜为妾。

小说《梅花烙》在该部分的情节安排与剧本《梅花烙》基本一致。

剧本《宫锁连城》就该部分的情节安排为:恒泰为连城洗脱冤案后,向全家宣布正式纳连城为妾。

情节 17. 福晋询问弃女过往,誓要保护女儿(该情节原告基于剧本《梅花烙》及小说《梅花烙》共同提出主张)

剧本《梅花烙》在该部分的情节安排为:倩柔发现吟霜身上的梅花烙,向吟霜询问成长经历,决定日后保护女儿。

小说《梅花烙》在该部分的情节安排与剧本《梅花烙》基本一致。

剧本《宫锁连城》就该部分的情节安排为:映月发现连城肩上的胎记后,询问连城成长经历,决定日后保护女儿。

上述情节属于公知素材,且在原告作品剧本《梅花烙》及小说《梅花烙》中,并未对此类情节进行显著的独创性设计及安排,无法推断原告剧本《梅花烙》

及小说《梅花烙》为剧本《宫锁连城》就相关情节的直接创作来源。

②原告主张剧本《宫锁连城》改编自原告剧本《梅花烙》、小说《梅花烙》的相关情节基础素材属于公知素材,但原告就相关素材进行了独创性的艺术加工,以使情节本身具有独创性,但剧本《宫锁连城》与原告就相关情节的独创设置不构成实质相似的内容:

情节2.女婴被拾,收为女儿(该情节原告基于剧本《梅花烙》提出主张)

剧本《梅花烙》在该部分情节安排为:拾婴者为两位——江湖艺人白胜龄及其妻子,拾婴地点是溪边,方式为溪中捞取盛装婴儿的篮子。两人在拾得婴儿后,存在"归还"到"收养"的心理过程。

剧本《宫锁连城》中,对该部分情节的安排为:拾婴者为一位——迎芳阁老鸨宋丽娘,拾婴地点是溪边,方式为石头后面捡到婴儿。宋丽娘在拾得婴儿后,并未产生归还婴儿的打算,而是径行决定收养。

情节3.少年展英姿(该情节原告基于剧本《梅花烙》及小说《梅花烙》共同提出主张)

剧本《梅花烙》在该部分情节的安排为:皓祯12岁那年,与王爷一同率人狩猎,期间展现了皓祯的骑艺及箭法。而皓祯回到府中,与倩柔的一番对话令倩柔感动其孝心并思念自己的亲生女儿。

小说《梅花烙》在该部分情节的安排为:在剧本《梅花烙》的基础上,去除了皓祯回到府中,与雪如谈话的内容,对皓祯骑射功夫等主要以叙述表达。

剧本《宫锁连城》中,对该部分的安排为:二十岁的恒泰已然为富察府的少将军,一日在军营练兵之时展露伸手,武艺高超,骑射精湛。恒泰与映月话别之时,映月满意恒泰的长进,思念自己的亲生女儿。

情节4.英雄救美终相识,清歌伴少年(该情节原告基于剧本《梅花烙》及小说《梅花烙》共同提出主张)

剧本《梅花烙》在该部分的情节安排为:二十岁的皓祯在龙源楼遇到卖唱的吟霜及其养父正遭受多隆调戏,出手相救打退多隆及其手下,救下吟霜父女,事后皓祯常来龙源楼听吟霜唱曲。

小说《梅花烙》在该部分的情节安排与剧本《梅花烙》基本一致。

剧本《宫锁连城》就该部分的情节安排为:二十岁的恒泰在街头偶遇连城遭佟家麟率众追赶,出手相救打退佟家麟及其手下,救下连城,事后恒泰听连城唱歌。连城与恒泰的相遇地点并非酒楼,而是闹市;两人此次相遇并非初次谋面;恒泰救下连城也并非因为看到佟家麟调戏连城而使连城及宋丽娘一同陷入险境。

情节11. 皇上赐婚,多日不圆房(该情节原告基于剧本《梅花烙》及小说《梅花烙》共同提出主张)

剧本《梅花烙》在该部分的情节安排为:皓祯奉命与素未谋面的兰馨公主成婚,婚后皓祯接连5日假醉以逃避与兰馨圆房,期间兰馨体谅、照顾皓祯。

小说《梅花烙》在该部分的情节安排与剧本《梅花烙》基本一致。

剧本《宫锁连城》就该部分的情节安排为:恒泰奉命与醒黛公主成婚,但成婚前,恒泰在宫中任职,与醒黛已然相识。婚后,恒泰借口公务繁忙或伤病原因,多日回避与醒黛圆房,期间醒黛以各种方式试图亲近恒泰,均被恒泰拒绝。

情节12. 弃女入府,安置福晋身边(该情节原告基于剧本《梅花烙》及小说《梅花烙》共同提出主张)

剧本《梅花烙》在该部分的情节安排为:皓祯与兰馨公主成婚后,数日装醉,拒绝与公主圆房。倩柔为了诱使皓祯与公主圆房,答应皓祯迎接吟霜入府。当晚,皓祯与公主圆房,事后倩柔安排吟霜以小寇子三婶婆干女儿的身份入府为丫鬟,伺候倩柔身侧。

小说《梅花烙》在该部分的情节安排为:皓祯与兰馨公主成婚后,数日装醉,拒绝与兰馨圆房。皓祯告知雪如自己心仪吟霜,雪如得知吟霜的存在,驱车前往吟霜居住的小院会面后,本想劝说吟霜离开皓祯,吟霜宁愿以死明志,雪如深受感动,于是安排吟霜以小寇子三婶婆干女儿的身份入府为丫鬟,伺候雪如身侧。

剧本《宫锁连城》就该部分的情节安排为:恒泰为救连城,延误了与醒黛的婚礼,事后映月为促成恒泰与醒黛完婚以维护阖府安宁,安排连城以郭嬷嬷远亲身份入府为丫鬟,伺候映月身侧。

情节13. 公主发现私情,折磨弃女(该情节原告基于剧本《梅花烙》及小说《梅花烙》共同提出主张)

剧本《梅花烙》在该部分的情节安排为:兰馨在府中发现吟霜与皓祯共处一室,撞破两人私情,于是听从崔嬷嬷的献计,将吟霜从倩柔处要来自己房里服侍,借机百般折磨吟霜(一次次将茶水、热粥、洗脸水打翻在吟霜身上,命吟霜手捧烛台在旁服侍,对吟霜动用私刑等)。

小说《梅花烙》在该部分的情节安排与剧本《梅花烙》基本一致。

剧本《宫锁连城》在该部分的情节安排为:醒黛初次在府中发现恒泰与连城共处一室,但经映月解围并未怀疑恒泰与连城之间存在更多暧昧关系;后来醒黛听李嬷嬷献计,用香包配在不同侍女身上,才发现恒泰与连城的私情。后醒黛又听李嬷嬷之计,从映月处要来连城到自己房里伺候,借机折磨连城(命连城空手剥小核桃、分配繁重的洗衣工作等)。

情节15.面圣陈情(该情节原告基于剧本《梅花烙》及小说《梅花烙》共同提出主张)

该情节在剧本《梅花烙》、小说《梅花烙》及剧本《宫锁连城》中,均体现为皓祯/恒泰与皇上的对话,情节以对话方式展现,有明显差异。

情节16.福晋初见印痕(该情节原告基于剧本《梅花烙》及小说《梅花烙》共同提出主张)

剧本《梅花烙》在该部分的情节安排为:吟霜被污与多隆、阿克丹有染,并质疑腹中胎儿非皓祯之子。吟霜羞愤之下向外跑去,却被崔嬷嬷绊倒跌下回廊,皓祯飞身相救,吟霜衣袖扯破,梅花烙印乍现,倩柔看到,认出吟霜就是自己当年遗弃的亲生女儿。

小说《梅花烙》在该部分的情节安排与剧本《梅花烙》基本一致。

剧本《宫锁连城》就该部分的情节安排为:映月与醒黛合谋设计连城,诬陷连城与江逸尘有染,并率恒泰赶至意欲捉奸。连城辩解之时被醒黛扯破衣袖,露出肩头胎记,映月恰好看到,认出连城就是自己当年遗弃的亲生女儿。

情节20.凤还巢(该情节原告基于剧本《梅花烙》及小说《梅花烙》共同提出主张)

剧本《梅花烙》在该部分的情节安排为:皇上得知皓祯为宠爱吟霜冷落公主,降罪吟霜出家为尼,倩柔无法承受女儿的悲惨命运,情急之下说破当年偷龙转凤的真相。

小说《梅花烙》在该部分的情节安排与剧本《梅花烙》基本一致。

剧本《宫锁连城》就该部分的情节安排为:映月在恒泰的逼问下,说出当年偷龙转凤的真相,被将军听到。将军告知映月已经设计在栖霞峰害死连城时,映月情急之下说出连城即为将军与映月的亲生女儿。

上述情节,虽在原告小说《梅花烙》、剧本《梅花烙》中存在独创设计及表达,且在剧本《宫锁连城》中存在对应的设置,但在具体情节安排上,存在明显差异,不能直接推定原告剧本《梅花烙》及小说《梅花烙》为剧本《宫锁连城》的直接创作来源。

③原告主张剧本《宫锁连城》改编自原告小说《梅花烙》、剧本《梅花烙》的相关情节为原告作品中的独创情节,且剧本《宫锁连城》中的对应情节安排与

原告作品构成实质性相似关联的内容:

情节1. 偷龙转凤(该情节原告基于剧本《梅花烙》及小说《梅花烙》共同提出主张)

该部分在剧本《梅花烙》中的情节安排为:清朝乾隆年间,硕亲王府福晋倩柔已为王爷生下三个女儿,王爷没有子嗣,恰逢王爷寿辰,回疆舞女翩翩被作为寿礼献予王爷。倩柔在府中地位遭受威胁,此胎如再生女孩,则可能地位不保。姐姐婉柔便出主意,如果再生女孩,则不惜偷龙转凤换成男孩。生产当夜,倩柔生下女婴,婉柔将换出的女婴遗弃溪边。遗弃女婴前,倩柔在女婴肩头烙下梅花烙,作为日后相认的证据。

"偷龙转凤"情节设计的戏剧目的在于实现男女主人公的身份调换。原告剧本《梅花烙》及小说《梅花烙》在这一情节上,设定了一系列的独创性设计:倩柔连生三女,王爷没有儿子,倩柔在府中地位受侧福晋翩翩威胁,生男生女将可能直接关系到倩柔命运的特定背景;偷龙转凤的计划于倩柔生产前3个月由姐姐婉柔谋划;偷换孩子时于亲子肩头部位留下烙印作为日后相认依据等。此类细节及特定设置组合成原告就其作品中偷龙转凤情节的独创安排,使原告就该情节的设置区别于其他作品中的相关设计而具有独创性。

剧本《宫锁连城》就该部分的情节安排为:清朝乾隆年间,富察将军府,福晋映月连生三女,将军膝下无子,并宠幸侍女如眉以致如眉怀孕,映月府中地位受威胁,生男生女将可能直接关系到映月的命运;于是映月与郭嬷嬷谋划,如再生女儿则不惜偷龙转凤换成男孩。生产当日,映月生下女婴,郭嬷嬷趁乱掉包,将女婴遗弃溪边。女孩送走前,映月发现女婴肩头部位有一片朱砂记。

情节5. 次子告状、亲信遭殃(该情节原告基于剧本《梅花烙》提出主张)

该部分在剧本《梅花烙》中的情节安排为:多隆被皓祯痛打后,将皓祯为救吟霜与多隆冲突的事告知皓祥。皓祥嫉妒大哥,为陷害皓祯,将此事告知王爷。王爷得知后雷霆震怒,斥责小寇子带坏皓祯,杖责小寇子。无奈皓祯与小寇子主仆情深,情急之下以身抵挡小寇子杖责,在倩柔的央求下王爷方才作罢。

该情节的戏剧目的在于在皓祯与吟霜之间形成阻隔,以致二人多日未见,而为了实现这一目的,原告安排两人阻隔的原因是王爷对皓祯做法的否定态度,而王爷得知消息的来源是皓祥,皓祥的消息来源又是皓祯救吟霜时痛打的多隆,而皓祥之所以告密是基于对自己出身的怨怼及对皓祯的嫉妒以至于故意陷害。王爷反对态度的表现方式并不是严惩皓祯,而是杖责皓祯的贴身侍从小寇子,小寇子得以解难的原因又是皓祯以身相护及倩柔的求情。这些设置及安排构成了"次子告状,养亲遭殃"一节在原告作品中的独创内容而区别于其他作品就相关情节的设计。

剧本《宫锁连城》就该部分的情节安排为:佟家麟被恒泰痛打后,将恒泰为救连城与佟家麟冲突的事告知明轩。明轩嫉妒大哥,为陷害恒泰,将此事告知将军。将军得知后雷霆震怒,斥责郭孝带坏恒泰,鞭笞郭孝。无奈恒泰与郭孝主仆情深,情急之下以身抵挡郭孝鞭刑,在映月的央求下将军方才作罢。

情节7.恶霸强抢,养亲身亡(该情节原告基于剧本《梅花烙》及小说《梅花烙》共同提出主张)

该部分在剧本《梅花烙》中的情节安排为:皓祯一个月未见吟霜,多隆又来龙源楼强抢吟霜。白胜龄为保护女儿,被多隆及其随从打成重伤,虽经吟霜四处求医,却不治身亡。吟霜被店主人赶出龙源楼,孤苦无依,破庙容身。

小说《梅花烙》在该部分的情节安排与剧本《梅花烙》基本一致。

这一情节的戏剧目的在于令吟霜处于孤苦无依的悲惨境地。为了实现这一目的,原告在具体情节上安排了:吟霜陷入孤苦无依的原因是其养父白胜龄的去世;白胜龄是因保护吟霜以致重伤不治身亡;重伤而害死白胜龄的,恰是再来强抢吟霜的多隆,而多隆之所以再来则是利用了皓祯的保卫空虚。原告对这一情节的设计及编排,体现了原告的独创智慧,并形成该部分情节区别于其他作品的独创性。

剧本《宫锁连城》就该部分的情节安排为:恒泰许久未见连城,佟家麟又来迎芳阁闹事,欲强抢连城。宋丽娘为保护女儿,被佟家麟及其随从打成重伤,迎芳阁失火,连城带宋丽娘四处求医,丽娘不治身亡。连城孤苦无依,破庙容身。

情节8.少年相助,代女葬亲,弃女小院容身(该情节原告基于剧本《梅花烙》及小说《梅花烙》共同提出主张)

剧本《梅花烙》在该部分的情节安排为:皓祯得知白胜龄被打死,为吟霜安置埋葬了白胜龄,并从天桥救回卖身葬父的吟霜,之后听从贴身侍从小寇子的建议,安置吟霜住在小寇子远亲的院落,并为吟霜打点好日常一切所需。

小说《梅花烙》在该部分的情节安排与剧本《梅花烙》基本一致。

该情节安排的戏剧目的在于,安排皓祯与吟霜日后继续交往及发展感情的客观条件。为达到这一戏剧目的,原告设计吟霜居住在皓祯知道并便于相会的地方,而这个落脚地的寻得是来自小寇子的推荐,地点则是其三婶婆的闲置院落;安顿吟霜落脚的是皓祯;皓祯之所以帮助吟霜,恰是得知白胜龄的死造成吟霜孤苦无依的境地;而吟霜能够安心住在小院,也是基于皓祯已经安排白胜龄入葬。原告就该情节的连续设计,构成了区别于其他作品的独创情节。

剧本《宫锁连城》就该部分的情节安排为:恒泰得知宋丽娘被打死,为连城安置埋葬了宋丽娘,并从佟家麟处救回为母伸冤反遭设计的连城,之后听从贴身侍从郭孝的建议,安置连城住在郭孝远亲的院落,并为连城打点好日常一切所需。

情节9.钟情馈赠,私订终身,初见印痕(该情节原告基于剧本《梅花烙》及小说《梅花烙》共同提出主张)

剧本《梅花烙》在该部分的情节安排为:皓祯再来找吟霜,却发现吟霜不在住处,派人寻找未果,焦急等待吟霜回来。吟霜傍晚回来,皓祯一通责难,后来得知吟霜外出是为自己准备礼物——白狐绣屏,两人当晚互诉衷肠,私订终身,皓祯发现吟霜肩上的梅花烙印。原告在这一情节的设置中,先设计了吟霜擅自出门引发皓祯焦虑的基础,之后安排吟霜回来后皓祯不明就里的责难,对于吟霜外出的原因则设计为为皓祯赶制礼物——白狐绣屏,真相说清后则引起两人真情流露,当晚私订终身,而吟霜肩头的梅花烙则恰是在两人私订终身的当天由皓祯发现。

小说《梅花烙》在该部分的情节安排与剧本《梅花烙》基本一致。

该情节的戏剧目的在于,造成皓祯与吟霜私订终身的局面。为达到该戏剧目的,原告安排:皓祯与吟霜的私订终身源于二人的真情流露;促成真情流露的动因是皓祯得知吟霜心意之后两人的互诉衷肠;而皓祯能够得知吟霜心意,则是基于吟霜的钟情馈赠;吟霜为赶制礼物而外出,皓祯却因吟霜的外出而焦虑万分,甚至在吟霜回来后大加责骂。结合原告的陈述,梅花烙的位置设计在吟霜的肩头这一隐秘部位,在二人私订终身的情况下,安排皓祯发现吟霜肩头的梅花烙是作者基于艺术美感的考虑,因此,在该情节中,也安排了皓祯在二人私订终身后,发现了吟霜肩头的梅花烙。原告就该情节的相关设计足以构成区别于其他作品的独创内容。

剧本《宫锁连城》就该部分的情节安排为:恒泰再来找连城,却发现连城不在住处,四处寻找未果,焦急等待连城回来。连城傍晚回来,恒泰一通责难,后来得知连城外出是为自己准备礼物——一件衣服,两人当晚互诉衷肠,私订终身,恒泰发现连城肩上的朱砂记。

情节10.福晋小院会弃女,发觉弃女像福晋(该情节原告基于剧本《梅花烙》及小说《梅花烙》共同提出主张)

剧本《梅花烙》在该部分的情节安排为:皓祯彻夜不归,回府后被倩柔撞到,于是和盘托出自己倾心吟霜之事,倩柔同意赴小院会见吟霜。起初倩柔见到吟霜,试图用钱收买,让吟霜对皓祯死心。但吟霜不为所动,不惜以死明志。倩柔被吟霜感动。回府后,倩柔与秦嬷嬷商议间,发现两人均觉得吟霜像年轻时的倩柔。

小说《梅花烙》在该部分的情节安排为:皓祯与公主成亲后,连续五天未与公主圆房。无奈之下告知雪如自己心仪吟霜。雪如同意赴小院会见吟霜。起初雪如见到吟霜,试图用钱收买,让吟霜对皓祯死心。但吟霜不为所动,不惜以死明志。雪如被吟霜感动,又觉吟霜有几分眼熟。

该部分情节的戏剧目的在于,造成倩柔/雪如与吟霜的第一次会面,并建立倩柔/雪如与吟霜之间的关联。原告作品在该部分的安排为:倩柔/雪如会见吟霜,原因是得知皓祯与吟霜之间的感情,目的是劝吟霜离开皓祯;倩柔/雪如与吟霜见面的地点就在皓祯为吟霜安排落脚的小院;会面的劝说结果并没有奏效,倩柔/雪如反而认可吟霜的为人,更凑巧的是,倩柔/雪如及秦嬷嬷见到吟霜后,都觉得吟霜的相貌有几分眼熟,正像年轻时的倩柔/雪如。原告就该情节的相关设计足以构成区别于其他作品的独创内容。

剧本《宫锁连城》就该部分的情节安排为:恒泰从连城处回到宫里当班,得知自己被皇上指婚醒黛公主,回府后闷闷不乐,与郭孝商议之时被映月听闻,恒泰便告知映月自己心仪连城之事。映月答应赴小院会见连城,并试图用钱收买,让连城对恒泰死心。但连城不为所动。映月离开后,与贴身郭嬷嬷商议中,均觉得连城像年轻时的映月。

情节18. 道士作法捉妖(该情节原告基于剧本《梅花烙》及小说《梅花烙》共同提出主张)

剧本《梅花烙》在该部分的情节安排为:府内传闻吟霜是狐妖转世,兰馨公主听闻后心下焦虑,于是请来法师在庭院作法,指吟霜为妖,并对吟霜大行驱妖之法,百般折磨。

小说《梅花烙》在该部分的情节安排与剧本《梅花烙》基本一致。

该部分的戏剧目的是令吟霜再度遭受兰馨的折磨。起因是兰馨质疑吟霜狐妖转世;采用的折磨手段是通过法师作法,对吟霜进行精神及肉体的攻击。原告就该情节的相关设计足以构成区别于其他作品的独创内容。

剧本《宫锁连城》就该部分的情节安排为:府中频现事端,醒黛公主于是陷害连城狐妖附体,从宫内请来萨满法师在庭院作法驱妖,对连城大行驱妖之法,百般折磨。

情节 19. 公主求和遭误解(该情节原告基于剧本《梅花烙》提出主张)

剧本《梅花烙》在该部分的情节安排为:吟霜被污不洁后小产,皓祯与兰馨之间嫌隙更深。崔嬷嬷劝说兰馨与吟霜交好方能缓和与皓祯的关系,兰馨听后,亲自带补品前来探望吟霜。路上遇到皓祯,疑心兰馨又来害吟霜。兰馨于是羞愤之下喝下补品以示清白。

该部分情节的戏剧目的是造成兰馨与吟霜之间关系的不可调和。兰馨求和的原因是发觉与皓祯之间的关系已至冰点,几乎无法维系;促成求和主意的是嬷嬷的劝说;兰馨求和的方式是为吟霜送补品探望;结果兰馨被皓祯误会下毒,未达到求和的目的,反而蒙羞,喝下补品以证明清白。原告就该情节的相关设计足以构成区别于其他作品的独创内容。

剧本《宫锁连城》就该部分的情节安排为:连城被污不洁后,恒泰看破是醒黛设计陷害吟霜,与醒黛嫌隙更深,甚至决定休掉醒黛。醒黛听取官中侍女秦湘姑姑的劝说,得知与连城交好方能缓和与恒泰的关系,于是亲自带点心来探望连城,欲与连城修好。路上遇见映月,疑心醒黛又来害连城。醒黛羞愤之下吃下点心以示清白。

情节 21. 告密(该情节原告基于剧本《梅花烙》及小说《梅花烙》共同提出主张)

剧本《梅花烙》在该部分的情节安排为:偷龙转凤的真相说破后,皓祥得知皓祯并非王爷的儿子,自己才是府中唯一的贝勒,心中不平,欲揭发此事,被王爷软禁。翩翩悲愤之下告知兰馨偷龙转凤之事。

小说《梅花烙》在该部分的情节安排为:偷龙转凤的真相说破后,皓祥得知皓祯并非王爷的儿子,自己才是府中唯一的贝勒,心中不平,于是携翩翩一同进宫告密。

该部分的戏剧目的在于,通过偷龙转凤秘密的公开,令整个剧情进入悲剧式的尾声。悲剧的产生原因是基于对偷龙转凤一事的告密;告密者是翩翩(剧本《梅花烙》)/翩翩与皓祥(小说《梅花烙》),告密原因是偷龙转凤的真相披露后,皓祥心有不平,决定将事件公之于众,翩翩在王爷软禁皓祥后爱子心切向公主告密(剧本《梅花烙》)/皓祥于是携翩翩共同进宫告密(小说《梅花烙》)。原告就该情节的相关设计足以构成区别于其他作品的独创内容。

剧本《宫锁连城》在该部分的情节安排为:偷龙转凤的真相说破后,明轩得知恒泰并非将军的儿子,自己才是府中唯一的长子,心中不平,于是携如眉一同向公主告密。

综上,在影视、戏剧作品创作中,特定的戏剧功能、戏剧目的,是通过创作者个性化的人物关系设置、人物场景安排、矛盾冲突设计来实现和表达的,基本的表达元素就是情节。

就该部分各情节的安排上,剧本《梅花烙》及小说《梅花烙》在情节表达上已经实现了独创的艺术加工,具备区别于其他作品相关表达的独创性。剧本《宫锁连城》就各情节的设置,与剧本《梅花烙》、小说《梅花烙》的独创安排高度相似,仅在相关细节上与原告作品设计存在差异(如:情节1中,将偷龙转凤的谋划安置在福晋与贴身嬷嬷之间;亲女肩上并未烫下烙痕,而是生来具有的朱砂记;情节5中,将军对郭孝施以鞭刑而非杖责;情节7中,设置迎芳阁失火的环节以致连城无处安身,而非被店家赶出;情节8中,恒泰救下连城的方式是从佟家麟府内救出而非天桥上;情节10中,恒泰告知映月倾心连城的时间是在得知指婚后及与醒黛成婚前;情节18中,连城并非狐妖,而是狐妖附体,并将情节安置在映月得知连城为其亲女前;情节19中,醒黛的慰问品是糕点,向醒黛进言之人为宫中派来的侍女,拦截之人是映月而非恒泰等),而此类差异并不代表差异化元素的戏剧功能发生实质变更,以至于可造成与原告作品的情节设置相似的欣赏体验。在本案中,各被告亦未能充分举证证明剧本《梅花烙》及小说《梅花烙》中的上述相关内容缺乏独创性或剧本《宫锁连城》就相关情节另有其他创作来源等合理理由。剧本《宫锁连城》与原告剧本《梅花烙》及小说《梅花烙》在相关情节的设置上存在相似性关联。剧本《宫锁连城》就上述相关情节的设置,与原告作品剧本《梅花烙》(基于"偷龙转凤""次子告状,亲信遭殃""恶霸强抢,养亲身亡""少年相救,代女葬亲,弃女小院容身""钟情馈赠,私订终身,初见印痕""福晋小院会弃女,发觉弃女像福晋""道士作法捉妖""公主求和遭误解""告密"情节)及小说《梅花烙》(基于"偷龙转凤""恶霸强抢,养亲身亡""少年相救,代女葬亲,弃女小院容身""钟情馈赠,私订终身,初见印痕""福晋小院会弃女,发觉弃女像福晋""道士作法捉妖""告密"情节)之间存在改编及再创作关系。

(3)关于作品整体比对的问题

本案原告主张的相关情节为剧本《梅花烙》中的21个情节以及小说《梅花烙》中的17个情节。

这些情节在剧本《梅花烙》中的分布顺序为:1."偷龙转凤";2."女婴被拾,收为女儿";3."少年展英姿";4."英雄救美终相识,清歌伴少年";5."次子告状,亲信遭殃";6."弃女失神,养亲劝慰";7."恶霸强抢,养亲身亡,弃女破庙容身";8."少年相助,代女葬亲,弃女小院容身";9."钟情馈赠,私订终身,初见印痕";10."福晋小院会弃女,发觉弃女像福晋";11."皇上赐婚,多日不圆房";12."弃女入府,安置福晋身边";13."公主发现私情,折磨弃女";14."纳妾";15."面圣陈情";16."福晋初见印痕";17."福晋询问弃女过往,誓要保护女儿";18."公主求和遭误解";19."道士作法捉妖";20."凤还巢";21."告密"。

　　剧本《梅花烙》中,基于上述情节排布顺序形成的逻辑推演关系为:偷龙转凤一节形成皓祯与吟霜的角色对换,情节关于梅花烙的设计,则为日后倩柔与吟霜的母女相认留下依据;吟霜被白胜龄收养,皓祯在王府成长,塑造了两人天地之差的成长环境及现实地位;皓祯在龙源楼打退多隆等人救下吟霜,造就了二人的相识,为日后相恋及作品故事的向下发展设定前提;而皓祯对吟霜的搭救加之皓祥对皓祯的嫉妒,引出了皓祥在得知此事后禀告王爷,导致王爷责罚小寇子,两人身份的悬殊也让白胜龄不得不劝说吟霜放弃对皓祯的感情;多隆的强抢及白胜龄的去世,令吟霜陷入无依无靠的境地,这就为皓祯安置吟霜住所提供了前提,而吟霜接受皓祯的帮助在小寇子三婶婆的院落住下,则为日后二人感情的深入发展提供条件;吟霜与皓祯私订终身,皓祯被皇上指婚,奠定了皓祯、吟霜与兰馨之间的恋爱纷争的基础;倩柔因得知皓祯与吟霜的感情,决定赴小院会见吟霜,这也是亲生母女二十年来的首度谋面;皓祯对吟霜的深深情义导致皓祯被皇帝赐婚后仍心系吟霜而无法在内心接受与兰馨的婚姻,于是有了皓祯逃避圆房的情节;而吟霜的入府则是倩柔基于皓祯与吟霜之间的情感而为保护王府安全作出的决定,也是日后兰馨发觉皓祯与吟霜之间感情的准备,并为兰馨对吟霜的迫害埋下伏笔;兰馨对吟霜的迫害将兰馨与皓祯及吟霜之间的矛盾推向顶峰,而皓祯则为保护吟霜,正式宣石纳吟霜为妾;三人之间的感情纠葛令皇上为兰馨的处境担忧,于是有面圣陈情一节,而皇上在此过程中却被皓祯说服而未予责罚,这也为日后皇上降罪吟霜打下基础;但纳妾及皇上的未予责罚并未让兰馨放下怨恨,对吟霜不洁的诬陷导致吟霜在府内地位更是堪忧,吟霜情急之下逃离时跌倒以致梅花烙的显现以及倩柔确认吟霜便是自己的亲生女儿并发誓保护吟霜,为后续偷龙转凤真相的揭示做好铺垫;兰馨为挽救与皓祯的关系,主动向吟霜求和,却被皓祯疑心下毒,兰馨对吟霜的记恨于是延续下来,后以吟霜为狐妖请法师作法驱妖的环节又将对吟霜的迫害升级,而皇上得知兰馨在王府的遭遇下令吟霜出家为尼,吟霜的蒙难将倩柔逼向崩溃,于是向王爷说出当年偷龙转凤的真相;得知真相后的皓祥基于多年来的内心积怨,欲将此事公之于众,却被王爷软禁,翩翩愤懑之下向公主告密。

在小说《梅花烙》中的分布顺序为:1."偷龙转凤";2."少年展英姿";3."英雄救美终相识,清歌伴少年";4."恶霸强抢,养亲身亡,弃女破庙容身";5."少年相助,代女葬亲,弃女小院容身";6."钟情馈赠,私订终身,初见印痕";7."皇上赐婚,多日不圆房";8."福晋小院会弃女,发觉弃女像福晋";9."弃女入府,安置福晋身边";10."公主发现私情,折磨弃女";11."纳妾";12."面圣陈情";13."福晋初见印痕";14."福晋询问弃女过往,誓要保护女儿";15."道士作法捉妖";16."凤还巢";17."告密"。

小说《梅花烙》相对于剧本《梅花烙》的情节排布的区别在于:在皓祯与吟霜私订终身前,已经得知皇上指婚的消息,而皓祯与吟霜的情义导致其在与兰馨成婚后始终逃避与之圆房,于是向雪如坦陈与吟霜之间的感情,雪如答应赴小院会见吟霜,起初希望借此打发吟霜离开皓祯,却反而被吟霜感动,于是接受小寇子的提议,接吟霜入府。

尽管小说《梅花烙》与剧本《梅花烙》的情节排布上存在细微差别,但并不导致基于情节而形成的逻辑推演关系与剧本《梅花烙》构成明显差异。原告作品剧本《梅花烙》及小说《梅花烙》基于特定素材的选择、加工及特定的排列组合,构成完整的情节推演并形成具有独创意义的整体作品。

在剧本《宫锁连城》中的分布为:1."偷龙转凤";2."女婴被拾,收为女儿";3."少年展英姿";4."英雄救美终相识,清歌伴少年";5."次子告状,亲信遭殃";6."弃女失神,养亲劝慰";7."恶霸强抢,养亲身亡,弃女破庙容身";8."少年相助,代女葬亲,弃女小院容身";9."钟情馈赠,私订终身,初见印痕";10."福晋小院会弃女,发觉弃女像福晋";11."弃女入府,安置福晋身边";12."皇上赐婚,多日不圆房";13."公主发现私情,折磨弃女";14."纳妾";15."面圣陈情";16."道士作法捉妖";17."福晋初见印痕";18."福晋询问弃女过往,誓要保护女儿";19."公主求和遭误解";20."凤还巢";21."告密"。

剧本《宫锁连城》相对于原告作品小说《梅花烙》、剧本《梅花烙》在整体上的情节排布及推演过程基本一致,仅在部分情节的排布上存在顺序差异:恒泰与连城私订终身后,得知皇上指婚的消息,向映月坦陈与连城的感情,映月于是同意去小院会见连城,并希望劝说连城离开恒泰而遭连城拒绝;恒泰迎亲当日得知连城危险,赶去搭救连城而拖延与醒黛的婚期,以致映月基于恒泰与连城的感情,为保全王府而安排接连城以丫鬟身份入府。但此类顺序变化并不引起被告作品涉案情节间内在逻辑及情节推演的根本变化,被告作品在情节排布及推演上与原告作品高度近似,并结合具体情节的相似性选择及设置,构成了被告作品与原告作品整体外观上的相似性,导致与原告作品相似的欣赏体验。而在各被告提交的证据中,并不存在其他作品与剧本《梅花烙》、小说《梅花烙》、剧本《宫锁连城》相似的情节设置及排布推演足以否定原告作品的独创性或证明被告作品的创作另有其他来源。

此外,作品中出现的不寻常的细节设计同一性也应纳入作品相似性比对的考量。如:原被告作品均提及福晋此前连生三女,但后续并未对该三女的命运做出后续安排和交代。

在著作权侵权案件中,受众对于前后两作品之间的相似性感知及欣赏体验,也是侵权认定的重要考量因素。以相关受众观赏体验的相似度调查为参考,占据绝对优势比例的参与调查者均认为电视剧《宫锁连城》情节抄袭自原告作品《梅花烙》,可以推定,受众在观赏感受上,已经产生了较高的及具有相对共识的相似体验。

综上,可以认定,剧本《宫锁连城》作品涉案情节与原告作品剧本《梅花烙》及小说《梅花烙》的整体情节具有创作来源关系,构成对剧本《梅花烙》及小说《梅花烙》改编的事实。

五、《宫锁连城》电视剧是否侵害了《梅花烙》剧本及小说的摄制权

在本案中,被告湖南经视公司提出,即使剧本《宫锁连城》系改编自小说《梅花烙》及剧本《梅花烙》而来的,依据剧本《宫锁连城》拍摄电视剧《宫锁连城》的行为也并没有侵害小说《梅花烙》及剧本《梅花烙》的摄制权。

就此问题,本院认为,电视剧剧本是以文字形式表现未来剧目内容的一种文学式样,又称为"电视文学本",是电视艺术(包括电视剧)创作的文学基础。剧本的创作动因及用途均是用于电视剧的拍摄。基于这一特定的创作目的,电视剧本与小说在作品的表达方式上也有所不同。电视剧剧本的表述与结构要求精练严谨,要有很强的视觉形象感。电视剧剧本为导演、摄像、录音、美术等创作部门提供了最初的视听想象。优秀的电视剧本,能让人仿佛在观赏一组组活动画面,可以激发起表演者丰富的想象力和创作激情。因此,从影视作品创作角度来看,剧本到电视剧的转变是文字视听化的过程,而实现这一转变的两大核心创作活动就是剧本创作(包括改编)与影像摄制。

影视改编与摄制行为之间具有极其密切的附随关系,改编权与摄制权的行使目的具有较强的关联性与同一性,共同指向将作品拍摄成电影、电视作品的

权利,以及授权他人以改编、摄制的方式使用作品并获得报酬的权利。在影视创作过程中,制片者为了剧本表达更加符合拍摄需求,通常会要求编剧直接参与剧本的修改,编剧也通常需要根据制片者的要求来多次调整剧本的创作内容。由此可见,编剧与制片者之间的创作沟通是自觉的、意思联系是主动的。

未经许可改编他人作品尽管对原作作者来说是侵权作品,但改编作品本身也是创作活动的产物,依法享有著作权,但改编者在行使其著作权时,不得侵害原作品的著作权。也就是说,此时改编者对于改编作品仅享有消极意义上的著作权,即制止他人未经许可使用其改编作品的权利,而不享有积极意义上的著作权,即不得自行或许可他人使用其改编作品。根据在先作品创作的演绎作品同时包含原作作者和演绎作者的智力成果,任何对改编作品的使用,也必然同时构成对原作品的使用。因此,对改编作品著作权的行使或任何对改编作品的使用行为,除法律有特别规定外,均应征得改编者和原作品著作权人的同意,否则不仅侵害改编作品的著作权,还将侵害原作品的著作权。

在本案中,鉴于电视剧《宫锁连城》就是依据剧本《宫锁连城》摄制而成的,二者在内容上基本一致,故该摄制行为依然属于原告陈喆享有的摄制权的控制范围内,未经许可摄制电视剧《宫锁连城》侵害了原告陈喆享有的摄制权。

六、侵害改编权及摄制权主体及民事责任的认定

1. 侵害改编权行为主体及责任认定

不可否认,文学作品创作中难免出现创意借鉴的情形,但借鉴应当限制在合理的范围之内。同时,如果特定作品流传广泛、深入人心,甚至可能使其在其他作者心中留下深刻印象,在日后的创作中将他人的在先独创内容不自觉地加以使用,在此情况下作者依然要对其过失承担责任。也就是说,即使确系上述情况,该创作者的行为仍然构成侵害著作权。这是因为,一般情况下,知识产权侵权归责原则为过错责任原则,而其中过错的具体情形既包括明知也包括应知。也就是说,在行为人应当知晓而事实上并不知晓的情形下,依然具有过错。这就意味着侵权人的行为意图在司法考量范围以内。比如,在损害赔偿问题上,应适当考虑侵权人的主观状态,如侵权行为过错程度高,则应加重赔偿金的数额,反之则应适当减轻赔偿金数额。另外需要明确的是,面对侵权行为的发生及侵权损害的蔓延,对侵权行为的制止及对侵权后果扩大化的及时抑制应成为对权利人提供的首要救济措施,而这种制止和抑制,直接针对的是侵权行为及后果的存在,并为防范权利人因侵权所遭受损害的扩大化,更注重保护

权利人的利益。

《中华人民共和国著作权法》第十条第一款第(十四)项规定,改编权,即改变作品,创作出具有独创性的新作品的权利。《中华人民共和国著作权法》第十二条规定,改编、翻译、注释、整理已有作品而产生的作品,其著作权由改编、翻译、注释、整理人享有,但行使著作权时不得侵犯原作品的著作权。

在本案中,原告陈喆作为剧本及小说《梅花烙》的作者、著作权人,依法享有上述作品的改编权,受法律保护。被告余征接触了原告剧本及小说《梅花烙》的内容,并实质性使用了原告剧本及小说《梅花烙》的人物设置、人物关系、具有较强独创性的情节以及故事情节的串联整体进行改编,形成新作品《宫锁连城》剧本,上述行为超越了合理借鉴的边界,构成对原告作品的改编,侵害了原告基于剧本《梅花烙》及小说《梅花烙》享有的改编权,依法应当承担相应的侵权责任。

另据本院查明的事实,电视剧《宫锁连城》的制片者负责剧本《宫锁连城》的审查及确认,剧本的立项、报批等工作也由制片者完成。被告湖南经视公司、东阳欢娱公司、万达公司及东阳星瑞公司作为电视剧《宫锁连城》的制片者,深入介入了剧本《宫锁连城》的创作工作。原告小说《梅花烙》的广泛发行及市场影响力、知名度,以及根据原告剧本《梅花烙》所拍摄电视剧《梅花烙》的广泛发行传播及较大的公众认知度的事实背景,使得被告湖南经视公司、东阳欢娱公司、万达公司、东阳星瑞公司已然知晓原告剧本《梅花烙》及小说《梅花烙》的内容。各被告在介入《宫锁连城》的剧本创作时,已完全了解剧本的全部内容,可明确判别该剧本内容存在使用原告作品剧本《梅花烙》及小说《梅花烙》进行改编的事实,以及依据该剧本拍摄电视剧将侵害原告相关著作权的结果。基于小说《梅花烙》的广泛发行及市场影响力、知名度,以及根据剧本《梅花烙》所拍摄电视剧《梅花烙》的广泛发行传播及较大的公众认知度的事实背景,根据被告湖南经视公司、东阳欢娱公司、万达公司及东阳星瑞公司的职业经验和应达到的注意程度,作为剧本的拍摄单位,在不排除知晓原告剧本及小说《梅花烙》内容的情况下,未尽到注意义务。因此,五被告在剧本《宫锁连城》的创作过程中,存在着明知或应知剧本《宫锁连城》侵害他人著作权的共同过错。

《中华人民共和国侵权责任法》第九条第一款规定,教唆、帮助他人实施侵权行为的,应当与行为人承担连带责任。在本案中,被告湖南经视公司、东阳欢娱公司、万达公司及东阳星瑞公司对于被告余征侵害原告剧本及小说《梅花烙》改编权的行为提供帮助,因此,本院认定五被告共同侵害了原告剧本及小说

《梅花烙》的改编权,依法应当承担连带责任。

2. 侵害摄制权行为主体及责任认定

《中华人民共和国著作权法》第十条第一款第(十三)项规定,摄制权即以摄制电影或者以类似摄制电影的方法将作品固定在载体上的权利。

本案原告系剧本及小说《梅花烙》的著作权人,依法享有上述作品的摄制权,他人基于原告作品的独创性内容进行影视剧摄制时,需获得原告的许可并支付报酬,否则将构成侵害原告作品摄制权的行为。

电视剧《宫锁连城》的出品单位为本案被告湖南经视公司、东阳欢娱公司、万达公司、东阳星瑞公司。被告万达公司虽在诉讼中提交了《联合投资摄制电视剧协议书》,以证明其仅就该剧进行投资并享有投资收益而并未参与电视剧《宫锁连城》的相关制作工作,但该合同系相关方内部约定,不具有对抗善意第三人的效力。故本院认定被告万达公司与被告湖南经视公司、东阳欢娱公司、东阳星瑞公司同为电视剧《宫锁连城》的制片者,共同实施了摄制电视剧《宫锁连城》的行为,应就电视剧《宫锁连城》侵害原告作品《梅花烙》摄制权的行为承担连带责任。

被告余征除作为电视剧《宫锁连城》的编剧外,同时担任该剧制作人、出品人、艺术总监,尽管余征并不属于著作权法意义上的制片者,但在其明知或应知《宫锁连城》剧本侵害原告作品著作权的情形下,仍向其他被告提供剧本《宫锁连城》的电视剧摄制权授权,并作为核心主创人员参与了该剧的摄制工作,为该剧的摄制活动提供了重要帮助,系共同侵权人,应就侵害原告摄制权的行为承担民事责任。

综上,本案五被告依法应就共同侵害原告作品改编权、摄制权的行为承担连带责任。

3. 五被告是否应当停止发行、传播电视剧《宫锁连城》

《中华人民共和国著作权法》第十二条规定,改编作品作为著作权法意义上的演绎作品,受到法律的保护,但作者对演绎作品行使著作权权利,不得侵犯原作者的合法权利。由此可知,原告陈喆作为在先作品的著作权人,对其作品权利的控制力及于其作品的演绎作品,包括对演绎作品的改编、复制、摄制、发行等行为。

在本案中,各被告未经原告陈喆许可,擅自改编剧本及小说《梅花烙》创作剧本《宫锁连城》及对上述行为提供帮助,并以该剧本为基础拍摄、发行电视剧《宫锁连城》,侵害了原告陈喆依法就剧本《梅花烙》及小说《梅花烙》享有的改编权及摄制权。必须指出,就剧本和小说进行利用的方式有多种,但拍摄成影视作品的方式则是其中最具市场影响和商业价值的利用方式,因此,未经许可改编和摄制剧本和小说对于著作权人的利益影响巨大。

关于对于被告是否应当承担停止侵害的法律责任,即停止电视剧《宫锁连城》的复制、发行与传播行为的问题,本院认为,著作权法的根本宗旨是保护文学、艺术和科学作品作者的著作权,以及与著作权有关的权益,鼓励有益于社会精神文明、物质文明建设的作品的创作和传播,促进社会文化和科学事业的发展与繁荣。著作权权益与社会价值的实现,有赖于作品的创新、使用与传播,而著作权作为知识产权的重要内容,在保护作品的创作与激励作品的传播方面是统一的,两者之间并不存在根本矛盾与冲突。

著作权作为权利人所享有的一项独占排他性支配其作品的权利,是一种类似于物权的专有权利,当著作权遭受侵害时,即使行为人的过错较轻,权利人亦有权提出停止侵害的诉讼主张。停止侵害这一民事责任形式能迅速阻却即发的侵权行为,防止侵权损害的扩大,有效维护权利人著作权权益。损害著作权权益的行为,本质上将损害作品创新的原动力;强化对著作权的保护,不仅仅可以有效维护著作权人的私人利益,更重要的是符合社会公众的普遍公共利益。

在本案中,被告的《宫锁连城》剧本及电视剧实质性整体改编了原告的小说及剧本《梅花烙》,《宫锁连城》现有的人物设置、人物关系、重要情节及情节串联整体的创作表达很大程度上来源于原告作品,是原告作品的主要创作表达,据此可以认定原告作品在被告作品中被使用的程度较高。在此情况下,如果被告未经许可所实施的侵权发行行为得以继续,将实际上剥夺原告对于其作品权利的独占享有,并实质阻碍或减少原告作品再行改编或进入市场的机会,有违公平原则。

截至本案庭审结束日,电视剧《宫锁连城》已经持续公开播映超过 8 个月,尽管各被告未按照法院要求提交编剧合同及发行合同,基于市场合理价格及商业交易惯例判断,被告余征应已取得了较高金额的编剧酬金,被告湖南经视公司、东阳欢娱公司、万达公司、东阳星瑞公司应已取得了的较高的发行收益。在此情况下,判令停止复制、发行和传播电视剧《宫锁连城》,不会导致原被告之间利益失衡。

本院认为,权利人合法有据的处分原则应当得到尊重,只有当权利人行使处分权将过度损害社会公共利益和关联方合法权益时,才能加以适度限制,以保障法律适用稳定性与裁判结果妥当性的平衡。而基于本案中被告的过错及侵权程度、损害后果、社会影响,应判令停止电视剧《宫锁连城》的复制、发行及传播为宜。

4. 被告余征是否应当承担消除影响、赔礼道歉的责任

《中华人民共和国著作权法》第四十七条第(六)项规定,未经著作权人许可,以展览、摄制电影和以类似摄制电影的方法使用作品,或者以改编、翻译、注释等方式使用作品的,应当根据情况,承担停止侵害、消除影响、赔礼道歉、赔偿损失等民事责任。据此,本案中五被告应就其侵害原告改编权、摄制权的行为承担停止侵害、消除影响、赔礼道歉、赔偿损失的民事责任。鉴于原告就赔礼道歉的诉讼请求仅针对被告余征提出,本院视为原告自愿放弃对其余四被告的该项民事权利主张。

5. 五被告是否应当承担损害赔偿责任

《中华人民共和国著作权法》第四十九条规定,侵犯著作权或者与著作权有关的权利的,侵权人应当按照权利人的实际损失给予赔偿;实际损失难以计算的,可以按照侵权人的违法所得给予赔偿。赔偿数额还应当包括权利人为制止侵权行为所支付的合理开支。

原告陈喆在起诉状及庭审陈述中均表示,在发现各被告侵权情形之时,原告正在依据小说及剧本《梅花烙》进行电视剧《梅花烙传奇》的剧本改编,因各被告的侵权行为而不得不停止《梅花烙传奇》的剧本创作;被告的侵权行为,对原告剧本《梅花烙传奇》的创作造成了实质性妨碍与影响,但对于已实际造成的损失,原告未提供证据加以证明。

本案中,原告陈喆主张以被告违法所得作为损害赔偿的计算依据。诉讼中,原告陈喆要求各被告提交电视剧《宫锁连城》编剧合同,以确定其编剧酬金;原告陈喆要求各被告提交电视剧《宫锁连城》发行合同,以确定各被告发行《宫锁连城》剧的获利情况。各被告在明显持有编剧合同及发行合同的情形下,以上述合同涉及商业秘密为由未提供,且并未就原告陈喆的上述主张提出其他抗辩证据或充分、合理的反驳理由。因此,本院推定原告陈喆在庭审中主张的被告余征编剧酬金标准及《宫锁连城》剧的发行价格具有可参考性。

小说或剧本的影视改编、摄制、发行活动,是实现小说或剧本市场价值、商业利益的重要方式。自2014年4月8日起,电视剧《宫锁连城》已经在湖南卫视等多家电视台卫星频道完成首轮及二轮播出,在多家视频网站进行了信息网络传播权许可使用。公开可查的数据资料显示,该剧的电视收视率及网站点击率均较高,参考同期热播电视剧应有的市场发行价格,本院认为,原告主张基于

各被告违法所得给予侵权损害赔偿的请求具有合理性,且确定侵权赔偿数额应当能够全面而充分地弥补原告因被侵权而受到的损失。

原告陈喆关于赔偿经济损失及诉讼合理支出的诉讼请求,缺乏充分的依据,本院将根据涉案作品的性质、类型、影响力、被告侵权使用情况、侵权作品的传播时间与传播范围、被告各方应有的获利情况以及原告为本案支出的律师费、公证费等因素综合考虑,酌情确定各被告赔偿原告经济损失及诉讼合理支出的数额。

鉴于本案纠纷为侵权诉讼,属于给付之诉,而诉讼请求应当指向被告是否应当承担民事责任以及承担何种具体内容的民事责任,对于侵权行为性质的认定则属于此类案件审理中应当查明和认定的内容,因此,关于原告要求认定五被告侵害其改编权和摄制权的诉讼请求,本院在本判决中予以明确但不作为判决主文的内容。

综上所述,依据《中华人民共和国著作权法》第十条第一款第(十三)项、第(十四)项、第十一条第四款、第十二条、第四十七条第(六)项、第四十九条第一款,《中华人民共和国侵权责任法》第九条第一款,《最高人民法院关于审理著作权民事纠纷案件适用法律若干问题的解释》第七条第一款、第九条,《最高人民法院关于民事诉讼证据的若干规定》第十七条第(二)项、第(三)项、第七十五条之规定,判决如下:

一、被告湖南经视文化传播有限公司、东阳欢娱影视文化有限公司、万达影视传媒有限公司、东阳星瑞影视文化传媒有限公司于本判决生效之日起立即停止电视剧《宫锁连城》的复制、发行和传播行为;

二、被告余征于本判决生效之日起十日内在新浪网、搜狐网、乐视网、凤凰网显著位置刊登致歉声明,向原告陈喆公开赔礼道歉,消除影响(致歉声明的内容须于本判决生效后五日内送本院审核,逾期不履行,本院将在《法制日报》上刊登本判决主要内容,所需费用由被告余征承担);

三、被告余征、湖南经视文化传播有限公司、东阳欢娱影视文化有限公司、万达影视传媒有限公司、东阳星瑞影视文化传媒有限公司于本判决生效之日起十日内连带赔偿原告经济损失及诉讼合理开支共计五百万元;

四、驳回原告陈喆的其他诉讼请求。

如未按本判决指定的期间履行给付金钱义务,应当依照《中华人民共和国民事诉讼法》第二百五十三条之规定,加倍支付迟延履行期间的债务利息。

案件受理费143 365元,由原告负担43 365元(已交纳),由被告共同负担

100 000 元(于本判决生效后 7 日内交纳)。

如不服本判决,陈喆可在判决书送达之日起 30 日内,余征、湖南经视文化传播有限公司、东阳欢娱影视文化有限公司、万达影视传媒有限公司、东阳星瑞影视文化传媒有限公司可在判决书送达之日起 15 日内向本院递交上诉状,并按对方当事人的人数提出副本,上诉于北京市高级人民法院。

(转下页)

(此页无正文)

审　判　长　　宋鱼水
代理审判员　　冯　刚
代理审判员　　张玲玲

二〇一四年十二月二十五日

书　记　员　　陈　雁

附图:人物关系对比图

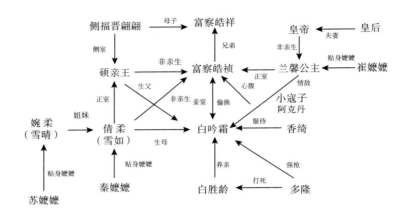

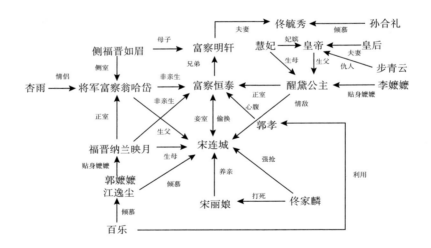

234　文艺作品侵权判定的司法标准:琼瑶诉于正案的审理思路

附表:《梅花烙》小说及剧本与《宫锁连城》电视剧及剧本相似情节比对

相似情节及片段	小说《梅花烙》	剧本《梅花烙》	《宫锁连城》剧本/电视剧
偷龙转凤	清朝,京城富察氏硕亲王府,福晋已连生三女,王爷无子嗣。现福晋再度怀胎,烧香拜佛盼得一男孩。王爷新纳回女翩翩也怀有身孕,对福晋地位造成威胁。福晋与姐姐暗中酝酿,一旦再生女孩,则偷换成男孩。三个月后,福晋临盆,并未如愿,生下女儿。偷龙转凤前,福晋用梅花簪,在女儿肩头烙下印痕,苏嬷嬷趁乱掉包,送走女婴,遗弃溪边。	清朝,京城富察氏硕亲王府,福晋已连生三女,王爷无子嗣。现福晋再度怀胎,烧香拜佛盼得一男孩。王爷新纳回女翩翩也怀有身孕,并封为侧室。福晋地位造成威胁。福晋与姐姐暗中酝酿,一旦再生女孩,则偷换成男孩。三个月后,福晋临盆,并未如愿,生下女儿。偷龙转凤前,福晋用梅花簪,在女儿肩头烙下印痕,苏嬷嬷趁乱掉包,送走女婴,遗弃溪边。	清朝,京城富察将军府,福晋已连生三女,将军无子嗣。现福晋再度怀胎,烧香拜佛盼得一男孩。将军新纳丫环盼儿为妾,如眉也怀有身孕,对福晋地位造成威胁。福晋与贴身嬷嬷暗中酝酿,一旦再生女孩,则偷换成男孩。三个月后,福晋临盆,并未如愿,生下女儿。偷龙转凤前,福晋发现女儿肩头有大块胎记。郭嬷嬷趁乱掉包,送走女婴,遗弃溪边。

附件　235

相似情节及片段	小说《梅花烙》	剧本《梅花烙》	《宫锁连城》剧本/电视剧
女婴被拾收为女儿		江湖艺人白胜龄夫妇膝下无子女,这天在溪畔练唱,偶然听见婴儿啼哭,拾得王府弃婴,甚为喜爱,收为女儿,取名吟霜,并发现弃婴肩头的梅花烙印。	青楼女子朱丽娘膝下无子女,在溪畔排练歌舞时,偶然听见婴儿啼哭,拾得将军府弃婴,甚为喜爱,收为女儿,取名连城,并发现弃婴肩头的大块胎记。
少年展英姿	偷龙转凤所得男婴为王爷府长子,取名皓祯。皓祯是王爷与福晋唯一的儿子,少年英雄,文武双全,且善骑射,深得人心,是王爷一家的骄傲。	偷龙转凤所得男婴为王爷府长子,取名皓祯。皓祯是王爷与福晋唯一的儿子,少年英雄,文武双全,且善骑射,深得人心,是王爷一家的骄傲。少年皓祯陪同王爷狩猎,射猎精湛,大展身手,获王爷赞赏,福晋倍感欣慰,但想到生吟霜落泪。皓祯孝心可嘉,宽慰福晋,誓为母亲争气、长进。	偷龙转凤所得男婴为将军府长子,取名恒泰。恒泰是将军与福晋唯一的儿子,少年英雄,文武双全,且善骑射,深得人心,是将军一家的骄傲。恒泰在军营加入兵士操练,骑射精湛,大展身手,获将军爱戴及军营赞赏,福晋倍感欣慰,但想到生连城,仍会心酸落泪。恒泰孝心可嘉,宽慰福晋,誓为母亲争气、长进。

相似情节及片段	小说《梅花烙》	剧本《梅花烙》	《宫锁连城》剧本/电视剧
英雄救美 终歌伴少年 清相识	多隆：亲王贝子，纨绔子弟，吟霜在龙源楼遭多隆调戏，拒绝后被多隆及其募敌下欺辱，遇皓祯以寡敌众，出手相救。皓祯与多隆实为相识，且看不惯多隆做派。此后，皓祯再来听吟霜唱曲，渐生情愫。	多隆：亲王贝子，纨绔子弟。吟霜在龙源楼遭多隆调戏，拒绝后被多隆及其募敌下欺辱，遇皓祯以寡敌众，出手相救。皓祯与多隆实为相识，且看不惯多隆做派。此后，皓祯再来听吟霜唱曲，渐生情愫。	佟家麟：吏部侍郎之子，纨绔子弟。连城在迎芳阁遭佟家麟调戏，拒绝后被佟家麟及其手下欺辱，遇恒泰以寡敌众，出手相救。众，出手相救。恒泰与佟家麟实为相识，且看不惯佟家麟做派。此后，恒泰来听连城唱曲，渐生情愫。

附件 237

相似情节及片段	小说《梅花烙》	剧本《梅花烙》	《宫锁连城》剧本/电视剧
次子告状亲信遭殃		王爷次子（皓祯弟弟皓祥，侧福晋翩翩之子，王爷亲子）向王爷怒斥皓祯出身份，嫉妒长兄皓祯。此次从多隆处听说皓祯市井救美并差人护花，暗生心计，决定告知王爷惩罚皓祯。王爷从皓祥处得知皓祯率人市井救美，怪罪皓祯贴身随从小寇子侍主误主，严刑杖责，无奈皓祯与小寇子主仆情深，以身相护抵挡杖刑，为小寇子解难。	将军次子（恒泰弟弟明轩，侧福晋如眉之子，将军亲子）向来怨怒庶出身份，嫉妒长兄恒泰。此次从佟家麒处听说恒泰市井救美并差人护花，恒泰市井救美并差人护花，暗生心计，决定告知将军惩罚恒泰。将军从明轩处得知恒泰率人市井救美，怪罪恒泰贴身随从郭孝侍主误主，严刑鞭责，无奈恒泰与郭孝主仆情深，以身相护抵挡鞭刑，为郭孝解难。

相似情节及片段	小说《梅花烙》	剧本《梅花烙》	《宫锁连城》剧本/电视剧
弃女失神养亲劝慰		皓祯一月未见吟霜，无奈吟霜已是情窦暗生，相思成苦。养亲发现，盼望吟霜熄灭萌生份悬昧，提醒吟霜一人身的情感。面对养亲的劝慰，吟霜否认对皓祯的爱意。	恒泰一月未见连城，无奈连城已是情窦暗生，相思成苦。养亲发现，盼望连城熄灭萌生份悬昧，提醒连城一人身的情感。面对养亲的劝慰，连城否认对恒泰的爱意。
恶霸强抢养女身亡弃女破庙容身	多隆趁皓祯及随从守卫空虚，再带一众手下来到龙源楼，强抢吟霜。养亲见吟霜遭受欺辱，奋起反抗，吟霜求医无门，养亲伤不治身亡。吟霜临终前提及当年拾得吟霜的经过。吟霜无枝可依，破庙容身。	多隆趁皓祯及随从守卫空虚，再带一众手下来到龙源楼，强抢吟霜。养亲见吟霜遭受欺辱，奋起反抗，吟霜求医无门，养亲伤不治身亡。吟霜临终前提及当年拾得吟霜的经过。吟霜无枝可依，破庙容身。	佟家麟趁恒泰及随从守卫空虚，再带一众手下未到迎芳阁，强抢连城。养亲见连城遭受欺辱，奋起反抗，连城求医无门，养亲伤不治身亡。养亲临终前提及当年得连城的经过。连城无枝可依，破庙容身。

附件 239

相似情节及片段	小说《梅花烙》	剧本《梅花烙》	《宫锁连城》剧本/电视剧
少年相助代女葬亲奔女小院容身	皓祯再度救吟霜于危难,获知吟霜遭遇强抢及养亲身亡,代吟霜办理完毕养亲丧葬。皓祯贴身随从小范子献计将吟霜安置于其远亲戚家的院落,皓祯主持为吟霜打点住所,吟霜终得落脚。	皓祯再度救吟霜于危难,获知吟霜遭遇强抢及养亲身亡,代吟霜办理完毕养亲丧葬。皓祯贴身随从小范子献计将吟霜安置于其远亲戚家的院落,皓祯主持为吟霜打点住所,吟霜终得落脚。	恒泰再度救连城于危难,获知连城遭遇强抢及养亲身亡,代连城办理完毕养亲丧葬。恒泰贴身随从郭孝献计将连城安置于其主持亲家的院落,恒泰主持为连城打点住所,连城终得落脚。
钟情馈赠私订终身初见印痕	吟霜外出为皓祯制作白狐绣屏作为礼物。皓祯来小院见吟霜,寻人不着。吟霜冒雨归来,皓祯情急之下训斥,后得知吟霜辛苦为其准备礼物,心生感动。二人当日互诉衷肠,私订终身,皓祯无意中发现吟霜肩上的梅花烙。	吟霜外出为皓祯制作白狐绣屏作为礼物。皓祯来小院见吟霜,寻人不着。吟霜冒雨归来,皓祯情急之下训斥,后得知吟霜辛苦为其准备礼物,心生感动。二人当日互诉衷肠,私订终身,皓祯无意中发现吟霜肩上的梅花烙。	连城外出为恒泰制作衣服作为礼物。恒泰来小院见连城,寻人不着。连城冒雨归来,恒泰情急之下训斥,后知连城辛苦为其准备礼物,心生感动。二人当日互诉衷肠,私订终身,恒泰无意中发现连城情上的胎记。

相似情节及片段	小说《梅花烙》	剧本《梅花烙》	《宫锁连城》剧本/电视剧
福晋小院会弃女 发觉弃女像福晋	福晋得知皓祯心仪吟霜,答应赴小院会见。因皇上已赐婚皓祯,为保平安,故吟霜劝吟霜远离皓祯,福晋远感动。福晋亦认可吟霜为人。福晋与贴身嬷嬷均隐约发觉吟霜正像吟霜年轻时的福晋。	福晋得知皓祯心仪吟霜,答应赴小院会见。因皇上已赐婚皓祯,为保平安,吟霜试图用金钱收买吟霜远离皓祯,被吟霜拒绝,并受感动。福晋亦可吟霜为人。福晋与贴身嬷嬷均隐约发觉吟霜正像吟霜年轻时的福晋。	福晋得知恒泰心仪连城,答应赴小院会见。因皇上已赐婚恒泰,为保平安,福晋试图用金钱收买连城远离恒泰,被连城拒绝,并受感动。福晋亦可连城为人。福晋与贴身嬷嬷均隐约发觉连城正像年轻时的福晋。
皇上赐婚 多日不肯圆房	皇上赐婚兰馨公主许配皓祯,阖府欢跃,王爷及福晋更觉荣光。皓祯得知皓祯心系吟霜,闷闷不乐,婚后皓祯屡次托辞,多日不肯与公主圆房。	皇上赐婚兰馨公主许配皓祯,阖府欢跃,王爷及福晋更觉荣光。皓祯得知皓祯心系吟霜,闷闷不乐,婚后皓祯屡次托辞,多日不肯与公主圆房。	皇上赐婚醒黛公主许配恒泰,阖府荣光。恒泰得知后心系连城,闷闷不乐,婚后恒泰屡次托辞,多日不肯与公主圆房。

相似情节及片段	小说《梅花格》	剧本《梅花格》	《宫锁连城》剧本/电视剧
弃女入府安置福晋身边	为安抚皓祯,福晋安排吟霜人府,身份为小格子远亲。吟霜入府后,被安置福晋身边伺候。	为安抚皓祯,福晋安排吟霜人府,身份为小格子远亲。吟霜入府后,被安置福晋身边伺候。	为安抚恒泰,福晋安排连城人府,身份为郭嬷嬷远亲。连城入府后,被安置福晋身边伺候。
公主发现私情折磨弃女	一日,公主在府内撞见皓祯与吟霜单独共处一室,发觉二人私情暴露。公主醋意大发,向福晋索要吟霜,借机动用阴狠手段欺凌吟霜(如,日常于自己房中伺候,公主即多命吟霜奉茶水,奉茶,并反复借口打翻于吟霜身上)。	一日,公主在府内撞见皓祯与吟霜单独共处一室,发觉二人私情暴露。公主醋意大发,向福晋索要吟霜,接受贴身嬷嬷动用阴狠手段凌辱吟霜的建议,公主向福晋索要吟霜,借机动用阴狠手段欺凌吟霜(如,日常于自己房中伺候,公主即多命吟霜奉粥,奉茶水,奉茶,并反复借口打翻于吟霜身上)。	一日,公主在府内撞见恒泰与连城单独共处一室,发觉二人私情暴露。后,二人私情暴露。公主醋意大发,接受贴身嬷嬷动用阴狠手段要连城对福晋索要连城,决定对福晋索要连城,借机动用阴狠手段欺凌连城。直至恒命连城纳连城为妾,公主仍命反复借口打翻于连城身上。

相似情节及片段	小说《梅花烙》	剧本《梅花烙》	《宫锁连城》剧本/电视剧
纳妾	皓祯再救吟霜于危难,与皓祯冲突回宫。皓祯趁机向全家宣布纳吟霜为妾。	皓祯再救吟霜于危难,与皓祯冲突回宫。皓祯趁机向全家宣布纳吟霜为妾。	恒泰再救连城于危难,公主与恒泰冲突回宫。恒泰趁机向全家宣布纳连城为妾。
面圣陈情	皇上得知皓祯与公主相处不睦,特宣皓祯觐见。皓祯慷慨陈词,皇上深受感动,未加责讨,规劝皓祯善待公主。	皇上得知皓祯与公主相处不睦,特宣皓祯觐见。皓祯慷慨陈词,皇上深受感动,未加责讨,规劝皓祯善待公主。	皇上得知恒泰与公主相处不睦,特宣恒泰觐见。恒泰慷慨陈词,皇上深受感动,未加责讨,规劝恒泰善待公主。
福晋初见印痕	吟霜被污不洁,争执间逃脱,衣袖不慎撕裂,梅花烙显现,恰被福晋见到,认出吟霜原是福晋多年前抛弃的生女。	吟霜被污不洁,争执间逃脱,衣袖不慎撕裂,梅花烙显现,恰被福晋见到,认出吟霜原是福晋多年前抛弃的生女。	连城被污不洁,争执间,不慎撕裂,肩上胎记显现,恰被福晋见到,认出连城原是福晋多年前抛弃的生女。
福晋询问弃女过往誓要保护女儿	福晋认出吟霜为亲生女,再向吟霜打探生平过往,发誓保护女儿。	福晋认出吟霜为亲生女,再向吟霜打探生平过往,发誓保护女儿。	福晋认出连城为亲生女,再向连城打探生平过往,发誓保护女儿。

相似情节及片段	小说《梅花烙》	剧本《梅花烙》	《宫锁连城》剧本/电视剧
道士作法捉妖	公主称吟霜为狐妖,请法师来王府作法捉妖。吟霜再被施虐,备受羞辱。	公主称吟霜为狐妖,请法师来王府作法捉妖。吟霜再被施虐,备受羞辱。	公主称连城狐妖附体,请法师来将军府作法捉妖。连城再被施虐,备受羞辱。
公主求和遣误解		公主经贴身嬷嬷劝导,认同与霜和睦相处方能缓与皓祯的关系,于是亲自率人为吟霜送汤,以期和解。不料被皓祯误以为公主意在再次下毒谋害。公主羞愤之下自行试吃,以证清白。	公主经皇后身边嬷嬷劝导,认同与连城和睦相处方能缓解与恒素的关系,于是亲自率人为连城送点心,以期和解。不料被福晋误以为公主意在再次下毒暗害。公主羞愤之下自行试吃,以证清白。
凤还巢	福晋说破当年偷龙转凤的真相,王爷得知后并未迁怒皓祯。	福晋说破当年偷龙转凤的真相,王爷得知后并未迁怒皓祯。	福晋说破当年偷龙转凤的真相,将军得知后并未迁怒恒素。
告密	皓祥得知偷龙转凤的真相,心有不甘,侧福晋翻翻与皓祥进宫告密。	皓祥得知偷龙转凤的真相,心有不甘,侧福晋翻翻向公主告密。	明轩得知偷龙转凤的真相,心有不甘,其母福晋如眉与明轩一同向公主告密。

附件2　　　中国法学会法律文书学研究会
民事裁判文书一等奖第一名
评语

报送参赛人：	冯刚
合议庭成员：	宋鱼水、冯刚、张玲玲
所在法院：	北京市第三中级人民法院
案件编号：	(2014)三中民初字第07916号

中国法学会法律文书学研究会
第二届全国优秀法律文书评选活动一等奖第一名
评语

　　琼瑶与于正著作权纠纷一案，双方当事人的特殊身份使其成为一起备受社会各界关注的特殊案件。加之著作权类纠纷具有专业特点，从实务到理论，都对法官的裁判文书写作水平提出了严格要求。法官以其过硬的专业理论功底和较强的文书写作功底，制作完成该篇优秀的裁判文书。

　　首先，该文书格式体例规范。从形式上看，无论是首部及尾部的相关事项还是正文部分的叙事说理，其体例与格式均符合最高人民法院对民事判决书的要求，规范严谨、结构分明、要素齐全。

　　其次，文书释法说理，有理有据。为了便于原被告争议作品具体情节的比对,叙述的 21 个故事情节完整清楚。双方争议的 6 个焦点问题的归纳简明扼要,并且围绕诉辩双方的争议焦点作出有针对性的回应。从著作权的归属,文学作品中思想与表达及其区分,实质性相似的判断标准,特定情景、有限表达及公有素材的关系,改编权、摄制权等一系列专业问题的界定以及梳理论证到民事责任的评定,均能针对案件事实,以法律为依据,客观公正分析论证、环环相扣。尤其是对专业问题的阐述能做到有理有据,令人信服。该裁决过程的释法说理充分有力,真正体现了尊重原创、保护原创的法律精神,彰显了司法公正。

其三,案件审理中引入的专家辅助人就剧本创作问题当庭发表意见,体现了案件审理程序的透明与公正。纵观全文,文书语言表述准确流畅、逻辑严密、引据叙事、由事及理、法理互现、由理而断,体现了以理服人的文本风格。

中国法学会法律文书学研究会
2016 年 12 月 2 日

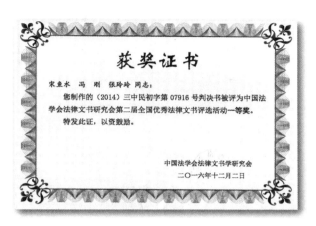

从左到右依次为冯刚、宋鱼水、杜长辉、张玲玲

索引

B

编剧 4,6,7,91,93,96,133,141,142,152,157,160,183,186,227,229

C

抽象过滤 22,23

D

低级剽窃 50,84

独创性 4,7,8,15,17,23—25,29—34,36,40,45—47,53,61,62,65,70,71,73,77,81,82,85,87,159—161,165,166,170,186,187,205—207,210,214,215,218,219,223,226,228,229

F

发表 4,6,9,44,52,82—84,185,187,188,190,209

法定赔偿 42,102,103,105,106

G

改编权 3,5,7,9,11,23,40,41,44—48,50,51,81,82,84,87,92,93,104,111,112,122,176,185,186,204,209,226,228,229,246,255

高级剽窃 48,50

公有素材 4,25,28—31,35,54,55,61,62,84,85,185,246

共同侵权 11,93,96,130

管辖权异议 111,122,128,134

归责原则 41—44,95,227

过错 39—44,95,227,230

H

合理使用 26,28,29,36,53,94,210

J

接触 9,10,44,50,52,81,82,209

L

利益平衡　107

连带责任　5,11,12,94,95,187,202,228,229

P

赔偿损失　42—44,51,99,102,104,112,186,231

赔礼道歉　44,48,49,51,99—102,112,158,173,175—180,231,232

Q

侵权行为　3,19,39—44,49,50,91,95,99—101,103,105,106,112,116,129,130,136,176,185,202,227,228,230—232

侵权责任　40,43,49,52,93,95,99—101,106,112,176,202,228

情节　4,18,21,23,24,28,31—33,54,55,59,60,66,70—72,74,75,85,88,106,116,120,161,169,187,205,207—209,211,214,215,217—224,228

情节串联　23,33,120,202,230

R

人物关系　3—5,8,30—32,35,36,55,59,72,74,85,88,121,134,185—187,202,204,206—208,211,228,230,234

人物设置　8,28,30—32,55—57,59,74,84,86,121,134,202,206,208,209,211—213,228,230

S

摄制权　3,5,7,10—12,89,91—94,100,104,111,112,122,176,185—187,202,204,226,227,229,231,232,246

实质性相似　9,10,35,44,50,52,66,81,83,84,94,101,166,217,246

署名　4,6,7,12,51,95,96,101,131,132,135,152,159,160,170,185,188,190,191,203,205,206

思想与表达　19,22—24,53,

85,86,207,208,210,245

T

特定情境　26,28,29,84,85,208,209

停止播放　106,108

停止侵权　51,99,106—108,112

Y

演绎　10,82,94,101,102,122,176,210,227,229

有限表达　4,26,28,29,35,36,84,85,185,208,209,246

Z

制片者　12,93,95,96,131—134,157,159,205,227—229

专家辅助人　111,137,202,246

酌定赔偿　103,105,106

编后记

琼瑶诉于正案一审审结至今已经三年有余了。正如本书序言部分该案审判长宋鱼水法官所言,鲜花代替不了思考。该案中涉及的法律问题不仅是案件的焦点问题,也是著作权法中的焦点问题,一审合议庭法官从未因案件审结而停止思考。北京市高级人民法院作出二审判决后,一审合议庭法官更是在结合一、二审判决对法律问题分析的基础上对文艺作品侵害改编权的司法判定问题进行了总结和提炼,以期能够以典型案件为例剖析法律问题,对后续司法实践以及相关行业有所指引。

　　本书共分为十章,其中第一、二、七、八、九、十章由冯刚法官负责撰写,第三、四、五、六章由张玲玲法官负责撰写,宋鱼水审判长负责全书统筹。北京大学出版社为本书的撰写提出了很好的建议并力促本书出版。无论是案件审理还是后续本书的撰写,相关专家特别是李琛教授、王迁教授、万勇教授、王成副教授、崔国斌副教授、周林研究员等通过案件研讨、交流等方式从理论上给予一审合议庭大力支持,在此一并感谢。此外,一审合议庭借此机会还要感谢所有为该案审理以及本书出版作出贡献的相关人士。

　　思考有益于实践。法官需要在实践中不断思考,在思考中不断成长。本书仅为一审合议庭法官结合案件进行的阶段性思考的总结,随着审判实践的深入发展和经验的不断积累,相信法官们在制作经典裁判文书的同时也会有更多的理论成果问世。